经典全景二战丛书

二战烽火录

田树珍／编著

民主与建设出版社

·北京·

© 民主与建设出版社，2023

图书在版编目（CIP）数据

二战烽火录 / 田树珍编著 . -- 北京：民主与建设出版社，2019.7（2023.4 重印）

（经典全景二战丛书 / 田树珍）

ISBN 978-7-5139-2533-4

Ⅰ . ①二… Ⅱ . ①田… Ⅲ . ①第二次世界大战战役—史料 Ⅳ . ① E195.2

中国版本图书馆 CIP 数据核字（2019）第 131161 号

二战烽火录
ERZHAN FENGHUOLU

编　　著	田树珍
责任编辑	王　颂
封面设计	亿德隆文化
出版发行	民主与建设出版社有限责任公司
电　　话	（010）59417747　59419778
社　　址	北京市海淀区西三环中路 10 号望海楼 E 座 7 层
邮　　编	100142
印　　刷	三河市天润建兴印务有限公司
版　　次	2020 年 5 月第 1 版
印　　次	2023 年 4 月第 2 次印刷
开　　本	710 毫米 × 1000 毫米　　1/16
印　　张	18
字　　数	220 千字
书　　号	ISBN 978-7-5139-2533-4
定　　价	49.80 元

注：如有印、装质量问题，请与出版社联系。

目　录

第一章

英国海上告急

绥靖政策下的危机 / 002

敦刻尔克大撤退 / 006

大不列颠设防海陆空 / 013

英国海军鏖战地中海 / 018

保卫大西洋的交通线 / 026

"弩炮"计划 / 033

英美海上联合护航 / 042

英国重振马耳他 / 045

第二章

美国海军参战

迟来的谍报 / 056

珍珠港的上空 / 062

尼米兹临危受命 / 069

杜立特空袭东京 / 076

日美激战珊瑚海 / 083

第三章

中途岛的转折

破译日本的底牌 / 092

美舰队抢先一步 / 098

中途岛上空的"鹰" / 103

改写历史的时刻 / 113

乘胜向瓜岛进军 / 120

第四章

盟军登陆北非

"火炬"计划 / 130

"火炬"计划的出台 / 134

巴顿做好了出征准备 / 138

抢滩阿尔及尔 / 143

浴血卡萨布兰卡 / 146

扭转地中海的战局 / 154

海陆空合击突尼斯 / 159

第五章

反攻西西里岛

两栖登陆的战略 / 166

重兵集结马耳他海域 / 173

空降兵的生死较量 / 175

突如其来的空袭 / 180

攻克西西里岛 / 182

墨索里尼下台 / 191

第六章

横渡英吉利海峡

拟定"霸王"计划 / 196

屯兵大不列颠 / 201

雄师横渡英吉利 / 208

突破大西洋壁垒 / 216

成功登陆诺曼底 / 223

盟军重拳出击"狼群" / 228

盟军重返欧洲大陆 / 232

第七章

胜利进军日本海

伏击山本五十六 / 240

"跳蛙战术" / 245

陈兵硫磺岛 / 251

登陆冲绳岛 / 258

火攻日本列岛 / 263

核击广岛、长崎 / 270

日本无条件投降 / 276

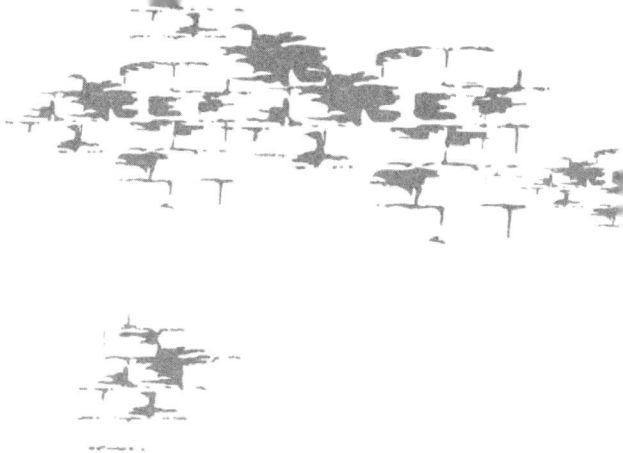

第一章

英国海上告急

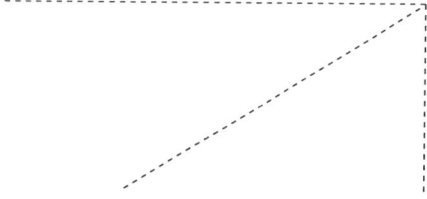

绥靖政策下的危机

马奇诺防线成了一个真正的娱乐场。

1937 年 5 月 28 日，内维尔·张伯伦出任英国首相。丘吉尔为了进入内阁，在国会发言中只能违心地称赞张伯伦是杰出的议员和活动家。而张伯伦出于个人目的，担心丘吉尔在政府中的势力可能变得过于强大，因此极力排斥丘吉尔。

张伯伦主张"祸水东引"，且暗中推动德国与苏联交战，这样既消灭了苏联，也会削弱德国。而与其相反，丘吉尔却到处演讲说，德国是英国最大的威胁。

1938 年，希特勒要求瓜分捷克斯洛伐克，张伯伦决定满足他的要求。

1938 年 9 月底，张伯伦前往慕尼黑，参加了英法德意四国首脑会议，签署《慕尼黑协定》，把捷克斯洛伐克的苏台德区割让给德国。

丘吉尔主张与苏联和谈以阻止德国变强大。丘吉尔说，《慕尼黑协定》会对英国产生严重的后果。

1939 年 3 月 15 日，德国吞并捷克斯洛伐克，随即要求波兰归还但泽并解决波兰走廊问题，遭到了波兰的拒绝。

3 月 23 日，英法正式结成军事同盟，并于 31 日对波兰的安全给予保证。

春夏之际，张伯伦的绥靖政策多次受到挫折，但他仍然希望同希特勒谈判取得成功，这导致他在英国国会和民众中的威信不断降低。

8 月 25 日夜间,进攻波兰的命令被希特勒突然取消了。原来,英波两国于 8 月 25 日正式签署了互助协定,意大利拒绝站在德国一边参战。停止攻波,是因为希特勒心存顾忌,毕竟英国是当时世界的军事强国,而绝不是他突然良心发现。

9 月 1 日,德军入侵波兰,闪电战开始了!德军的机械化部队以每天 80 ~ 97 公里的速度向波兰境内推进。

其实,英国在 8 月 25 日下午就已经知道了希特勒制造的波德边境事件。

9 月 3 日上午 9 时,英国向德国发出最后通牒,要求德国在上午 11 时前,提供停战的保证,否则英国将对德宣战。

正午时分,法国向德国发出最后通牒,期限为下午 5 时。

德国对英法两国的最后通牒均置之不理,英法两国被迫相继对德宣战,第二次世界大战爆发。

9 月 16 日,波兰政府出逃罗马尼亚。

苏联宣称:由于波兰政府不复存在,苏波互不侵犯条约失效。"为了保护乌克兰和白俄罗斯少数民族的利益",9 月 17 日凌晨,苏军越过波兰东部边界向西推进。

9 月 18 日,德苏军队在布列斯特—力托夫斯克"胜利会师"。

让人百思不解的是,英法两军虽然在德军的西线陈兵百万,却按兵不动,宣而不战,它很快就被称为"奇怪的战争",而更好的名称是"静坐战"。

莱茵河两岸的德法士兵可以隔河相望,彼此看得很清楚。双方在野战工事或炮兵掩体里懒散而胡乱地干活儿,还不时停下来"欣赏"一下河对岸敌人的活动。

在一些地方,士兵们在河里洗澡,或者秘密地进行食品交换,法

国葡萄酒和德国啤酒换换口味也不错。

为了使防线士兵不致太过无聊，法国政府还给前线设立了军队娱乐服务处，增拨文娱器材，增加酒类供给，并给士兵们送去了1万多个足球，巴黎歌舞明星们频繁地活跃在前线。

马奇诺防线，成了一个真正的娱乐场。

尽管德法两军对战争的理解有所不同，但对足球的理解却是较为一致的，法国士兵踢球时的精彩动作有时会得到河对岸德军的大声喝彩。

法军高唱着"我们要到齐格菲防线去晒衬衣"的流行歌曲，而严谨的德国人也比较配合，他们不失时机地幽默一下，冲着扩音器喊："英国人是叫法国人打到最后一个人吧！"

马奇诺防线上的法国士兵

一位英国士兵回忆说，当时曾有一支德国宣传部队在前线竖起了大牌子，他们大声喊："北方各省的士兵们（法国士兵），英国大兵正在和你们的妻子睡觉，他们正在强奸你们的女儿！"而法军的回应是："我们是南方人，我们也不想打仗。"

法军从未想过赶走对面工事中的德国人，他们在奉命休息。

有一尊法国75毫米口径的大炮，炮口傲然指向天空，对运送军火的德军视而不见。

据法国逃兵讲，前线指挥官不许哨兵往枪里装实弹。

西线的法国和英国的约110个师，完全没有用来同德国的23个师作战。

这场"奇怪的战争"是英法推行绥靖政策的恶果，是对波兰等小国利益的背叛。英法两国政府缺乏果敢的气魄，也没有真正打仗的意图。

1940年4月9日清晨，德军闪击丹麦。1小时后，丹麦投降。同时，德军闪击挪威。6月10日，挪威军队投降。荷兰、比利时两国天真地相信，只要自己严守中立，不去触怒德国，就可以避免这场战争。

不料5月10日，德军入侵荷兰、比利时和卢森堡。

在战略方面，英国认为自己是海上霸主，主要负责对德国实施海上封锁和战略轰炸，地面作战应由主要盟国法国承担。法国却认为德国在占领波兰后，下一个目标是苏联，而进攻法国至少是四五年以后的事情。

德军步步进逼，法国和英国的关系恶化，法国政府不断谴责英国见死不救，而英国本身也逐渐陷入被动的局面。

敦刻尔克大撤退

这支逃走的联军 4 年后又从诺曼底登陆，成为打败希特勒的重要力量。

早在 1936 年 3 月底，丘吉尔就向公众提出了一个问题：现在到底哪一个国家是最强大的并且能够统一欧洲呢？丘吉尔认为："德国正在大规模扩充军备，很快就会被迫在经济财政崩溃或者发动战争这二者之间作出抉择，德国的战争如果取胜的话，其唯一的结果，就是德意志化的欧洲。"

丘吉尔主张在这种情况下，英国应该联合法国、苏联和其他欧洲小国来约束、抑制德国的强大。

丘吉尔进入政府后，持续不断地批评张伯伦的绥靖政策，他提出的批评多为日后的事实所证实。丘吉尔在英国声名鹊起，英国人把他看作抵抗德国侵略的旗帜。

1939 年 9 月 1 日，德军入侵波兰，第二次世界大战爆发。战略形势的急剧变化打通了丘吉尔通往政权之路。

怒不可遏的英国人民群起而攻，要求张伯伦"辞职""滚蛋"的吼声响彻大不列颠群岛。

当天，丘吉尔接到首相张伯伦的邀请，请他晚上赴唐宁街 10 号。会见时，张伯伦建议丘吉尔进入内阁工作，丘吉尔立即同意了。

在与张伯伦商谈战时内阁的人选问题时，丘吉尔趁机把几个追随者调入内阁。

9月3日，丘吉尔在政府中出任海军大臣。丘吉尔不满足于此，他想得到首相职位。在战争中，丘吉尔对张伯伦的"静坐战""奇怪战争"十分不满，但他没有公开反对张伯伦。

"奇怪战争"期间，英国海军积极备战。在丘吉尔的领导下，英国海军把大部分商船队编入护航运输队，制订对德国的海上封锁计划，组织海军扩建计划。

丘吉尔相信自己迟早会当选首相，因此需要熟悉海军以外的情况。丘吉尔与美国总统罗斯福取得了联系。罗斯福富有远见，他也认为英国的未来属于丘吉尔。从那时起，丘吉尔和罗斯福开始长期通信。

本来，张伯伦希望德国和苏联交战，但没有想到的是波兰被德国和苏联瓜分，芬兰被苏联占领，接着，德国吞并挪威和丹麦。

1940年春天，多数下院议员强烈要求张伯伦辞去首相职务。

临危受命的丘吉尔

丘吉尔以极大的声望，成为首相无可争议的最佳人选，此时，张伯伦想让哈利法克斯继任首相。可是，一旦丘吉尔拒绝加入新政府，愤怒的英国议员们会掀翻政府的。

5月9日，张伯伦约见哈利法克斯和丘吉尔。张伯伦问丘吉尔是否同意加入哈利法克斯的政府。

丘吉尔沉默不语，以示反对。哈利法克斯识趣地说："在战争时期，首相必须是下院议员，我作为上院议员是不适合组织内阁的。"

张伯伦想握住首相大权不放，他宣称在战争紧急的情况下，任何人不准强行改组政府。但在英国下院对政府的信任投票中，张伯伦遭到惨败。

张伯伦被迫来到白金汉宫向英国女王递交辞呈。乔治六世国王于1940年5月10日下午授权丘吉尔组建新政府。

这时候，战争阴影笼罩着整个英国：入侵、轰炸、背叛、化学战和细菌战……英国能打赢这场战争吗？

丘吉尔终于得到了梦寐以求的大权。5月13日，丘吉尔在下院发表了演说："我没有什么，只有鲜血、辛劳、眼泪和汗水贡献给你们。你们要问，新政府的政策是什么？那就是投入全部力量在海上、陆上和空中进行战争。你们要问，英国的命运会怎样？那就是胜利！不惜一切代价去战胜德国，无论道路多么艰难也要坚持下来。"

丘吉尔的内阁中，亚历山大出任海军大臣，辛克莱出任空军大臣。丘吉尔还成为下院领袖和国防大臣。

丘吉尔规定的工作制度令政府官员们难以忍受：所有的重要会议都在晚上召开，常常开到深夜以后。白天，丘吉尔躺在床上向各部口授命令和指示。

丘吉尔千方百计地延长法国的抵抗时间，为英国加强国防赢得时间。

英国的陆军很少，但空军强大，法国政府一再要求英国派遣新的飞行大队去法国。

丘吉尔多次飞往法国。会谈中，法国总是要求空中支援，而丘吉尔主张法国依靠现有装备坚持作战。

1940年5月15日凌晨，丘吉尔忽然接到法国总理雷诺打来的电话："我们打输了！"

丘吉尔急忙问："不会吧？"

雷诺说："色当防线崩溃了！德军机械化部队扑了过来。"

丘吉尔惊讶地大喊："什么？强大的法兰西军队哪去了？"

16日，丘吉尔飞抵巴黎，法军总司令甘末林说，大批德军杀了过来。

丘吉尔问："战略预备队呢？"

甘末林说："一个都没有。"

5月19日，根据丘吉尔的指示，英国陆军部决定：必要时在加来、布洛涅和敦刻尔克撤退。

为防万一，陆军要求海军部尽快做好撤退的准备，并命令在多佛基地任职的拉姆齐海军中将负责指挥这次行动。

22日，加来和布洛涅港受到德军装甲部队的围攻，只剩下敦刻尔克了。

拉姆齐先后筹集693艘舰船，加上盟国的船只，共860多艘，编成舰队，准备驶向敦刻尔克。

5月25日，英国远征军把在阿拉斯受到威胁的各师撤向敦刻尔克，准备从海上逃回英国。整个盟军防线崩溃，北线的法比军队随后也向敦刻尔克方向撤退。

5月26日晚6时57分，敦刻尔克大撤退开始。海滩上，英法联军走进齐胸的海水里，由小船上的人把他们拉上去。

第一批出发的船只有 129 艘。

第一艘前往敦刻尔克的是"莫纳岛"号，它在 26 日晚 9 时驶离多佛港，午夜抵达敦刻尔克的盖尔海岸。

27 日日出时分，"莫纳岛"号满载 1420 名英国士兵返航。

"莫纳岛"号先后受到德军远程炮火和 6 架飞机的袭击，尾舵被炸掉，致使 23 人死亡，60 人受伤。

27 日中午，这艘靠螺旋桨前进的船终于驶进多佛港，35 海里的行程它竟花了 11.5 小时，通常只需 3 小时。

27 日早晨，有 5 艘运输船因德军炮火猛烈而无法靠岸，只得空船返回。

其他救援船只也程度不同地受到了德军炮火的轰炸，其中 2 艘小船在接近法国海岸线时，1 艘被击沉，另有 1 艘救起落水船员，穿过敌人炮火向英国返航。

受沙洲和布雷区的影响，多佛到敦刻尔克的最短航线是"Z"字型航线，有 34 海里，轮船需紧贴敦刻尔克以西几海里海岸线航行，经 6 号浮标直达多佛。

但是，这条航线已经被德军炮火封锁。拉姆齐将军及其参谋人员只好修改计划。

在"Z"航线的东北处有一条"Y"航线，全长 76 海里，易于航行，水雷较少，且不会遭到德军的炮击。

但这条航线的航程是原计划的 2 倍多，想撤出同样多的人，需要 2 倍以上的船只。

因此，5 月 27 日这天，驶抵敦刻尔克的船只总共撤走了 7669 人。照此速度计算，要把全部远征军撤回国内起码需要 40 天。

兵多船少，成了撤退中亟待解决的问题，尤其是容易靠岸的小船

英军从敦刻尔克港撤退

极为短缺。

这是因为从敦刻尔克到拉潘尼的整个海滩是渐次倾斜的，即使是海水涨潮时，大船也很难靠岸，更何况大船转舵不灵，容易造成拥挤堵塞。所以，小船的需求量猛增。

为解决这一难题，英国海运部把泰晤士河两岸的各种小船场的驳船、帆船、摩托快艇和渔船都征集过来，组成预备队。

为加强对"Y"航线的掩护，击退德军空袭，保证运输线的畅通，拉姆齐向海军部发出紧急呼吁，取消驱逐舰的其他任务，专为敦刻尔克撤退行动护航。

5月28日，他们撤走17 804人，29日撤走47 310人，30日撤走53 823人，前4天总共撤走126 606人，大大超出了海军部原来希望的4.5万人。

5月29日，法国第一集团军奉命正式撤退。英军最初拒绝让法军

登上英国的船只，因为附近没有法国船只，这就等于将法国人丢在那里。雷诺知道后甚感不安。

5月31日，在巴黎召开的盟军最高军事会议上，雷诺坚决主张英法联军共同撤退。丘吉尔表示同意共同撤退，并说："仍在敦刻尔克的3个英国师，将同法国人在一起，直到撤退完成。"

5月31日和6月1日是"发电机"行动成绩最显著的两天，尽管德军连续不断地炮击和轰炸，英国船只白天不便靠近敦刻尔克，仍撤出了13.2万人。

但是在撤退过程中，船只的损失很大。仅6月1日这天，就有31艘船沉没，11艘船被击毁。有2艘满载2700名法国士兵的英国运输舰沉没后，舰上人员只有2100人被小船救走。

听到这个消息后，丘吉尔发电报给雷诺，建议"于今夜（6月1日）停止撤退"。雷诺大为发火，接任甘末林法军总司令一职的魏刚则坚决要求英军至少留下3个师来。

此时，德军的包围圈收得更紧了，德军的炮火已延伸至敦刻尔克附近海域，撤退只好改在天黑后进行。

6月2、3日夜间，余下的英国远征军和6万名法军冒着德军的炮火撤了出来。

在法国的坚决要求下，英国同意将"发电机"行动延长到6月4日。

6月4日早晨，阿布里亚尔和拉姆齐在多佛城堡见面，都同意撤退工作告一段落。当天上午11时，法国政府也批准该决定。下午2时23分，英国海军部正式宣布"发电机"行动结束。

至6月4日，共有33万名英法军队撤出敦刻尔克，包括21.5万名英国人、12.3万名法国人和比利时人，其中5万人是由法国海军救出的。撤退中被击沉的各种船只共243艘，其中英国的226艘，法国和比利时的 17 艘。

对英国来说，侥幸地避免了可能发生的灾难。

这支逃走的联军 4 年后又从诺曼底登陆，成为打败希特勒的重要力量。

大不列颠设防海陆空

如果单靠德国陆军的力量，他们完全可以在一周内击溃英国软弱无力的陆军，但是，他们必须渡过由英国占优势的海军日夜守卫的英吉利海峡。

1940 年 6 月 10 日，意大利向法国、英国宣战。墨索里尼笑着说："意大利只要付出几千条生命的代价，就能成为战争参与者坐在和谈的桌旁。"

6 月 20 日，法国向德国递交投降书，英国失去了它在欧洲大陆最重要的盟国。

这样，德国控制了从挪威北部至西班牙的大西洋沿岸地区，对英国形成了新月形包围圈。

在英国，丘吉尔认为，作为海上的岛国，不论英国人有什么缺点，英国人对海上的事情是彻底了解的。多少世纪以来，英国人代代相传，对海洋非常熟悉，这一传统不仅鼓舞了水兵，也鼓舞了整个民族。面对占据优势的英国大型舰队，德海军想把足够的陆军运过英吉利海峡，那简直是异想天开。

在小舰队和轻型舰只方面，英国比德国多十倍，即使德军在某一

地点或某些地点登陆成功，德军对交通线的保持以及对占领据点的供应等问题还是无法解决。

开始的时候，英国海军无法防止类似 1 万人的几股德军趁黑夜或大雾弥漫的清晨突然越过英吉利海峡在海岸的某些地点登陆的情况，但英国已经从敦刻尔克成功撤出的 33 万英法联军，完全能够对付登陆的小股德军。如果偷渡的德军数量庞大，英海军能够立即发现并使其葬身大海，或者将其连同装备一起炸得粉碎。事实上，在大不列颠群岛的沿岸，英国的轻型护卫舰一直在不停地戒备巡逻，参加巡逻的舰只多达 800 艘，德国只有用空军才能对付它们，而且只能慢慢消灭。

英国还有强大的空军，拥有制空权。

如果德军在不同的地点登陆成功，则当地海滩上的英国陆军应在海空的援助下尽量使德军遭受重创，把德军限制在一个有限的地区，使德军因给养问题而崩溃，然后歼灭入侵的德军。

在德国，希特勒还没有想过登陆英国的问题，希特勒天真地认为，英吉利海峡只不过比大陆上的河流宽一些而已，法国一旦被击败，英国就会接受和谈。

于是希特勒从 1940 年 6 月中旬到 7 月中旬频频向英国人摇晃橄榄枝，还通过瑞典和梵蒂冈教廷向伦敦做出和平试探。但希特勒听到的回答始终是一个坚决的"不"字。

对于希特勒的战争恐吓，丘吉尔没有进行封锁，反而用广播让英国人民知道，让他们对此有所准备。

7 月 16 日，希特勒下令制订"海狮计划"，准备在 9 月 15 日前登陆英国。一份发给德国军官的绝密命令宣布了希特勒的决定：

"鉴于英国不顾自己军事上的绝望处境，仍然毫无妥协的表示，我已决定对英国登陆作战，若有必要，即付诸实施。"

战前德国海军士兵在清洗舰船甲板

命令还说："这次作战行动的目的是消除英国本土这一对德作战的基地，并在必要时全部占领该国。"

希特勒在指令中用了几个关键字眼："若有必要"。这说明，此时希特勒仍在期待着英国人能认识到他们的困境并接受他的和平建议。

这次作战行动的代号是"海狮"。时间定在 8 月中旬，此前 6 星期先进行大规模空袭。

这项任务对海军力量远远弱于英国的德军来说，实在有些勉为其难。

果然，准备工作一开始，德国陆海军便叫苦连天：缺少运输船只，海上作战能力不如对手，英国海军防御力量强大……征服英国谈何容易！

风急浪高的英吉利海峡不是法国的阿登山区，没有制海权，坦克只能望海兴叹。

"海狮计划"的构想十分庞大:

用 39 个师的兵力在宽广的正面,以奇袭为基础实施登陆,第一批登陆兵力为 13 个师。

此外还要在海峡各港口内集中驳船 1722 艘、拖船 471 艘、摩托艇1161 艘,一切的准备均应在 8 月中旬完成。

希特勒对于这个"海狮计划"的准备时间只预定为一个月,可以想见其荒谬。

德军分 3 批到达海峡,首先抢占滩头阵地,然后向内陆推进,首要目标是切断伦敦与英国其他地区的联系。

当德军占领英国首都后,由德国党卫军逮捕英国的首脑人物,从丘吉尔到作家赫胥黎以及演员科沃德。再将所有 17 ~ 45 岁的健全的英国男子拘禁起来,运往欧洲大陆。

"海狮计划"说起来容易,做起来难。如果单靠德国陆军的力量,他们完全可以在一周内击溃英国软弱无力的陆军,但是,他们必须渡过由英国占优势的海军日夜守卫的英吉利海峡,而且德国陆海军在两栖作战方面既无经验也没受过训练。

除海军总司令雷德尔对此计划持怀疑态度外,德国陆军都深信"海狮计划"能够成功。

陆军总司令布劳希奇和陆军参谋长哈尔德都向希特勒保证,他们将全力以赴执行这个计划,而且一定能取得胜利。

然而,两人却提出一个非常关键的要求,即:在海路的战斗打响之前,德国空军必须削弱英国空军的战斗力,完全摧毁英国的空中防御力量。

希特勒决定等到德国空军对英国实施集中攻击后,再确定登陆战应该在 1940 年 9 月发动，还是延期到 1941 年 5 月间发动。

在不列颠空战的第一阶段，英德空军双方飞行员的作战技术和勇气不相上下。

随着时间的推移，英空军渐渐占了上风，取得了对德空军的优势。

德国空军的战略目标是赶走英吉利海峡的英国海军，诱歼英国空军，为登陆创造条件。

然而，英国空军每次瞅准机会，仅以少量飞机出击。经过一个月的空战，德国损失了 286 架飞机。

德国共有飞机 2669 架，其中轰炸机 1015 架、俯冲轰炸机 346 架、单引擎战斗机 933 架、双引擎战斗机 375 架。

英国共有飞机 1350 架，其中战斗机 704 架、轰炸机 646 架。

但德国空军仍处于不利地位：一架飞机被击落，飞行员就损失了；无法获得高射炮火的支援；最重要的是英国空军能够获得雷达的合作，而德国空军则完全缺乏这种帮助。

另外，英国还仿制了德国最高统率部的密码机。在二战期间，英国破译了德国差不多所有的重要电报，即"超级机密"。

8 月 13 日，戈林出动 1500 架飞机，对英国 7 个空军基地和港口等进行攻击。英国空军出动 700 架升空拦截。

此次空战，英国空军只有 13 架战斗机被击落，3 个遭到严重破坏的机场也不是主要空军基地。德军损失了 45 架飞机。

在 8 月 24 日至 9 月 6 日的空战中，英国共有 103 名飞行员死亡，128 名飞行员受重伤，460 架飞机被击毁或者重创。在总数 1000 人的飞行员中，损失了将近 25%。

9 月 8 日至 15 日的 7 天中，德军对伦敦进行昼夜 2 小时的连续空袭，使整个伦敦满目疮痍。德军在战略目标上的改变，减轻了对英国机场

和飞机制造厂的压力，使英国空军得到了喘息的机会。

此后，伦敦每天都有上千人死亡，其他一些工业城市也遭到空袭。

9月15日，英国空军击落德机185架。希特勒发现英国空军不仅没有被消灭，而且越来越强大了，那道狭窄的英吉利海峡变得越来越宽了。

从战略角度考虑，希特勒曾对部下说："对英国作战只会把德国和英国都变成焦土。即使最后德国占领了英国，也会付出巨大的代价，近10年内都无力发动大规模的战争，无法瓜分英国在全世界摇摇欲坠的殖民地，那样德国人的鲜血只能为美国人和日本人换来渔翁之利。"

1941年4月，由于德国战略计划的剧变，德国空军对英国的攻势，已经变成了为德军在东线入侵苏联做掩护。

1941年5月10日晚，德国空军主力在撤向东线以前，对伦敦做了最后一次轰炸，发泄败在英国空军手下的奇耻大辱。

丘吉尔代表英国表达了对空军飞行员们的感激之情："在人类战争史上，从没有见过这么少的人，为这么多的人作出这么大的奉献！"

英国海军鏖战地中海

由于烟幕笼罩，遮住了英舰队的视线。英舰队不敢冲进烟幕，担心受到意潜艇和驱逐舰的伏击。

意大利向英法宣战后，英国的处境更艰难了。墨索里尼妄想在非洲建立新罗马帝国，把入侵的目光瞄准了埃及。

埃及的苏伊士运河是英国通向印度、远东的海上生命线。埃及的亚历山大港可以使英国的海军舰队进入东部地中海。一旦意大利占领了埃及，英国在中东的势力范围——巴勒斯坦、约旦、叙利亚、伊拉克和伊朗都会受到威胁。

地中海是一个大陆海，在地中海的中央，坐落着马耳他岛。马耳他紧邻意大利的西西里岛，距离意南部港口塔兰托很近。

马耳他扼守自大洋洲、印度途经苏伊士运河至英国的海上运输线。同时，它使英国在北非中东地区的基地也有了保障。

当时，驻亚历山大港海军基地的英国舰队的实力并不强大。但是，英国海军在控制地中海西口的直布罗陀海军基地驻有战列舰、航空母舰和巡洋舰各 1 艘，还有 9 艘驱逐舰。

在海战开始时，意大利海军的主力是两艘现代化的旧式战列舰和 19 艘巡洋舰。而英法海军在地中海拥有 11 艘战列舰、3 艘航空母舰和 23 艘巡洋舰。而且，英法两国在地中海地区以外拥有其他舰队，一旦损失就能立即获得补充，因此双方之间兵力的悬殊就决定了海战的胜负。总体上，意大利的军舰总计为 69 万吨，而英、法海军则是意大利的 4 倍以上。

为了封锁意大利至北非的海上运输线，1940 年 7 月 1 日，坎宁安向英国海军部请示，请求向马耳他增派更多的战斗机和侦察机。在当时的情况下，坎宁安的轻型舰艇部队不敢在马耳他基地加油，更别说在马耳他停泊了。

7 月 7 日，坎宁安指挥一支舰艇编队从亚历山大港口出征。这支舰艇编队由 3 艘战列舰、1 艘航空母舰、5 艘巡洋舰和 16 艘驱逐舰组成。

意海军只有"加富尔"号和"凯撒"号两艘战列舰。坎宁安认为应该趁意大利的其他战列舰还没有建完以前，先干掉"加富尔"号和

"鹰"号航空母舰甲板上的机群

"凯撒"号。而意海军总司令部则希望意空军能在海战前先把从亚历山大港出发的英舰队的战列舰干掉，求得双方兵力的平衡。

意海军总司令部决定把兵力集中在地中海中部，既能保存舰队的实力，又能保卫爱奥尼亚海海岸，趁亚历山大的英舰队还没有与从直布罗陀港出发的英舰队会师以前，与之交战。

7月9日整个上午，英侦察机不停地跟踪意舰队。意侦察机连英舰队的影子都没有找到。13时30分，意舰队突然遭到英鱼雷机群的攻击。

意舰队成功地躲过了鱼雷，英鱼雷机除了从航空母舰上起飞外，不可能来自其他地方，英舰队肯定就在附近海域。

13时40分，康姆皮翁尼向空军请求轰炸机支援，希望能用轰炸机炸乱英舰的队形。可是，空军轰炸机却在战斗结束时才到达战场。意空军轰炸机群不仅没有轰炸英舰队，却轰炸了撤向墨西拿的意舰队，幸亏没有造成误伤。

康姆皮翁尼出动一架小型侦察机，很快，意侦察机在 80 海里外找到了英舰队。

15 时左右，意舰队右侧的巡洋舰在 2.5 万米以外看见英舰后马上开火。英"海王星"号巡洋舰受到轻微损伤。双方庞大的战列舰正在互相靠近，15 时 53 分双方在 2.6 万米射程上开火了。

"鹰"号航空母舰上的鱼雷机发动了攻击，没有命中意舰。

16 时过后，英战列舰"瓦斯派特"号发射的一颗巨大炮弹击中了意战列舰"凯撒"号，"凯撒"号燃起大火，锅炉熄灭了。意巡洋舰"博尔萨诺"号被 3 颗中型炮弹命中，造成轻微损伤。英战列舰"瓦斯派特"号在尾炮齐射时，误将一架英侦察机击毁。

意巡洋舰施放烟幕保护"凯撒"号撤退，同时"加富尔"号也撤出了战斗，因为"加富尔"号无力与英 3 艘战列舰交战。

由于烟幕笼罩，遮住了英舰队的视线。英舰队不敢冲进烟幕，担心受到意潜艇和驱逐舰的伏击。

16 时 45 分，英舰队也撤出战场。这就是第一次锡尔特湾海战，英国把这次海战叫做"卡拉布里亚之战"，是战争史上意海军与英海军的第一次交战。

英舰队向马耳他东南海面行驶。最后，"君主"号战列舰和几艘驱逐舰驶入马耳他港加油，2 支护航船队起航离开了马耳他港，安全地到达埃及亚历山大港。

丘吉尔对马耳他岛的存亡十分忧虑：马耳他岛是英国在中东地区的希望所在，英国的战略资源几乎都来自中东地区。

马耳他岛并不是孤独的海岛，而是英国地中海战略图中最重要的部分。

从 1940 年秋季开始，意海军要求政府作出决策以便尽快采取措施

占领马耳他岛。可是，落后的意大利空军无法阻止英国对马耳他岛的增援。

1940年夏季，德军入侵英国本土的态势日益明显，英国的上空，双方的空战不停，德国舰队从莱茵河畔开到了英吉利海峡的另一端。法国已经投降，比利时战败，英法联军从敦刻尔克大撤退后，英军退守本土。这时，英国本土的武器装备不足，根本无力顾及海外殖民地。

为了保障埃及及英军的海上生命线，丘吉尔决定向埃及的英军"输血"，下令向中东地区的英军提供装备和补给，特别是坦克、大炮和运输工具。

英国在北非埃及的军队由中东地区的英军总司令韦维尔将军率领。韦维尔把近10万人的英军部署在伊拉克、约旦、巴勒斯坦、埃及和苏丹。

1940年8月4日，意军的17个步兵营在装甲部队和炮兵部队的掩护下，从埃塞俄比亚和厄立特里亚两路进攻英属索马里。1500名英军主动撤退，8月20日，意军吞并英属索马里。

8月15日，英国战时内阁下令加强英军在埃及的力量。增援埃及的英军和装备包括3个坦克营（154辆坦克）、48门反坦克炮和48门发射25磅炮弹的榴弹炮，另外还有大量步兵武器和弹药。增援埃及的英海军运输舰队通过好望角，9月19日到达红海，即将进入苏伊士运河。

1940年9月13日，25万意军越过利比亚—埃及边境，向英军发动进攻。

10月，英海军不断地把增援部队运抵埃及，并封锁北非意军的海上运输线。

10月4日，希特勒向墨索里尼提出愿意提供装甲部队和飞机大炮支援意军，但他的好意遭到了墨索里尼的拒绝。

　　韦维尔将军没有坐以待毙，他知道意军虽然人多势众，但武器装备太落后了，可以充分发挥英军的装甲优势，兵分两路，迅速出击，直插西迪巴拉尼，然后占领巴迪亚。

　　韦维尔计划英军的行动将不超过 5 天，向西最远到达西迪巴拉尼以西 25 英里。

　　1940 年 10 月 28 日，阿尔巴尼亚的意军突然进攻希腊。同时，英国海军正在东地中海与德意海空军苦战。

　　1940 年 12 月 8 日，埃及的英军发动反攻，意军一触即溃。12 日，3.9 万名意军成为俘虏。

　　1940 年 12 月 14 日，英军攻入利比亚，包围巴迪亚要塞。1941 年 1 月 4 日，英军占领巴迪亚要塞。

　　截止到 1941 年 2 月 6 日，英军装甲部队长途跋涉 800 公里，打败了意军 10 个师，俘虏 13 万意军。英军仅伤亡 1873 人。

　　2 月 6 日，英军占领利比亚的班加西。2 月 7 日，意军退守利比亚首都的黎波里。

　　2 月 10 日，英军占领利比亚的昔兰尼加省。

　　为了在巴尔干半岛开辟军事基地，丘吉尔决定向希腊调兵，这样，北非英军一部被调往希腊战场。

　　1941 年 5 月，德国空军第 10 军被调往东线。丘吉尔利用德国空军兵力转移的大好机会，向马耳他增派空军。

　　丘吉尔认为，只要封锁了意大利的海上运输线，就能够在非洲战区打败德意联军。英军发挥了非常有效的飞机与潜艇的协同战术，对意大利运输船队的攻势越来越猛，意大利被迫于 1940 年 10 月动用驱逐舰来运载军队，但无力为数量庞大的运输船队护航。

　　1941 年 6 月，意大利送往北非的补给为 12.5 万吨。10 月，意大利

英军喷火式战斗机及飞行员

送往北非的补给猛减至 6.1 万多吨，损失率达 20%。

11 月 18 日，英国海军在北非发起了"十字军远征"的进攻，驻守马耳他岛的英国海空军对意大利的补给线发动了更加凶猛的进攻。

意大利的海上运输几乎被完全封锁，陷入大危机之中。正在北非和英军进行冬季决战的隆美尔，由于兵力、装备、弹药、给养严重不足而被迫败退。

北非德意联军补给问题的核心是与英军在马耳他岛的空军优势分不开的。意大利所有的麻烦都来源于马耳他，在战争初期没有攻占马耳他岛和突尼斯的战略失误，后来使得意大利和德国付出了在非洲战区惨败的代价。

北非战场的恶劣形势引起了希特勒和墨索里尼的忧虑。德国海军总司令雷德尔和德国非洲军司令隆美尔等早就要求向北非战场投入更多的兵力，占领英国的中东资源基地，再从中东进攻苏联南部。

希特勒不愿抽调苏德战场的兵力，但也不得不把德国空军第二航空队调到了意大利，任命凯塞林元帅担任南方战线总司令。

另外，德国和意大利加强了在地中海的海军力量，取得了地中海的海空军力量的优势。面对有利的形势，雷德尔对希特勒说："目前，地中海的形势明显对我们有利，这种形势可能将来再也不会出现了。许多情报表明，英国正以巨大的努力将一切可能的部队源源不断地运往北非……所以，尽快占领马耳他是最重要的事情。另外，对苏伊士运河发起的进攻，不能晚于 1942 年。"

雷德尔进一步建议：

"若德国和意大利不攻占马耳他岛，德国空军必须用现在的规模继续轰炸马耳他岛。只凭空袭就能阻止英军在马耳他岛重建进攻和防守的力量。"

德国和意大利两国最高统帅部宣布了攻占马耳他岛的计划：意大利海军舰队掩护登陆战，提供登陆用的船只，由"特种海军部队"训练陆海军登陆部队；德国陆海空军给予强有力的支援。

11月28日，东非意军投降，埃及的安全得到了保障。从此，美国运输舰队可以在苏伊士运河自由通行，增加了从美国运来的物资总数，缓解了英军在中东地区的物资紧张状况。

1941年12月，希特勒指示地中海战区德军，规定1942年的任务为："取得意大利南部至北非间的制空权和制海权，保证通往利比亚及其昔兰尼加省的海上运输线的安全，特别是要不惜一切代价对付马耳他……切断英军途经地中海的交通线以及英国由托布鲁克港和马耳他得到的补给线。"

希特勒把第二航空队调到了西西里岛，支援意大利海军作战，加强对马耳他岛的空袭，对马耳他进行海、空封锁，压制马耳他岛。

在登陆部队积极准备的同时，德国第二航空队对马耳他进行长期激烈的轰炸，炸毁马耳他岛的防御体系。意大利海军在德国空军的支援下切断了英国对马耳他岛的补给线。

1941年12月上半月，每天轰炸马耳他岛的飞机不足10架，至下半月就增加到30架。马耳他的防空工事变成了废墟，港口瘫痪了。英国地中海马耳他分舰队也撤走了。

保卫大西洋的交通线

大西洋上肆虐的"狼群"，使英国维系运转的生命线开始动摇，运往英国成千上万吨的货物，常常在途中就沉入大海。

在大西洋战场上，英国采取守势。德军对英国作战主要以德国海军的基本兵力破坏英国的海上交通线，并以"巡洋战"的方式为主，即远离驻地的海区，采用大量互无联系的巡洋舰进行单独作战，袭击英国的运输船。

当时，英国拥有战列舰 12 艘、航空母舰 8 艘（舰载机 500 架）、驱逐舰 64 艘、重巡洋舰 15 艘、战列巡洋舰 3 艘、轻巡洋舰 49 艘、舰队驱逐舰 119 艘、扫雷舰与岸防舰 45 艘。

德国海军拥有的水面舰只少得可怜，只有战列舰 2 艘、轻巡洋舰 6 艘、战列巡洋舰 3 艘、舰队驱逐舰 22 艘、重巡洋舰 2 艘、驱逐舰 20 艘。

1939 年 8 月 21 日，德国的"海军上将施佩伯爵"号秘密驶往南大西洋。战争打响以后，该舰声东击西，灵活机动，3 个月内先后在南大西洋与印度洋击沉"克莱门特"号、"阿什利"号等英国运输船（约 5 万吨），对英国的海上运输线造成了重大威胁。

英国海军迅速作出反应，在 10 月 5 日以 28 艘大型军舰为骨干，组建了 8 个搜索群。

哈伍德准将指挥的分舰队以福克兰群岛为基地，负责南大西洋西部一带的巡逻与警戒。

在两个月的搜索后，哈伍德终于捕捉到了德国"海军上将施佩伯爵"号。

12 月 13 日晨，在"海军上将施佩伯爵"号战列巡洋舰上，舰长兰斯多夫正在享用早点。突然，瞭望哨报告，英国舰队从两翼夹击而来。

兰斯多夫急忙奔向舰桥。他拿起望远镜，只见左右两侧都是英舰。

兰斯多夫确认英舰队是 1 艘重巡洋舰与 2 艘轻巡洋舰。他露出了轻蔑的表情，下令拉响战斗警报。

"海军上将施佩伯爵"号火力极强，且具有装甲防护能力，英国巡洋舰的总火力虽超过了它，却没有装甲防护能力。而且，它的主炮的射程与口径均超过了英舰。

英舰一进入射击距离，兰斯多夫就下令："开火！"

他命令"海军上将施佩伯爵"号首炮掉转炮口，用全部主炮，集中轰击敌重巡洋舰"埃克塞特"号。"埃克塞特"号驾驶台虽然被毁，但仍没有停止战斗，它用尾炮朝"海军上将施佩伯爵"号不断射出203毫米口径炮弹，恰好有一枚击中了"海军上将施佩伯爵"号的艏楼。

6时30分，英舰"阿哲克斯"号与"阿基里斯"号冲了过来，将炮弹猛泻在德舰的主甲板上。

"海军上将施佩伯爵"号厚达38毫米的装甲板被撕破，火控系统被毁。英舰"埃克塞特"号趁机向德舰右舷连射几枚鱼雷。

兰斯多夫在左右受敌的情况下，急忙施放烟幕逃跑。

在长达82分钟的海战中，双方各有损伤。3艘英舰有2艘因受创而被迫撤退。"海军上将施佩伯爵"号也急需补充燃油进行修理。

在无法返回德国的情况下，兰斯多夫踌躇再三后，决定到附近的中立国乌拉圭的蒙得维的亚港。

就在"海军上将施佩伯爵"号向西行驶时，2艘英舰尾随而来。

"海军上将施佩伯爵"号刚刚在乌拉圭的蒙得维的亚港抛锚，英、法代表就提出抗议，他们提醒乌拉圭政府，《国际法》规定，交战国的舰只只能到中立国港口停留24小时。

德国代表兰曼指出，战舰要在港口修理好后才能继续航行。

乌拉圭政府建议成立调查小组，调查德舰的伤势。调查小组得出结论："海军上将施佩伯爵"号的确不能马上出海，估计在港内修理3天以后就可航行。

"海军上将施佩伯爵"号受到英舰重创

1939年12月20日,"海军上将施佩伯爵"号被迫自沉。

从1940年7月至1941年5月,德国潜艇部队的士气不断上升,涌现出很多击沉商船的"英雄"。

尽管邓尼茨下令对英国船员"格杀勿论",然而,多数德国潜艇艇长或是营救英国船员,或者向英国政府发电,通知英国船员的具体位置。

1940年7月8日夜晚,U-99号德潜艇在英国北海海峡浮出水面,监视着海面。

艇长奥托·克里奇默尔少校靠在指挥栏上,叼着雪茄,吸了起来。忽然,哨兵向克里奇默尔报告:"有情况。"

克里奇默尔举起双筒望远镜,一支英国护航运输船队分为两组,在3艘驱逐舰的护航下向西驶去。

U-99号潜艇两小时后追到了英船队的前边。克里奇默尔下令只露出潜望镜,等待英船队的到来。

一艘英驱逐舰迎面扑来，U—99号潜艇刚要躲进深水中，

英驱逐舰忽然从艇尾方向冲过去了。接着，英船队分为两组，贴近U—99号潜艇。

U—99号潜艇发射了2枚鱼雷，水手们等待着鱼雷爆炸的巨响。一会儿，英船队安全地从海面上驶过去了。

克里奇默尔气得大骂，"真倒霉！鱼雷又没有响。"

U—99号潜艇的尾发射管立即发射鱼雷，鱼雷仍没有响。U—99号潜艇又瞄准一艘大船发射鱼雷，击沉了大船。

克里奇默尔下令："立即潜行！"与此同时，英军驱逐舰正高速扑来。

潜艇刚刚下潜到45米处，周围就不断响起深水炸弹的爆炸声，潜艇剧烈摇动起来。一颗深水炸弹击中了近舷。

潜艇不断地下跌，跌入110米的深度。

英舰发出的呼呼巨响声不断传来，螺旋桨声震耳欲聋。很快，噪音完全消失，可是四周又响起了深水炸弹的爆炸声。

U—99号潜艇艰难地恢复了平衡，仅受到轻微损伤。潜艇的航速大大降低。U—99号在水下的最大航速仅为8节，比水面舰艇30节的速度慢几倍。

U—99号潜艇毫无办法，英舰持续追击两个多小时，一颗深水炸弹又在潜艇的近舷爆炸，海水把潜艇艇壳压得嗡嗡直响。

为了减少氧气的消耗，克里奇默尔下令舰员躺倒，戴上呼吸罩。6个小时后，英舰停止了攻击。克里奇默尔发现蓄电池组的电能快耗光了，他只剩两个选择：一是使用让潜艇浮出水面，进攻驱逐舰；二是，让潜艇沉入海底。

克里奇默尔下令沉入海底，连续6个小时不准采取任何行动。

厕所冲水后臭气熏天，艇员们改用马桶，但各舱内的空气更污浊

了。后来，艇内的二氧化碳含量在逐渐上升，有些舰员已经喘不上气来了。英军舰艇发出了巨大的呼呼声和螺旋桨的巨大轰鸣声。舰员们感到死神就快来临了。

9日凌晨，英驱逐舰逐渐远去，U-99号潜艇在下潜18个小时后，浮出了水面。

克里奇默尔打开升降口盖，登上了指挥台。发动机启动了，风扇将清新的空气抽进艇内。舰员们钻出了潜艇，贪婪地呼吸着空气。

7月12日，U-99号将一艘希腊货船击沉。随后，U-99号召唤一架德国轰炸机，炸毁苏联货船"默里萨尔"号。7月15日，U-99号把英货船"沃德布里"号炸沉。

大西洋上肆虐的"狼群"，使英国维系运转的生命线开始动摇，运往英国的成千上万吨的货物，常常在途中就沉入大海。

商船的损失、航线的改道以及运输日期的增加，使英国的进口锐减，每星期货物输入量从120多万吨（不含石油）骤减至75～80万吨。

石油每月的进口量减少了一半左右，远不能满足英国的战争需求。

更加危险的是，德国潜艇攻击商船的月吨位数已大大超出了英国新建船舶的吨位数。

就在邓尼茨不断命"狼群"攻击英国商船队的同时，丘吉尔当选为英国新首相。他上任后的最大难题，就是如何驱散或歼灭德国"狼群"，使英国不致因物资匮乏而丧失战斗力。

丘吉尔认为，仅靠英国是对付不了"狼群"的，因此频频向美国求援。

丘吉尔在给华盛顿的急电里，提出将英国在大西洋西部的8个海空军基地租给美国99年，以换取美国的50艘老式驱逐舰。

当时，美国孤立主义盛行，如向交战国英国交付50艘驱逐舰，德国人将视之为帮助英国，因而改变了美国的中立立场，这恰好与美国

人不想卷入战争的愿望相悖。

孤立主义在美国源远流长。早在 20 世纪 30 年代，孤立主义泛滥成灾，其宗旨是美国不应干预美洲以外的事务，不参预欧洲纠纷，更不能卷入未来的欧洲战争。由于第一次世界大战遗留下来的反战情绪，孤立主义在人民群众中有着广大的市场。罗斯福也受其影响，以至于对 30 年代中期以来笼罩世界的法西斯阴云漠然置之。在孤立主义的推动下，美国国会制订了一个比一个严厉的《中立法》。规定：对交战国实行武器禁运，禁止向交战国贷款，禁止武装美国商船等。在当时法西斯侵略者不断践踏别国领土和主权的情况下，孤立主义无异于为虎作伥。墨索里尼曾得意忘形地说："民主国家是随风飘逝的散沙。"

"俾斯麦"号战列舰

但罗斯福克服重重障碍，于1940年9月2日，促使美、英就美国驱逐舰租换英国在美洲基地问题达成了正式协议。

4天后，英国海军在哈利法克斯港接到了第一批8艘驱逐舰。

至1941年4月10日，除50艘驱逐舰外，美国还为英国提供了10艘76米长的海岸警卫艇。

1941年4月，美国把泛美安全区从西经60度延伸到西经26度，美国海军在9月开始提供护航，这使德国潜艇受到了极大限制。

1941年5月18日，在波罗的海暮霭重重之下，对英国海军颇具威慑力的"俾斯麦"号战列舰与"欧根亲王"号重巡洋舰从卡特加特海峡向冰岛北部进发。"俾斯麦"号是当时最强大的超级战列舰之一。

英国海军调集全部机动兵力，拉开大网，广设埋伏，要在德舰"俾斯麦"号和其僚舰"欧根亲王号"驶入大西洋前，进行拦截并消灭，以确保大西洋运输线。

在海战中，德舰击沉了"胡德号"，但"俾斯麦"号的油舱被击中漏油，机械发生故障。经过连续4天4夜的激战，"俾斯麦"号的水手们已经精疲力尽。

夜晚，英国海军几十艘战舰围住"俾斯麦"号，战列舰与巡洋舰齐发炮，驱逐舰与航空母舰上的飞机发射的鱼雷乱飞。

10时，"俾斯麦"号沉入大西洋。

"弩炮"计划

战争的形势是这样的，昨天还是亲朋好友，今日必须将其作为敌人，甚至将其歼灭。

1940 年法国政府投降时，夏尔·戴高乐刚被任命为国防部次长。戴高乐认为，法属北非三国阿尔及利亚、突尼斯和摩洛哥拥有丰富的人力、物力资源。法国的委任统治地叙利亚和黎巴嫩，控制着通往伊拉克、伊朗和阿拉伯等国油田的咽喉要道。另外，在太平洋上的新喀里多尼亚岛和塔希提岛是重要的战略基地。因此，法国仍有很大的潜力。

在英国广播电台的播音室里，1940 年 6 月 18 日下午 6 时，戴高乐向全世界，也向沦亡的法国，发表了具有历史意义的"6·18"演说。

戴高乐宣告："法国并非孤军作战。它有一个庞大的法兰西帝国做后盾。它可以与控制着海洋并在继续作战的不列颠帝国结成同盟，也可以像英国一样充分利用美国巨大的工业资源。"

戴高乐号召："我，戴高乐将军，现在在伦敦。我向正在英国领土上和将来可能来到英国领土上的持有武器或没有武器的法国官兵发出号召，向目前正在英国领土上和将来可能来到英国领土上的一切军火工厂的工程师和技术工人发出号召，请你们和我取得联系。"

他的声音震撼着 3000 万法国人民的心灵。在戴高乐的旗帜下，集中了来自法国各方的自由战士，在战败德国的过程中作出了重要贡献。

英国政府在 1940 年 6 月 23 日发表了公告，不再承认贝当"政府"是法国的政府。

英国政府在 6 月 28 日正式宣告：英国认为戴高乐将军是世界各地的自由法国人的领袖，为前来投奔戴高乐的人提供方便。7 月 14 日，"自由法国"正式成立，这一天成为法国的国庆日。

这时，德军要从英吉利海峡进军英国，必须有强大的海军力量，而德国的海军力量却弱于英国。

法国投降之后，法国海军成为德国海上力量的一部分，这使得德国通过海路入侵英国成为可能。

让这支位居世界第四的法国海军力量与德国海军力量融为一体，对英国是极为不利的。

为了削弱德国的海上力量，丘吉尔作出了他自己认为是一生中"最违背天性"的决策——"弩炮"作战计划。

"弩炮"作战计划要求，尽可能地解除法国舰队的武装，夺取、控制法国海军的舰艇，或使之失去作用，在必要时将其击毁。

战争的形势是这样的，昨天还是亲朋好友，今日必须将其作为敌人，甚至将其歼灭。

残酷的战争开始了。

由法国海军让·苏尔将军统率的一支舰队，停泊在地中海西端奥兰附近海面上。这是一支具有强大实力的舰队。

这支舰队包括：法国最优秀的巡洋舰"敦刻尔克"号与"斯特拉斯堡"号，以及1艘航空母舰、2艘战列舰和一大批驱逐舰等。

7月2日，英国"H"舰队萨默维尔中将要求与让·苏尔面谈，遭到拒绝。

当日9时30分，萨默维尔中将向法军舰队司令递交了英国政府的函件：

"……我们必须真正做到：法国海军最精锐的舰只不致被敌人用来攻打我们。在这种情况下，英王陛下政府指示我要求现在在米尔斯克和奥兰的法国舰队根据下列办法之一行事：

（甲）和我们一起航行，继续为取得对德国和意大利战争的胜利而战。

（乙）裁减船员，在我们的监督之下开往英国港口……

（丙）随同我们一起开往印度尼西亚群岛的一个法国港口，例如马提尼克，在那里完全按照我们的要求解除舰只的武装。

……如果你们拒绝这些公平合理的建议，那么，我们谨以最深的歉意，要求你们在6小时以内把你们的舰只凿沉。最后，如果你们未能遵照上述办法行事，那么，我只好根据英王陛下政府的命令，使用一切必要的力量，阻止你们的舰只落入德国或意大利之手。"

在持续一整天的谈判毫无结果的情况下，英军只能诉诸武力。

17时24分，英国海军"H"舰队向法国这支拥有岸上炮火掩护的舰队发起了攻击。从"皇家方舟"号航空母舰上起飞的飞机向海面上的法军舰只投掷炸弹。

一时间，平静的海面成为一片火海，大火和浓烟散发出令人窒息的气味。

在强大的英国舰炮轰击10分钟后，法军战列舰"布列塔尼"号被炸毁，"敦刻尔克"号搁浅，"普罗旺斯"号冲上了沙滩，"斯特拉斯堡"号逃走……

同一天，在英国的朴次茅斯和普利茅斯港，英国海军同样采取了出其不意的行动，夺取了所有停泊在那里的法国舰只。

在亚历山大港，法国舰队司令戈德弗鲁瓦和英国舰队司令坎宁经过谈判后，同意放出所有法舰上的燃油，卸掉大炮装置的主要部分，遣返部分船员。

直到7月4日，丘吉尔才在下院说明了政府被迫采取这个果断举措的原因：

法国方面曾保证舰队不落入德军之手，保证将俘获的约400名德国飞行员送往英国，保证不单独签署停战协定，保证将停战文本事先通知盟国等所有问题，没有一项承诺兑现。

7月8日，英国航空母舰"赫尔姆斯"号向停泊在达喀尔的法国战列舰"黎歇留"号发动了进攻。

"黎歇留"号被1枚空投鱼雷击中，受到了重创。而停泊在法属西印度群岛的法国航空母舰和2艘轻巡洋舰，经谈判根据与美国达成的协议解除武装。

这样一来，法国海军的作战能力基本丧失。

德国企图依靠法国海军增强自己海军实力的梦想也随之破灭了，德国海军和陆军也不得不中止了对英国的进攻。

希特勒对进攻英国问题从来就不是很坚决。

8月10日，他把"海狮计划"原定于8月底的进攻日期推迟到9月下旬。

但是到了9月4日，希特勒在一次讲话中说："如果英国人迷惑不解，甚至还问'他为什么还不来呢？'我可以使你们安下心来。他就

"皇家方舟"号航空母舰

要来了。"

希特勒在同一讲话中还警告说:"假如他们(英国人)宣称打算对我们的城市发动猛烈的袭击,那么,我们的回答是:我们将从地图上抹去他们的城市。"

9月17日,希特勒再次推迟"海狮计划"的进攻日期。但是此时德国的空军已被打得焦头烂额、伤亡惨重,即使有可能再恢复元气,那也是很困难的。空军两个军团的司令极其坚决地请求戈林放弃这些代价高昂的白天空袭,改为夜间轰炸。这意味着要学习新战术。最后德国空军逐步掌握了这些战术。

10月12日,希特勒决定撤消年内进攻的计划,但是他坚持说,这仅仅是把"海狮计划"推迟到1941年春季而已。

经过以后的激烈的空战,戈林一直无法获得制空权。希特勒对这样无止境的消耗战已经厌烦,下令停止。入侵英国的"海狮计划"也因此无限期推迟。

1940年底,罗斯福总统在一次炉边谈话中说:"我们必须成为民主国家的巨大兵工厂。对我们来说,这是同战争本身一样严重的紧急情况。我们必须以我们将在战争中表现出的同样的决心、同样的紧迫感、同样的爱国和献身精神,致力于完成我们的任务。"

当时,罗斯福也不相信美国需要参加这场战争。罗斯福固执地认为,美国置身于战争之外的最好途径是援助英国。他说:"如果我们竭尽全力支持抵抗轴心国进攻的国家,而不是默许它们的失败,屈服于轴心国的胜利和等待以后轮到我们在另一场战争中成为被进攻的目标,那么,美国介入战争的可能性就小得多了。"

然而,英国已经没有足够的钱付给这座巨大的兵工厂了。英国参战时拥有45亿美元储备,包括美元现金、黄金和在美国可折算的投资。英国主要在南非开采新的金矿，以及千方百计地向美国输出商品，特别是奢侈品。在战争的前 16 个月中，用这种办法英国获得了 20 亿美元。可英国已经在美国花掉了 45 亿美元，而准备定购的作战物资再有几个 45 亿美元也不够。

早在战争爆发前，英国政府为了征购私人财产，并防止不爱国的人把他们的资产转移到其他国家，设立了管制机构。最重要的是必须察看其他国家是否还接受英镑，英镑区的国家也采取了同样的外汇管理政策，而且也愿意支持英镑。经过努力，英国可以用英镑在世界上的许多国家进行贸易，把宝贵的黄金和美元节省下来，以便向美国购买军用物资。

1940 年 12 月 9 日，罗斯福接到了一封丘吉尔的亲笔信。丘吉尔写道："……我们不能用现款支付运费和购买其他供给品的时刻即将到来……"丘吉尔请求罗斯福设法救助。

罗斯福的皮肤晒得黝黑，显得非常快活，于 12 月中旬带着一项在摩根索称之为"英明的闪念"中构想出来的富有想象力的计划返回华盛顿。为什么不对英国需要的补给品和装备实行出租或者出借呢？ 12 月 17 日，罗斯福在一次记者招待会上用一个朴素的比喻透露了租借的大概情况。

他说："假如我的邻居失火，而我家里有一条浇花用的水龙带，要是让邻居拿去接上水龙头，我就可以帮他把火灭掉。我怎么办呢？我不会在救火之前就对他说，老兄，这条管子我花了 15 美元，你得照价付钱。我不要 15 美元，我要他在灭火后还我水龙带就是了。"

国内的孤立派依然大肆反对。参议员范登堡说："出借武器就像出借口香糖一样，你就甭想再收回来。"克拉克称《租借法》是"战争法"。惠勒更是危言耸听，说实施《租借法》就意味着"卷入战争，

每4个青年人中有1个要送掉性命。"

罗斯福发表演说后，致白宫的各方函电中，赞成者占99%。

1941年3月8日国会通过了《租借法》，废除了先前的"现购自运"原则。国会第一期拨款70亿美元，到第二次世界大战结束时，美国共向盟国提供了价值500亿美元的货物和劳务，为反法西斯战争的胜利起了重要作用。

美国实际上距交战不远了。为了保证对欧洲的供应畅通无阻，美国就必须把它的军事力量伸入大西洋，实行海军护航，这就不可避免地会介入海上战争。

1941年3月发生德国击沉22艘盟国船只的事，罗斯福立即宣布冻结德、意在美资产，没收轴心国停泊在美国港口的船只84艘。

4月9日，美国同丹麦达成协议，将格陵兰暂时置于美国保护之下，4月25日宣布西经25度以西为美国海军巡逻区。5月21日，一艘德国潜艇在南大西洋袭击美国商船"罗宾穆尔"号，27日罗斯福宣布"全国处于限期紧急状态"。

由于罗斯福坚持"先欧后亚"的战略方针，在太平洋地区没有做好充足的战争准备，不想立即向日本开战。这时，日本陆军早已深陷侵华战争的泥沼，为了求得暂时的喘息之机，日本政府不想与军火供应商——美国撕破脸皮，以便从中国抽出足够的陆军为太平洋战争做准备。

1941年6月22日，德国出动166个师向苏联发动了全面进攻。

6月23日，罗斯福总统授权国务卿塞姆纳尔·威尔斯发表声明。声明宣布，哪怕要给共产主义国家提供援助，也要阻止法西斯。美国把冻结的近4000万美元的苏联资产还给苏联，宣布《中立法》不适用于苏联，将向苏联提供援助。

7月7日，美军进驻冰岛。这是罗斯福的一招妙棋，目的在于通过某种事件，惹起德国先进攻美国，以促使美国国会宣布向德国宣战。

9月4日，美国驱逐舰遭到德国潜艇攻击。11日罗斯福发表演说，把法西斯德国比作响尾蛇。他说："当你看见一条响尾蛇咬人的时候，你不会等到它咬人后才打死它。"他命令海军遇见德国船就开火，宣布为西经22度以西的美国和其他国家的船只护航。11日，美国国会再次修改《中立法》，准许美国商船进行武装，运货到英国港口。美德两国海军在西大西洋不宣而战。

1941年7月2日，日本出兵东南亚南部。美国中断与日本的谈判。

7月中旬，希特勒向日本提出一项建议，要求日本不要再与英国、美国保持中立。希特勒说："美国和英国永远是我们的敌人，英美两国会永远反对任何一个已被孤立的国家。只有我们的利益不会有冲突，我的意见是，我们必须把它们消灭。"希特勒还表示欢迎由日本去瓜分苏联远东地区的领土。其实，日本早就决定不进攻苏联，而是进攻东南亚。

7月24日，美国总统罗斯福警告日本：如果日本继续向荷属东印度推进，那就是远东的全面战争。罗斯福还表示，希望以向日本出口石油换取日本在东南亚的中立，维持太平洋地区的和平。

日本不顾美国的警告，出兵攻占了法属印度支那南部。

7月26日，罗斯福发表声明，宣布冻结日本在美国的一切资产，防止日本利用美国的财政金融设备以及日美间的贸易损害美国的利益。

同时，英国废除了《英日通商航海条约》《印日通商条约》和《缅甸日本通商条约》。荷兰废除了《日荷石油协定》。

28日，日本采取报复措施，宣布冻结美英两国在日本的一切资产。

8月1日，美国宣布对所有侵略国家，尤其是对日本实施石油禁

运，宣布除了棉花和粮食以外，禁止所有物资出口日本。

8月15日，美国宣布禁止所有货物出口日本，这对资源匮乏的日本来说是致命的。为了得到荷兰的东印度群岛年产量800万吨石油的油田，东南亚地区的橡胶、锡、铁、铝、大米等资源，日本被迫置身于第二次世界大战的前沿。

日本政府认为，这是美国、英国、中国和荷兰包围日本岛国的最后一步，日本帝国已经到生死存亡的最后关头。

1941年10月18日，日本首相近卫文麿被迫辞职，陆军大臣东条英机继任首相，这个臭名昭著的战争恶魔一上任便迅速加快了战争准备。

英美海上联合护航

12月1日，剑鱼式飞机使U-96号潜艇无法通过直布罗陀海峡。

早在1941年1月底，英美两国的参谋人员在华盛顿开会。双方确定，不管美国是否参战，美国都负责大西洋的航运安全，英国则负责地中海的航运安全。

美海军于3月成立了大西洋舰队支援部队，包括3个驱逐舰中队和4个巡逻机中队。支援部队在英国设立了基地，选定苏格兰和北爱尔兰的一些基地。

德潜艇的作战半径不断地伸向北大西洋，对冰岛和纽芬兰之间没有护航的运输队提供空中或者海上护航变得十分重要了。

1941年5月，英国和加拿大确定了空中远程护航的战略，但仍有约 300 海里的空白区。英国借到了美国的远程卡塔林纳式飞机。

5 月 27 日，英国和加拿大在纽芬兰的圣约翰斯设立了基地。加拿大海军的猎潜舰艇，都进驻圣约翰斯基地。

6 月，15 艘轻型护卫舰加入猎潜部队，该部队兵力达到 30 艘驱逐舰、9 艘小护卫舰和 24 艘轻型护卫舰。有了这些舰艇，就可以提供首尾相连的护航了。

6 月 17 日，第一艘新型远程护航舰艇建成，因为各种原因，无法大量建造。拥有超远程飞机以填补纽芬兰与冰岛间的空白区变得非常重要了。

英空军与海军达成协议，海军负责所有在海上作战的飞机的指挥。先由海军下达任务，再由岸防航空兵负责完成任务。岸防飞机由空军指挥官拥有绝对控制权，但现场的具体指挥则由护航舰队指挥官负责。

即使这样，岸防航空兵的兵力仍显得不足，海军部和空军部对以往的飞机猎潜战进行了研究以后，发现出动许多飞机对护航运输队进行短距离护航等于浪费，因为通过破译的德国最高统帅部的情报已经证实，在近海区域内没有德国潜艇。

6 月，岸防航空兵收到 10 架超远程解放者式飞机，从北爱尔兰和冰岛的基地起飞作战。通过"超级"情报，英海军得知德国潜艇正在通过比较固定的航线横渡比斯开湾，开赴大西洋。因为缺少远程飞机，岸防航空兵无法利用这个情报。德国潜艇往往在夜里浮出水面，飞机无法在夜间发动攻击。

8 月的一天，英国第 269 中队一架飞机在冰岛以南约 80 海里处的水上发现一艘德潜艇。

德潜艇进行了下潜，那架飞机投放了一个烟幕筒，并向基地发出报告。第二架飞机接替了第一架。10 时 30 分，U-570 号潜艇浮出了水

面，第二架飞机投掷了 4 颗深水炸弹。潜艇仅受到轻伤，但没有经验的德国舰员却投降了。第二架哈德逊式飞机在 U-570 号潜艇上空盘旋。

第三架飞机和其他飞机依次接班。晚 23 时，"北部酋长"号拖船赶来。午夜后，拖船"金斯顿玛瑙"号、"沃斯特沃特"号和"温德梅尔"号赶到，两艘驱逐舰也赶到。U-570 号潜艇被拖到了英国。

8 月 10 日至 15 日，在纽芬兰阿全夏的美国基地，丘吉尔、罗斯福制订了一个计划，决定由美海军对大西洋的运输队进行护航。

9 月，"奥达城"号所携载的 4 架欧洲燕式飞机击落 2 架德机。

9 月 4 日上午，美国驱逐舰驶向冰岛。一架英国飞机通知它，在前方 10 海里处有 1 艘德潜艇。

当"格里尔"号赶到德国潜艇的位置时立即减速，用声呐进行探测，发现了德国潜艇。英国飞机接到"格里尔"号不准备进行攻击的通知后，投放了深水炸弹。

德国潜艇以为是美驱逐舰"格里尔"号投射了深水炸弹。

12 时 40 分，德国潜艇向"格里尔"号发射了 1 枚鱼雷。

"格里尔"号躲开了鱼雷，并进行了炮击。13 时，德国潜艇发射第二枚鱼雷，"格里尔"号又躲开了。德国潜艇趁机潜入水中溜走了。

以"格里尔"号事件为借口，罗斯福总统于 9 月 11 日宣布，凡是进入美舰防区内的任何德国或者意大利潜艇，"胆敢攻击美舰，将招来报复"。

10 月 15 日，一支由 50 艘商船组成的船队遭到 9 艘德潜艇的攻击。4 艘美海军驱逐舰、1 艘英海军驱逐号和自由法国的 1 艘驱逐舰赶来，支援原来的 5 艘护航舰。

10 月 16 日夜 2 时左右，1 艘美驱逐舰受到重创。又有 7 艘驱逐舰赶来支援。9 艘德潜艇仍然击沉了 6 艘商船，还击沉了 2 艘驱逐舰。

10 月 31 日，美驱逐舰"鲁本·詹姆斯"号被 1 艘潜艇击沉。

1941 年 11 月，英国第八集团军在北非进攻隆美尔的部队。希特勒要求邓尼茨从比斯开湾各基地抽调潜艇赴地中海作战。

"超级机密"立即向英国海军部通知这个情况，海军部下令加强直布罗陀猎潜警戒的命令。德国潜艇都在夜里浮出水面通过直布罗陀海峡的，在直布罗陀有 9 架装备雷达的英国海军航空兵的剑鱼式飞机。

11 月 8 日，9 架剑鱼式飞机从"皇家方舟"号航空母舰上起飞。"皇家方舟"号母舰被德国潜艇击沉，这支舰载机中队只好降落在直布罗陀机场。这些剑鱼式飞机于是支援英国空军进行夜间猎潜警戒。

12 月 1 日，剑鱼式飞机使 U-96 号潜艇无法通过直布罗陀海峡。在此后 3 周，剑鱼式飞机通过夜间攻击，迫使 4 艘潜艇返航。

英国重振马耳他

随着好望角航线的危机解除，英国向中东的增援继续加强，大批补给品、兵力不断地运到北非。

为了保证北非战区的胜利，为英国在埃及的部队提供补给，英国开辟了 3 条新的运输线：一条是绕过非洲的海运线，全程为 1.16 万多海里。第二条是越过中非，由塔科腊迪到达尼日利亚、法属赤道非洲至埃及的空中航线；第三条是通过直布罗陀海峡进入地中海的航线，尽管这条航线最短——3097 海里，但经常受到意海空军和德空军的攻击，只有在紧急情况下才肯走这条航线。

意大利负责向北非的德、意军队进行补给，运送一次物资只需 3

天，但经常受到马耳他岛的英军的攻击。英国的主要海上运输却绕道好望角，运送一次物资航行需要 3 个月，但安全可靠。从 1942 年 4 月至 11 月，从英国向印度洋各港口运送兵力 33.7 万人，其中派往中东约 20 万人。

日本在印度洋发动攻势以来，英国担心德国或者日本在马达加斯加的迭戈—苏瓦雷斯建立基地。利用这个基地，德国或者日本的海、空军威胁英国殖民地印度和南非，还能攻击驶向非洲的英国运输船队。

马达加斯加岛是法国的殖民地，但法国维希政府却把法属印度支那转让给日本了，英国对法国完全失去了信任。为了防止马达加斯加落入轴心国之手，英国决定对马达加斯加群岛发动两栖登陆的"铁甲舰"计划，攻占迭戈—苏瓦雷斯港。

"铁甲舰"计划包括"光辉"号和"无敌"号航空母舰，"拉米伊"号战列舰，2 艘巡洋舰，11 艘驱逐舰，大批扫雷艇和驱潜快艇，15 艘搭载陆军的运输舰和攻击舰。

1942 年 5 月 5 日凌晨 4 时 30 分，英军第二十九旅在马达加斯加岛东北部的科雷尔湾向海滩冲去。岛上的法军共 4900 多人，其中只有 800 名法国人。英军一举击溃法军，登陆后迅速占领炮台并向东追击，下午 4 时即结束战斗。英军第十七旅在安巴拉拉塔湾以南登陆，向东部安齐拉纳快速挺进。

5 月 6 日晚 8 时，在第十七旅的配合下，第二十九旅突破了法军防线。同时，英国海军陆战队在法国守军后面突然登陆。5 月 7 日，法军投降。

4 个月后，英军占领马达加斯加的西岸港口、马任加及首府塔那那利佛，完全控制了该岛。"铁甲舰"行动取得圆满成功。

随着好望角航线的危机解除，英国向中东的增援继续加强，大批补给品、兵力不断地运到北非。

1942 年 6 月 13 日，英国运输船队离开亚历山大港。它由 10 艘大商船组成，8 艘巡洋舰和 27 艘驱逐舰为船队护航。为了迷惑意海军，英舰队把一艘旧舰只伪装成战列舰。

可是，这并没有使意海军受骗，意海军根据种种理由判断亚历山大舰队不可能拥有一艘战列舰。

英国船队很快被意侦察机发现了。意舰队做好了截击的准备。同时，意德空军对英国船队进行有力的打击，其结果是一艘英货船被迫逃向托布鲁克港，还有一艘货船沉入地中海。

与这支船队双管齐下的还有从英国出发的一支船队。

1942 年 6 月 12 日晚，从英国出发的一支船队通过直布罗陀海峡向东航进。掩护舰队由战列舰"马来亚"号，航空母舰"鹰"号和"百眼巨人"号，巡洋舰"肯尼亚"号、"利物浦"号、"女妖"号和 8 艘驱逐舰组成。油船"褐色流浪汉"号在 2 艘护航舰保护下，在海上为小舰和快艇加油。

"肯尼亚"号巡洋舰

14 日，意大利潜艇"乌阿斯契埃克"号和"季阿达"号找到了这支英舰队。"乌阿斯契埃克"号于 1 时 58 分发起攻击，其中有 2 枚鱼雷爆炸了。"季阿达"号靠近一群正在停轮加油的英舰，于 4 时 50 分对英舰中最大的 1 艘发射了鱼雷，有 2 枚鱼雷爆炸了。

14 日，英舰船在撒丁岛以南遭到意大利 50 架鱼雷机、61 架轰炸机、81 架战斗机和 40 架德国轰炸机的攻击。它们击沉了商船"坦宁巴"号，使巡洋舰"利物浦"号受到损伤。当"利物浦"号在 1 艘驱逐舰的拖带下向其基地航行中，遭到 26 架轰炸机和 8 架鱼雷机的攻击，但没有受到损伤。

晚 21 时 30 分，由巡洋舰"尤金亲王"号和"蒙大库科利"号以及驱逐舰"阿斯卡里"号、"奥里昂尼"号、"普雷木达"号、"维瓦尔迪"号和"马洛切洛"号编成的意舰队第七分队，在达扎拉少将率领下从巴勒摩港出发，计划于清晨到达班泰雷利亚岛以南进入英舰船的航道。

英舰船在进入西西里海峡时并末遇到攻击，虽然他们在拉斯木斯塔法用舰炮和鱼雷将搁浅的英舰"哈伏克"号当成意舰而进行攻击。

6 月 15 日黎明，意舰队第七分队望见了英国船队。几分钟后即 5 时 40 分，意舰队开火，开始了"班泰雷利亚的海战"。双方的视野，由于英方放出巨大的烟幕和弥漫着炮火的硝烟而经常搞不清楚。

意舰队的炮火是猛烈而准确的，其第二轮齐射已经击中英舰队。英方陷入混乱，3 分钟后开始还击。英舰队中除"开罗"号外，还有一艘"南安普顿"级的巡洋舰被击中。

英国海军发现他们冒着严重的危险，因为面对的是意巡洋舰的 152 毫米口径的大炮，而英舰的大炮口径仅为 102 毫米。不过，英舰队的军舰为数较多，英方的补给舰、扫雷舰和巡逻快艇在以"布兰克内"

号为首的驱逐舰支队的掩护下向突尼斯海岸分散。"开罗"号和5艘以驱逐舰"浮浪人"号为首的支队拦在意舰群前面，以平行的航线向南驶进。

意驱逐舰"维瓦尔迪"号和"马洛切洛"号攻击英军补给诸舰。这些舰船在躲入由英方驱逐舰布下的烟幕之前，早就处在意舰的炮火之下了。至少有一艘补给舰被击中，因为意舰看见它停在水面不动了，舰上冒出高高的浓烟。

意舰几次击中英舰。6月15日6时20分，意舰"维瓦尔迪"号的锅炉舱被击中，导致不能行动并发生了火灾，4艘英驱逐舰围上来并猛烈攻击，意舰"维瓦尔迪"号继续开火。意舰"马洛切洛"号以坚决的打击使英舰付出惨重的损失。

将近7时，以"布兰克内"号为首的英驱逐舰突然掉转航向撤出战斗，当时的战况对英舰是十分有利的。

英驱逐舰要去支援"开罗"号舰群。

"维瓦尔迪"号趁机把一部机器修好，在"马洛切洛"号的护送下向班泰雷利亚岛驶去。

与此同时，双方主力舰队展开了激烈的海战。英舰以"浮浪人"号为首的5艘驱逐舰冲入4800米的距离发起鱼雷攻击。但意巡洋舰用密集的炮火迫使英舰退入烟幕中，使每艘英舰都受到严重的损伤。"浮浪人"号的上层结构被打烂，停在水面无法行动，舰上发生火灾，"松鸡"号的情况同样严重。"开罗"号被击中，没有造成太大的损害。

战斗继续着，英军"开罗"号召唤以"布兰克内"号为首的4艘驱逐舰前来支援。意舰队驶在敌队的前面准备从西南方向绕击英舰，"开罗"号舰群于6时45分朝西北方向撤退。

6时59分，达扎拉听说了"维瓦尔迪"号和"马洛切洛"号的处

担任护航的英国 "胜利" 号航空母舰

境危急，立即把剩下的意军驱逐舰都派到班泰雷利亚岛支援。这样，他就只有"尤金亲王"号和"蒙太库科里"号两艘巡洋舰了。

若英舰队这时开始反攻，就很可能使意两艘巡洋舰处于狼狈的境地，可是英舰的战术仅限于防御。英舰队把活动限于烟幕所及的范围内，用雷达跟踪意巡洋舰的运动，保持自己处于意舰炮火之外。意巡洋舰每次发现目标，立即开火射击。由于没有雷达，意巡洋舰不敢进入烟幕里面。

7时17分，意巡洋舰的一次齐射命中了一艘英巡洋舰。该舰立即躲入烟幕之中，不久烟幕上面和外面发生了爆炸。意侦察机发现这艘英舰爆炸后沉没了。

7时40分，英舰"开罗"号的锅炉舱被击穿，但并没有爆炸。很快，意舰"蒙太库科利"号被击中。

与此同时，德意空军对英船队发动攻击，该船队正向突尼斯海岸分散。7时10分的一次轰炸机轰炸中，英船"圣歌"号被炸沉，油船"肯塔基"号受到重创。

这时，意方侦察机已经全部被从马耳他起飞的英军战斗机击落。

将近11时，2艘意巡洋舰驶入班泰雷利亚以南海域。没有找到英方舰船，便向西南航向继续寻找。

一个小时后，意巡洋舰看到远处冒着浓烟。到达现场时，意司令达扎拉发现到处都是漂浮着的舰船碎料，而燃烧中的英舰船与护送它们的舰船都在地平线上了。

达扎拉司令继续搜寻，向看得到的英舰进行射击。英"肯塔基"号船上的大火本来快灭了，由于意舰发射的几颗炮弹和1枚鱼雷，使它爆炸后像火葬场一样，很快沉没了。第2艘船被意舰的炮火击毁。第3艘船为避免被俘而自行爆炸，它是1艘运军火的船，爆炸得十分

猛烈，烟雾达几百米之高。

不久，这两艘意巡洋舰又遇到两艘英驱逐舰并对英舰开火。英舰是无法行动的"浮浪人"号和拖带它的"松鸡"号。"松鸡"号连忙丢掉"浮浪人"号，以最高速度逃跑。意舰先炮击"浮浪人"号，然后追击"松鸡"号。

不久，一架意鱼雷机击中"浮浪人"号，使它加快了沉没。半小时后，"松鸡"号躲到意舰炮的射程之外了。

下午2时25分，意舰处于英军轰炸机的空袭下而忙着防卫，"松鸡"号趁机溜走了。

14时40分，意舰击退空袭后，取道返航。

这次海战使英船队于深夜在意大利所布的雷区中乱成一团。英驱逐舰"库佐贾克"号和挖泥船"公正"号沉没，英驱逐舰"飞人"号、"巴德斯沃思"号、"无比"号、"天使"号以及扫雷舰"青春女神"号和补给舰"奥腊里"号遭受重创。"奥腊里"号所运载的货物被迫丢掉一部分，"特罗伊路斯"号经历了重重灾难而安全到达马耳他。

6月16日晚上，英"韦尔什曼"号、"开罗"号和4艘驱逐舰离开马耳他向直布罗陀海峡驶去。17日上午，它们遭到56架德意飞机的袭击，但没有受到损害。沿突尼斯海岸航行的"韦尔什曼"号遭到法国岸炮的射击但没有受损。

自从1942年6月英国开往马耳他的护航船队被击溃后，英国不敢再进行护航战役。高射炮弹和航空汽油等重要物资，由快艇和潜艇运到马耳他。

守军面临的饥饿问题未能得到解决，从1942年3月至8月仅有2艘受创的补给船开到马耳他。马耳他严重缺乏面粉和弹药，若得不到及时足够的补给，英国守军将难以坚守。

于是，英国政府决心在 8 月中旬发动一次护航战役，派庞大的运输船队到达马耳他，代号为"基石"。英军统帅部知道，只要昔兰尼加掌握在德、意手中，船队就无法由东部驶入马耳他岛。

英国船队需要再次集结力量从直布罗陀海峡打开通路。为此，英国集结了一支包括现代化巡洋舰和驱逐舰在内的大型护航队，用来对付意舰队。与此同时，英国和埃及加强了马耳他岛的空军力量。

7 月初，英军统帅部把被迫撤出马耳他岛的潜艇派回，恢复进攻基地的力量。7 月 20 日，第一艘潜艇到达马耳他。

8 月，英军潜艇部队击沉 7 艘意大利和德国的运输船，总吨位为 40 043 吨。

8 月 10 日晨，英国 14 艘货船由直布罗陀出发，穿过直布罗陀海峡朝马耳他方向驶去。护航舰队有载有 72 架战斗机的"鹰"号、"无敌"号、"胜利"号航空母舰，第四艘"暴怒"号航空母舰载有送往马耳他的战斗机，还有 2 艘战列舰、7 艘巡洋舰、24 艘驱逐舰、8 艘潜艇和 20 多艘小舰。这支护航力量是整个地中海海战中最强大的，可见英船队这次行动至关重要。

8 月 5 日，意大利海军总部已经从情报部门处得知，英海军计划在西地中海展开一次更大的活动。9 日至 10 日晚，德意进一步得知，一支庞大的英船队分成若干群正穿过直布罗陀海峡向东驶去。

根据这个重要的情报，德、意两国最高统帅部马上部署兵力想拦截这次航行。因为缺乏燃油而无法出动战列舰，德意联军只好派出了大批空军、21 艘潜艇、若干巡洋舰、驱逐舰和鱼雷艇，在西地中海设置了 5 道拦截线，企图迫使英国船队分散兵力，再由意大利巡洋舰队把它消灭。

一场激烈的西地中海海战即将开始。

8月11日，英国船队通过了巴利阿里群岛与突尼斯之间的7艘德、意潜艇组成的封锁线。航空母舰"鹰"号被德国潜艇U-73号击沉。下午，英军37架飞机从航空母舰"暴怒"号上起飞，飞往马耳他岛，"暴怒"号航空母舰开始返航。半路上，"暴怒"号航母遭到意潜艇"达加布尔"号的攻击，英国驱逐舰随即还击，击沉了"达加布尔"号。

日落时，德、意飞机开始猛烈轰炸，潜艇不断攻击，但只给英国船队造成轻微的损失。

8月12日上午，英国船队通过撒丁岛以南时，德、意空军发动猛攻，使"无敌"航空母舰和几艘运输船受到重创，德鱼雷攻击机击沉了1艘驱逐舰。

当晚，英军主要舰只返航。送输船队由4艘巡洋舰和10艘驱逐舰护送，继续朝马耳他驶去。这时，除了1艘货船"杜卡利昂"号受轻度损伤外，其他均未受损。

船队到达由6艘意潜艇组成的邦角区域的封锁线时，船队遭受重创。意潜艇击沉了防空巡洋舰"开罗"号和4艘运输船，英巡洋舰"尼日利亚"号遭受重创。"开罗"号和"尼日利亚"号巡洋舰是作战护航的控制中心，它们受损后船队陷入混乱。

13日晚，5艘英国运输船运送3.2万吨货物到达马耳他，有1艘油轮运来了守岛英军急需的航空燃油。

第二章

美国海军参战

迟来的谍报

当电报送到珍珠港的时候，已是在珍珠港遭到袭击 7 小时之后了。

早在 1937 年，日军侵华战争全面爆发，美国在华利益受到威胁。当时，美国海军只有 3 艘航空母舰、10 艘巡洋舰、41 艘驱逐舰和 15 艘正在建造中的潜艇。

1938 年，在罗斯福的努力下，美国国会紧急通过了《1938 年海军法》，批准建立"超一流海军"，计划建造 3 艘战列舰、2 艘航空母舰、23 艘驱逐舰和 9 艘潜艇，海军航空兵飞机增至 3000 架。这一紧急战前扩军行动是具有战略意义的，奠定了太平洋战争初期美国海军支撑局面的基本实力。

罗斯福深深地感到，美国海军现在还无法阻止日本咄咄逼人的攻势。另外，兵员紧缺也严重地困扰着美国海军。海军官兵共 12 万人，其中海军陆战队只有 1.94 万人。

1939 年秋，罗斯福总统下令拨款 5 亿美元使军用飞机增至 1 万架，并建造年产 2.4 万架飞机的航空工业。这一宣布具有战略威慑的作用，而且美国正在紧锣密鼓地研究扩军计划。

1939 年，美国陆军参谋部和海军航空兵司令部动用了 3 亿美元，使航空兵飞机增至 5500 架，其中竟有 3251 架新式飞机，海军航空兵增加 3000 人。

早在 1934 年，日海军从德国购买了商用的恩尼格玛密码机。1937

年，日本制造出"九七式欧文印字机"，生产了几百台供外务省和海军使用。美军密码机构给它的代号为"紫密"。

破译"紫密"的重任落在密码学家弗里德曼的头上。他要造一台没有见过、日本人认为谁都破译不了的密码机。

1940年夏，弗里德曼的工作班子经过18个月的苦战，造出一台与原机一样的密码机，代号为"魔术"。

1941年6月22日，德军入侵苏联后，丘吉尔在1941年的战略安排的先后次序是：第一，保卫不列颠岛，包括入侵威胁和潜艇战争；第二，在中东和地中海的战争；第三，在6月以后，对苏联运送供应物资；最后，在远东地区抑制日本的势力。

丘吉尔认为，如果日本向英国进攻，美国不参战，那么英国就无法保卫荷属东印度群岛，其实也无法保卫英国在东方的殖民地。如果日本入侵澳大利亚或新西兰，英国只能牺牲中东而去保卫英国的亲戚和同宗，即使北非战区溃败和断绝对苏联的供应。

如果日本把美国卷入战争，美国的国力则压倒德、意、日三国的总和，那么英国就赢定了。同时，对于日本人来说，将投入一次世界战争，他们将不难发现自己在太平洋中与一些国家对抗，是一个非常危险的冒险行为。如果钢是现代战争的首要基础，那么，对于一个每年钢产量大约只有700万吨的像日本这样依赖国外进口的国家来说，完全不是钢产量大约为9000万吨的美国的对手，这还不把其他国家算在内。

1941年11月，在大西洋会议时，丘吉尔对罗斯福的官员们说过，他倒宁愿美国现在宣战而英国在6个月内得不到供应物资，而不愿获得加倍的供应物资而美国没有宣战。罗斯福说，只有国会才有权宣战，他甚至对丘吉尔说："我可以永不宣战，但我可以使战争发生。假如我

去要求国会宣战，他们可能举行辩论达三个月之久。"

1941 年 11 月初，丘吉尔收到蒋介石关于日军将在中国继续有所行动的一项措词激昂的警告：日军正准备从越南进攻，夺取昆明而切断滇缅公路，中国已经到了抗战的最严重关头；如果中国的抵抗溃败，将造成一场世界悲剧，而且会使日军腾出主力部队来向苏联或者向东南亚进攻。为此，蒋介石呼吁英国从马来亚向中国空运军火。

1941 年 11 月 25 日，日海军从单冠湾出发。美国情报部门从截获的无线电报中知道了攻击珍珠港的日本舰队的航向，但日舰队消失了或者说它们停止了无线电通讯。

1941 年 12 月 7 日凌晨，夏威夷瓦胡岛上的珍珠港美军沉睡在星期天特有的假日气氛中。

尽管美国政府已经警告过所有美军，日美战争迫在眉睫，只是时间早晚的问题。然而，驻守夏威夷的美国官兵，并没有感到战争即将来临。舰队 1/4 的官兵在岸上度周末。港内没有部署巡逻的舰艇，更没有巡逻的飞机。

夏威夷时间凌晨 1 时，在美国华盛顿，负责破译日本外交电报的美军谍报处，意外地破译了日本政府将于华盛顿时间下午 1 时向美国发出的"最后通牒"的最后一部分——第 14 部分："鉴于合众国政府所采取的态度，帝国不能不认为，今后继续谈判，也不能达成协议。特此通知合众国，并深表遗憾！"

美国陆军情报局马上给美国陆军参谋总长马歇尔的寓所打电话。当时，马歇尔正骑着心爱的马，在阿林顿公园散步。

华盛顿时间上午 10 时，美海军作战部长斯塔克来到海军部上班。当斯塔克看完日本向美国发出的最后通牒的第 14 部分后，海军情报局长威尔逊问道："现在是否应该与金梅尔（美国太平洋舰队司令）联系

航母甲板上，偷袭珍珠港的日本战机发动引擎，准备起飞

一下？"这时，正是夏威夷时间 12 月 7 日凌晨 4 时 45 分。斯塔克说："还是不联系了吧。"斯塔克不想影响金梅尔的睡眠。

上午 11 时后，马歇尔来到办公室。马歇尔看过电文后，对参谋们说："各位，我认为：日军将于今天下午 1 时，或者 1 时后不久发动攻击。我决定向全军发出紧急戒备的指令。"这时，正是华盛顿时间上午 11 时 25 分。与此同时，在珍珠港的北海面上，日军攻击机群已从航空母舰上起飞。

马歇尔拟定的电文内容是："日本将于华盛顿时间下午 1 时递交最后通牒。接着，日军会根据命令立即销毁密码机。转告海军方面必须提高警惕。"

马歇尔把电文交给布莱顿，下令道："把这份电报用最快最安全的方法拍发给各级指挥官。"可是，这个指令没有使用电话或者海军的短

波无线电发出。布莱顿把电文交给陆军部信号中心，严重地干扰影响了与夏威夷的联系。发报处擅自改用商业通讯系统，商业通讯系统首先发往旧金山，再发给美国无线电公司，再转发给火奴鲁鲁。当电报送到珍珠港的时候，已是在珍珠港遭到袭击 7 小时之后了。

1941 年 12 月 7 日，珍珠港时间清晨 6 时 30 分，正在执行巡逻任务的美军舰"沃德"号看到一艘奇形怪状的潜艇的指挥塔。这艘潜艇是南云舰队派出进攻珍珠港的袖珍潜艇之一。它潜水时的排水量为 46 吨，可携带 2 枚鱼雷，以电瓶为动力航行。它最高航速可达 24 节，高速行驶时续航力可维持 1 小时半。慢速可维持 25 小时，行驶约 100 海里。

进攻珍珠港的袖珍潜艇共有 5 艘，每艘有两位乘员。日军利用袖

日本偷袭前从空中拍到的珍珠港

珍潜艇的高速和难以被发现的优势，在舰队决战以前偷偷潜入珍珠港，向港内舰只发射鱼雷。在战斗开始后，袖珍潜艇乘员生还的希望渺茫。

6时40分，"沃德"号发出一阵炮击，5艘袖珍潜艇都被击沉了。"沃德"号舰长奥特布里奇立即向司令部报告敌情，然而，驻守珍珠港的美国海军中没有任何一位军官重视这一情况。

6时53分，"沃德"号再次将这一敌情上报。但是值班的分区军官卡明斯基根本没有意识到事态的严重。

当助理参谋向金梅尔司令汇报"沃德"号驱逐舰击沉5艘小潜艇的情报后，金梅尔不能肯定这是日军大规模攻击的前奏，但金梅尔也没有出动侦察机。

7时，日军飞机距珍珠港137英里。装在瓦胡岛北端奥帕纳山岗上的雷达站按规定必须关机，两个新兵仍想继续练习。2分钟后，他们看到雷达屏上有一堆堆闪闪发光的斑点。他们把这一重要发现向泰勒中尉报告："大批飞机由北面3度角方向飞来。"

泰勒中尉说："算了，别管那些参加军事演习的飞机了。"7时30分，日军飞机距离珍珠港47英里；7时39分，距离22英里。突然，日军飞机从雷达屏上消失了。

教堂悦耳的礼拜钟声随风飘入战舰的窗口。在战列舰的尾部，美军仪仗队正在甲板上准备为8点钟的升旗仪式高奏军乐。

瓦胡岛上的6个陆海军机场，几百架飞机整齐地排在停机坪上。高射炮的炮弹被锁进弹药库。

珍珠港海军基地最高指挥官肖特中将，穿着洁白的运动服，背着球具，正准备去高尔夫球场，与金梅尔司令决个高低。

在珍珠港的太平洋舰队的大多数官兵还未起床，他们并不知道，一场灾难正悄悄地降临到他们的头上！

在密码史上，破译人员提供情报，而政客却不加使用，珍珠港事件就是第一个例子。

珍珠港的上空

在珍珠港海战中，日军以损失 29 架飞机、1 艘潜艇和 5 艘袖珍潜艇的微弱代价，使美国太平洋舰队主力的所有战列舰无一幸免。

1941 年 12 月 7 日 7 时 55 分，美军"内华达"号战列舰上的水兵们刚要升军旗、奏国歌。

忽然，他们看到从东南方闪现一大批俯冲轰炸机，闪电般贴在海面上，来了个急转弯，冲到机场上空。美军水兵们暗暗赞叹飞行员的精湛技术，有人冲飞机大喊："喂，早晨好……"

眨眼间，密集的炸弹倾泻而下，位于珍珠港四周的希凯姆机场、惠列尔机场、埃瓦机场和卡内欧黑机场是日本飞机的第一批轰炸目标。

许多轰炸机飞到距地面仅几百米时才投弹。机场上炸弹如雨，一架架美军重型轰炸机被炸碎。几架美军战斗机趁乱刚刚起飞，就被居高临下的日军零式战斗机击落。

美军地勤人员和飞行员们从地上捡起机枪进行还击，但不管用。几分钟内，美军机场被摧毁，几百架飞机成了残骸。机场上空浓烟滚滚，巨大的烟柱冲向天空……

瞬间，珍珠港的爆炸声就像晴天霹雳，熊熊大火映红了整个珍珠港。港内升起了冲天的水柱，所有的战列舰都起火了，震耳欲聋的爆炸声响个不停。遍地血尸，惨不忍睹。爆炸声、防空警报声和官兵们的呼救声乱成一团。

美军第57驱逐机中队的5名飞行员，发现惠列尔机场已严重毁坏，马上乘两辆汽车冒着日机的追击，赶到偏僻的埃瓦机场。

泰勒中尉等驾驶5架战斗机腾空而起。在巴伯斯角上空，他们与日军12架飞机遭遇，击落了3架日机。在空战中，威尔少尉的3挺机枪中有一挺因过热而卡膛了，泰勒的胳臂和大腿受伤。

两人刚刚降落，15架日机扑来，两人马上起飞。一架日机在泰勒飞机后方正要射击，威尔连忙急转照准那架日机开火，日机起火坠毁。

威尔又去追击一架日机，追到海岸外8000米处，威尔以一阵准确的射击将日机击落。这5架美机在空中苦战，击落了7架日机。泰勒中尉击落2架，威尔少尉击落4架，二人都荣获优异服役十字勋章。美军陆续从各机场起飞25架飞机，因为准备不足，有的飞机被日机击毁，有的被地面高炮击落，无法阻止日军的攻势。

"亚利桑那"号被2枚鱼雷打中，接着被4枚800公斤重的炸弹击中，更惨的是有一枚炸弹穿透了甲板，在弹药库炸响，引起了更大的爆炸，造成该舰在几分钟后沉没，全舰1000多名官兵阵亡。

"西弗吉尼亚"号的左舷被6枚鱼雷打中，虽然官兵努力拯救，却难以控制它向左倾斜，最后沉入海底。在"西弗吉尼亚"号上服役的二等炊事兵陶乐斯·米勒连忙抢救伤员，后来又用高射机枪疯狂扫射日机，成为美国海军第一个荣获优异服役十字勋章的黑人。

"加利福尼亚"号被3枚鱼雷打中了舰桥的下方、3号炮塔下方和左舷中部，还有1枚重磅炸弹穿过甲板在舰舱爆炸，结果舰艏向上翘起，最后沉没。

"俄克拉荷马"号被3枚鱼雷打中左舷，爆炸震开很多水密门，海

水涌入，由于舰长没有在舰上，舰上人员一片混乱，因此它迅速沉没。

"田纳西"号被3枚炸弹打中，因为受到"西弗吉尼亚"号沉没时的挤压，再被后边"亚利桑那"号爆炸的火焰烧到，致使舰上上层建筑起火，造成重创。

"马里兰"号被两颗重磅炸弹击中，是这些战列舰中受伤最轻的，后来第一个被修复了。

"内华达"号被1枚鱼雷命中左舷，这不是关键部位，而旁边"亚利桑那"号上的大火，对它的威胁更大于日机。弗郎西斯·汤姆斯海军少校命令起锚出港躲避，水手长埃德温·希尔跳进水里，游上码头，解了缆绳，"内华达"号连忙起航。

"内华达"号的躲避是第一波空袭中最惊险的一幕，"内华达"号在没有任何拖船的引导下，倒退着离开了锚地，驶入了航道。周边的军舰纷纷爆炸起火，热气滚滚，"内华达"号上的人员纷纷挡住炮弹，以免炮弹受热爆炸。

"内华达"号带着滚滚浓烟朝造船厂前的航道最狭窄处驶去。日军俯冲轰炸机看到后，决定利用这次机会集中轰炸，把"内华达"号击沉在航道上封死珍珠港。

为了分散美军的防空火力，日军俯冲轰炸机由东南、西南两个方向一同轰炸攻击。"内华达"号被击中6枚炸弹，受到重创，汤姆斯看到无法突围，担心军舰在航道上沉没而堵死珍珠港，下令驶往福特岛西南浅滩。

8时40分，日军第二组飞机到达瓦胡岛，开始了第二波攻击。日军战斗机围攻空中的少量美机，以确立制空权。

美军克利斯汀少尉、怀特曼少尉和比谢普少尉跳上3架战斗机准备由瓦胡岛东部的贝洛机场起飞。

　　克利斯汀刚进入机舱还没有滑行，就遭到日机轰炸，当场身亡。其他两人驾机起飞，很快就被日机击落了。

　　美国另有6位飞行员在桑德斯中尉的组织下驾驶战斗机起飞，向正在轰炸机场的6架日机发动进攻，日机看到美机迎战立即逃跑，美机趁机追击。

　　桑德斯向1架日机开火，日机冒着浓烟坠落大海。斯特林正在追击1架敌机，另1架日机在他后面开火。斯特林不顾座机起火，仍然射击前边的日机。很快，两架飞机坠落。

　　在第二组空战中，美机击落2架日机，拉斯姆森驾驶着被打得千疮百孔的座机成功降落，获得了紫心勋章。

　　"内华达"号战列舰由拖船拖向韦波角，又成了日机轰炸的目标，舰上的消防管被炸烂。拖船忙用水泵帮助该舰灭火。

　　"宾夕法尼亚"号战列舰在船坞中大修，没有被第一组的鱼雷机看

珍珠港被日军偷袭后，浓烟滚滚，美国海军太平洋舰队的主力舰战列舰编队损失惨重

到，因此逃过这一劫。第二组的日机投下一枚炸弹，只炸坏了"宾夕法尼亚"号的甲板，其最终逃脱了沉没的厄运。

"肖"号驱逐舰的舰艏被炸飞，熊熊大火随着泄漏的燃油到处蔓延，在船坞中的2艘军舰被大火引爆。在北部湾中停泊的辅助舰只被第二组的日机炸沉多艘。

夏威夷医药协会总会接到救护伤员的紧急命令，20分钟内，医生和志愿者们把担架和医疗器械抬上汽车，赶往现场。

汽车大队的女司机驾驶着汽车，搭载美军赶往珍珠港。公路上的情况十分混乱，消防车、救护车、军车和几百辆官兵乘坐的计程车，堵在了几公里长的公路上，喇叭声响个不停。

受伤的官兵被送到翠普勒陆军医院，医院命令檀香山的医生赶来救护。当时，近50名医生正在听穆尔黑德博士讲解外科手术，就匆忙赶到医院，参加救护工作。

穆尔黑德博士利用一项新医疗仪器，很快地测出了伤员体内的金属。这种仪器显示了巨大的价值，大大节省了冲洗X光底片的时间。

在海军医院，在院内治疗和休养的病人被送到临时病房，给受伤美军腾出病床。很多年轻的水兵断臂缺腿，几百人被烧伤。病房里都是伤员，很多人已经奄奄一息，但没有人呻吟，一片沉默。

11时，医院血库的血浆存量减少，平克顿医生马上广播呼吁献血。半小时后，共有600人在医院门外等待献血，医护人员分12个地点验血、抽血，有的人等了7个小时才好不容易献上血。

华盛顿时间13点40分，罗斯福接到海军部长诺克斯打来的电话，听说了珍珠港遭到突袭的消息。霍普金斯说："这一定是误会了……日本绝不可能进攻珍珠港。"罗斯福说："报告可能是真的，这是日本人的习惯。"

14 时 5 分左右，罗斯福打电话通知国务卿赫尔珍珠港事件，建议赫尔去会见野村和来栖，但不要提珍珠港事件。

当时赫尔还抱有幻想，希望日本突袭珍珠港是误传的。

14 时 10 分，赫尔会见日本特使。野村把最后通牒递给赫尔后，解释道："我受命于下午 1 时递交本照会。因故推迟，深表遗憾。"

赫尔问："为什么要规定为下午 1 时？"

野村说："这是给我的命令。"

赫尔提醒道："我可是在下午 2 时接到照会的。"

赫尔打开照会，扫了一眼，用不屑的语气说："我同你们在九个月的谈判中，从没有说过一句假话。在我任职的 50 年中，从没有见过比这份照会更歪曲事实的了。我无法想象在我们这个世界上，竟然还有一个政府能够如此厚颜无耻。"

赫尔举起右手，指向门口，要求两位日本特使出去。

在递交宣战书（照会）以前，日军偷袭珍珠港，激起了美国人民无比的愤慨。

美国媒体纷纷报道日军偷袭珍珠港的事件，紧张的播音员失去了往日的那种沉着冷静的语调。

日本驻美国大使馆的电话线被切断，除经特别准许外，严禁与外界联系，美国宪兵在使馆外严阵以待。

一批批美国人愤怒地包围了日本大使馆。他们烧了日本国旗，向日本大使馆扔砖头，用汽油瓶袭击大使馆。

同一天，东京广播电台播放了日本统帅部的公告，公告宣布："帝国陆海军在西太平洋地区与美、英军交战。"日本国民震惊了！

上午 11 时，日本统帅部发布第二号新闻："帝国海军于今日凌晨对夏威夷群岛的美太平洋舰队和空军发动了大规模空袭。"

11时40分，东京广播电台发布天皇的《宣战诏书》："朕今对美、英宣战。帝国今天为了生存而自卫，必当摧毁一切障碍。"

在珍珠港海战中，日军以损失飞机29架、潜艇1艘和5艘袖珍潜艇的微弱代价，使美国太平洋舰队主力的所有战列舰无一幸免。其中3艘被击沉、1艘倾覆，其他4艘受到重创。除了战列舰以外，美国还有10艘其他战舰被击沉或击毁。美军有347架飞机被击毁。官兵伤亡达4000多人。

不幸中的万幸是太平洋舰队的2艘航空母舰"企业"号和"列克星敦"号不在珍珠港内。11月28日，"企业"号向威克岛运送飞机，12月5日，"列克星敦"号向中途岛运送飞机。还有9艘重型巡洋舰和附属舰船正在海上举行军事演习。太平洋舰队的第三艘航空母舰"萨拉托加"号正在美国西海岸修理。

1941年12月8日，美国总统罗斯福身披深蓝色海军斗篷，来到了国会大厦，开始了他一生中最令人难忘的演说。

"昨日，1941年12月7日，永远让美国人感到耻辱的日子。美国受到了日本海军和空军的偷袭。在此以前，美国与日本处于和平状态……日军对夏威夷群岛珍珠港的偷袭，使美国陆海军遭受重创。大批美国人遇难。昨天，日军出兵马来亚。昨天，日军出兵香港。昨夜，日军出兵菲律宾群岛。昨夜，日军出兵威克岛。今天早晨，日军出兵中途岛……我们要永远记住，这一天对我们意味着什么……不论这场战争要打多久，美国人民依靠正义的上帝，一定会战胜困难，取得胜利……战争爆发了，美国人不得不看到，美国人民，美国领土，美国的利益，都处于日军的摧残之中。只要相信美国的军队，只要美国人民拥有坚强的信心，就能够取得最后的胜利……愿上帝与我们同在。"

"我们请求国会宣布：自12月7日日本发动这场卑鄙的战争之时

罗斯福总统在国会大厦发表演说

起，美利坚合众国与日本帝国进入战争状态。"

12月8日下午4时10分，美国正式对日宣战。

12月8日，英国宣布向日本开战。

12月9日，中国在与日本进行了数年的战争后，正式向日本宣战。接着，加拿大、澳大利亚、荷兰和新西兰等20多个国家相继向日本开战。

12月11日，德国向美国开战，美国全面转入战时轨道，第二次世界大战全面展开。

尼米兹临危受命

尼米兹还要面对来自外界舆论的不断干扰，美国人渴望速胜的心情是能够理解的，但记者们的围追堵截却使尼米兹烦恼不堪。

珍珠港受到偷袭后，丘吉尔说："好了，我们总算赢了。"

罗斯福开始与丘吉尔、斯大林等大国领导人站在同一条船上了。罗斯福不仅引导了美国最终走上反法西斯的道路，而且对国际反法西斯同盟的建立和团结作出了积极的贡献。也为美国战后扩张作出了安排。

早在 1941 年 8 月，罗斯福与丘吉尔在纽芬兰海面的军舰上举行了战时第一次会晤。罗斯福坐着"波托马克"号游艇，丘吉尔坐着"威尔士亲王"号战列舰。丘吉尔登上了罗斯福后来换乘的"奥古斯塔"号，罗斯福在舷梯上迎接他。

"我们终于到一起了。"罗斯福说。

丘吉尔说："是的，是的。"罗斯福和丘吉尔都是自高自大甚至爱慕虚荣的人，他们走到一起不仅仅是出于战略上的需要，而且也是由于相互钦佩。有一次，罗斯福给丘吉尔发电报说："和你相处在同一时代是一件乐事。"

丘吉尔说，罗斯福的活泼性格好比打开了一瓶香槟酒。他们制定了著名的《大西洋宪章》。他们宣告，英、美两国都不谋求扩张领土，尊重各民族选择自己政府形式的权利，愿意设法恢复受蹂躏民族的主权和自治，设法解除侵略国的武装。

1942 年元旦，美、英、苏、中等 26 国在华盛顿签署《同盟国家宣言》，重申《大西洋宪章》提出的原则，保证全力以赴打败轴心国，并互相承诺不单独媾和。反法西斯联盟正式形成。

关于 1942 年的国情咨文，罗斯福大笔一挥，写道：飞机 6 万架、坦克 2.5 万辆、舰艇 600 万吨……

官员们都认为数字太高，无法实现。但罗斯福却说："如果工人真的肯卖力，就能做到。"

第二年，这个数字变为：飞机 12.5 万架、坦克 7.5 万辆、火炮 3.5

万门、舰艇 1000 万吨。对此，罗斯福说："我们要让日本人知道，他们袭击珍珠港意味着什么。"

到二战结束时，美国制造了飞机近 30 万架，各种舰艇 7 万多艘，坦克 8 万多辆，步枪 850 多万支，弹药和炸药 1400 多万吨。战争结束时，美国陆军和海军的总兵力达到 1200 万人，其中海军和海军陆战队人数达 340 万人。

1942 年 12 月 23 日凌晨，一架黑色水上飞机从雨云中俯冲而下，降落在福特岛附近的海面上。一艘捕鲸船迅速驶近飞机，载着新任太平洋舰队司令尼米兹向港口驶去。

严峻的形势令尼米兹惊愕，几乎所有的美国人都期待着他能够创造奇迹。尼米兹感到肩上的担子很沉重，他需要在强大的日海军面前，用最快的速度重建一支新舰队，并且让这支没有作战经验的舰队去创造战绩。

尼米兹知道他将用 3 艘航空母舰去对付日本海军大将山本五十六的 10 艘航空母舰，如果一旦战败，整个太平洋和美国西海岸都会受到日海军的威胁。

几乎所有的驻夏威夷将领都来到靠近福特岛的港口欢迎尼米兹。金梅尔和派伊将军站在最前面，尼米兹依次和他们握手。

尼米兹组织参谋班子的工作正在快速进行着，他继续留用金梅尔的参谋们，尼米兹告诉他们，灾难过去了，现在最重要的是重振士气。

由于太平洋舰队遭受重创，几个月来尼米兹总是避免与山本的日舰队正面交战。

随着太平洋战局的不断恶化，1942 年 1 月初，美国亚洲舰队继续撤退，经菲律宾退守爪哇海。在中太平洋，日军从马绍尔群岛进攻英属吉尔伯特群岛，并继续向南推进，准备跳过埃利斯群岛攻击萨摩亚

尼米兹

群岛。

　　尼米兹发动"打了就跑"的偷袭，是为了恢复美海军的士气。来自各界的人士责问：美国海军哪去了？驻守在珍珠港、新加坡的美国和盟国的舰队不是在追捕日本海军，而是到处躲避追捕。

　　尼米兹顶住了来自美国海军部的各种压力，坚持不用少得可怜的战列舰去白白送死，而是把航空母舰作为唯一的进攻型武器。尼米兹的做法引起了美海军的普遍争议。利用战列舰作战早已得到了证实，而航空母舰还没有在战争中经受过考验。

　　尼米兹还要面对来自外界舆论的不断干扰，美国人渴望速胜的心情是能够理解的，但记者们的围追堵截却使尼米兹烦恼不堪。

　　4月上旬，美国太平洋舰队情报部门向美国海军部报告：日军在印度洋的作战任务已经结束了，舰队正在返回途中；日军并不想进攻澳大利亚；日军准备攻占新几内亚东部；接着，日军会在太平洋地区发动大规模的进攻，并派出了联合舰队的主力部队。

4月中旬，新的情报报告，日军运输船队会在轻型航母"祥凤"号和重型航母"瑞鹤"号、"翔鹤"号的保护下驶入珊瑚海。

通过这些详细、可靠的情报，美国太平洋舰队司令尼米兹海军上将认为，日军会率先进攻瓜达尔卡纳尔岛北边的图拉吉岛，以此作为海上基地，战斗将于5月3日开始。

对于日军即将发动莫尔兹比港之战的意图，美军十分重视。盟军能否守住莫尔兹比港，关系到澳大利亚的安全，莫尔兹比港作为将来进行反攻的基地也是十分重要的。

尼米兹与西南太平洋战区总司令麦克阿瑟一致认为，如果日军的计划成功，会给澳大利亚的防守带来很大的困难，而且南太平洋的海上交通线会遭到很大破坏。

麦克阿瑟已经准备把新几内亚东南部山区一带作为阵地以及日后反攻的战略要地。所以，尼米兹和麦克阿瑟一致认为，一定要全力以赴地阻止日军的登陆。

可是，要集中足够的兵力解除日军对莫尔兹比港的威胁十分困难。西南太平洋的美国分舰队只剩下驱逐舰和巡洋舰；"萨拉托加"号航空母舰于1月份被鱼雷击中，正在美国西海岸西雅图地区的普吉特海峡进行大修；"企业"号航空母舰和"大黄蜂"号航空母舰空袭日本后，4月25日以前正在返回途中。

"企业"号和"大黄蜂"号航空母舰尽管正在加速返航，但很难按期赶到珊瑚海。陆军航空兵拥有约200架各类飞机，部署在莫尔兹比港和澳大利亚东北部一带，但它们只能对付日军陆基航空兵的进攻，无法支援海上作战。

4月中旬，尼米兹下令：第十七特遣舰队（包括"约克城"号航空母舰）立即加满油料和兵员，于4月底以前赶到珊瑚海参加战斗；在珍珠港的第十一特遣舰队（包括"列克星敦"号航空母舰）立即向西南太平洋进发，于5月1日与第十七特遣舰队会师。这两支舰队由第十七特遣舰队指挥官弗莱彻少将指挥。

珊瑚海的一支澳大利亚巡洋舰分舰队（包括3艘巡洋舰和2艘驱逐舰）也归弗莱彻少将指挥。这样，美海军在珊瑚海地区拥有2艘航空母舰、7艘重型巡洋舰、1艘轻型巡洋舰、13艘驱逐舰，还有其他舰只共30艘，舰载飞机为143架。舰队分为攻击大队、支援大队和航空母舰舰队。

若日军的进攻日期推迟，美军将以4艘航空母舰参加战斗。为了加强珊瑚海地区的兵力，4月底，尼米兹命令刚回到珍珠港的"企业"号和"大黄蜂"号航空母舰马上赶往珊瑚海。

4月底，日军发动了以图拉吉岛、莫尔兹比港和吉尔伯特群岛的瑙鲁岛和大洋岛为目标的登陆战。首先进攻图拉吉岛，以保证主力部队对莫尔兹比港作战的成功。

4月29日，攻打图拉吉岛的日军先头部队由拉包尔基地出发。30日，日军第四舰队第19战队的主力部队，运送4个营的海军陆战队和工程人员以及物资由拉包尔出发。

4月30日，负责海上支援任务的第4舰队第6战队从加罗林群岛的特鲁克基地出发南下，"MO"特混舰队的主力第5战队也从特鲁克基地出发南下，两大战队向第19战队靠拢，协同作战。

得知日军的兵力和进攻的方向后，美军马上调整了兵力部署。5月1日，美军第十七航空母舰编队和第十一航空母舰编队已经在珊瑚海东南海域待命，并加强了空中侦察。当天，美侦察机看到了日军舰队，

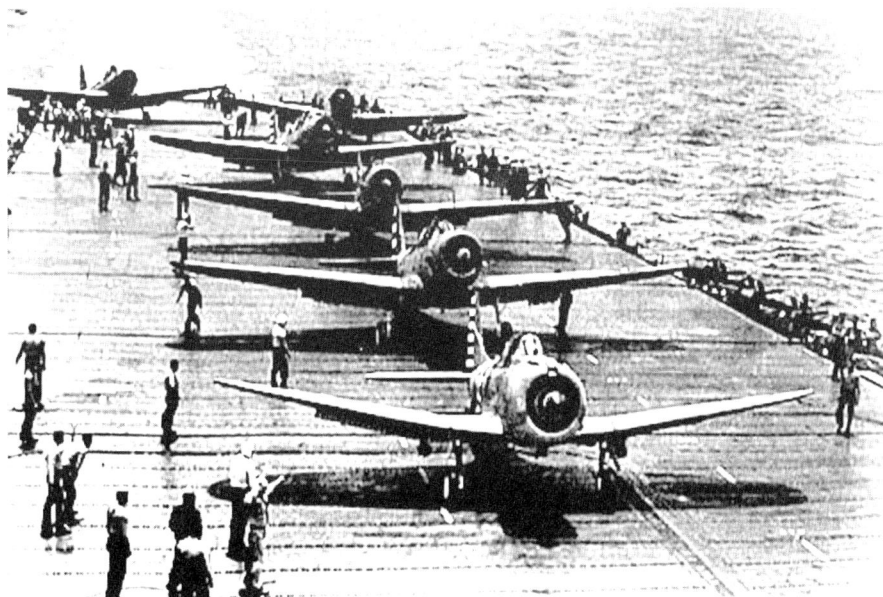

"列克星敦"号航空母舰上美军舰载机

马上把这个情况通知图拉吉岛。

图拉吉岛守军只有 50 名澳大利亚军人，无法坚守。2 日，澳大利亚守军炸毁设施后逃离该岛。5 月 3 日凌晨，日军陆战队开始登陆，占领了图拉吉岛。下午 8 时以前，完成了水上侦察机基地的设置工作。

美国弗莱彻将军听说日军已经在图拉吉岛登陆了，留下"列克星敦"号航空母舰编队加油，亲率包括"约克城"号的第十七特遣编队向北驶去。

5 月 4 日早晨 7 时，第十七特遣编队在无线电静默的情况下，偷偷到达瓜达尔卡纳尔岛西南约 100 海里的海域。

在此以前，"约克城"号上的鱼雷机和俯冲轰炸机已经在图拉吉岛上空开始了频繁而猛烈的空袭。中午，美军损失了 3 架飞机，但击沉日军 1 艘驱逐舰、1 艘运输舰、2 艘扫雷艇，击伤 1 艘巡洋舰、1 艘驱逐舰、

1 艘运输舰。

之后，美太平洋第十七特遣舰队成功返航。

杜立特空袭东京

16 架美国轰炸机趁日本人还没有明白过来时，向目标区投掷炸弹，立即飞离。

珍珠港遭到偷袭不久，美国海军为了振奋国民的士气，决定空袭东京，以雪前耻。

尼米兹对于空袭东京一直持有异议，他担心空袭东京会引起日本的报复，而太平洋舰队却没有足够的实力去对付日军的攻势。但这是欧内斯特·金海军上将的指示，他只好执行，轰炸最终还是付诸实施了。

1942 年 4 月，日本的"日东丸"23 号渔船已在日本以东洋面往来穿梭了几个月。"日东丸"23 号渔船的行动很奇怪，在海上不停地往来，定期从补给船得到补给。

"日东丸"23 号渔船连续几个月都没有撒网，不可能捕到鱼。这片海域距离日本海岸线长达 1000 公里，风急浪高，这里不是较好的渔场。

而"日东丸"23 号的船长与船员们都没有因为捕不到鱼而表现出懊恼。渔船肯定有特殊的使命，原来它已被日本海军征用了，专门侦察美海军太平洋舰队的活动情况，侦察美舰队是否前来袭击日本本土。

4 月 18 日清晨，太阳刚从远处海天相连处出来。笼罩在海面上的薄雾已经消散。一些船员站在甲板上，到处观望。突然，他们都发现了目标。

在远方海天连接的地方，一支海军舰艇编队从东向西排着队向日本海方向冲来。

日本渔船的船长连忙拿起望远镜认真侦察，他发现远处海军的舰艇甲板上的水兵都是高鼻子、凹眼睛，上面还有一些黑人水兵。噢，原来是美国舰队！再侦察，美国舰队队形十分密集，多达七八艘军舰，都是大型战舰。战舰甲板上的飞机在阳光下发出银灰色的光芒，连肉眼都能看见。

"3 艘航空母舰！"日本船长心跳加剧，非常兴奋。他发现了美国航空母舰，并且是 3 艘，这个功劳一定很大。想到这里，船长连忙开启无线电台，连通东京海军指挥部，报告了这一重要情况。

船长还在继续报告，向海军指挥部提供航向、航速等细节。突然，一艘美国巡洋舰冲了过来，一阵齐射击碎了木壳渔船"日东丸"23 号。不久，海面上浮起小渔船的航海日志，上边写道：4 月 18 日晨 6 时 30 分，侦察到 3 艘美国航空母舰。

在"大和号"巨型战列舰上，日本海军联合舰队司令官山本听到"日东丸"23 号发来的情报时，大吃一惊。日、美开战几个月来，山本心情十分沉重，生怕美国海军会采用南云舰队偷袭美国海军基地珍珠港的计划，派遣特混舰队偷袭日本本土，炸完就逃。这个结果将严重影响日本国民的士气，危害天皇的安全，使日本海军颜面尽失。

山本在内海警戒圈以外征用了很多日本渔船，沿着日本海岸线以东 1000 公里的太平洋深处，布设了一道外层警戒线，为的是更早地发现前来偷袭的美国太平洋舰队。与此同时，山本制定了歼灭美太平洋偷袭舰队的战术方案。结果，等待已久的美国舰队终于自投罗网了。

依据"日东丸"23 号发来的报告，美太平洋舰队的航空母舰全都

"大和"号战列舰

来了，到达日本以东洋面 1000 公里的海面。山本估计美军舰载机的作战半径为 800 公里，必须在距离日本海岸 800 公里处起飞，航空母舰必须在攻击海面逗留，等收回飞机再返航。

这样，美太平洋舰队必须从"日东丸" 23 号沉没的海面向西航行 12 小时才能够到达攻击海域，使舰载机升空。东京将在午夜或者 19 日凌晨遭到美机空袭。这使山本几乎有一天时间用来迎战，想到这里，他感到松了一口气。他仍有机会使东京不受美机轰炸。

4 月 18 日上午，山本从"大和号"联合舰队司令部中，通过无线电发出许多密令，派遣部队，实施歼灭美舰队的战术方案。

日本海军全部出动了。横须贺的第二巡洋舰队、广岛湾的第一战列舰队全都启航，朝东快速行驶。由印度洋返航，刚刚到达台湾附近海域的南云舰队 4 艘航空母舰，也驶到预定为美舰载机起飞的海域附近。

一支大型海军岸基航空兵编队，从东京的空军基地起飞，朝东飞到航程极限，寻找美国舰队。至于东京防空，山本认为，晚 12 时以前美机不可能轰炸东京。

中午 12 时，两架美军中型轰炸机，躲过高空侦察的日本战斗机，由低空冲过东京湾，飞到了东京上空。接着，10 多架美机贴着东京市区的楼房顶层呼啸而过。

正在吃午饭的东京市民纷纷涌上街头，为日本空军的精彩表演大声喝彩。直到美国空军的炸弹一枚枚从飞机上投下来，高爆爆炸引发了大火，东京市民才明白原来是美军飞机前来轰炸，遂拼命奔逃，到处躲藏。

几乎与此同时，名古屋、大阪和神户等日本大城市都遭到美机的轰炸。日本防空指挥部连忙拉响了防空警报，美军轰炸机群早已飞出日本，扬长而去。

日军战斗机飞行员们惊慌失措，不知道美军飞机从什么地方飞来，又朝什么地方逃走。山本也不知道为什么：飞到东京的美机是中型陆军轰炸机，没有从航空母舰甲板上起飞。

但距离东京最近的美国地面机场也有 5000 公里远，超过美国陆军轰炸机的航程很多倍。美机到底是从什么地方飞来的？又飞向哪里呢？这成了当时的一个谜团。

大洋彼岸的美国媒体，对美国飞机 4 月 18 日袭击日本东京反复报道。美机炸死了 50 个日本人，炸毁东京 90 座建筑物，战果很小，但足以扫除日军偷袭珍珠港以来美国人民心中的阴影，鼓舞了美国人民的士气。

罗斯福在首都华盛顿召开记者招待会，当记者询问美机从什么地方起飞空袭东京时，罗斯福笑着说："美国飞机是从'香格里拉'启航的。"事实上，美国轰炸机也不可能从"香格里拉"启航。"香格里拉"

是《失去的地平线》中的神秘天堂，他以此掩盖使用了航空母舰这一事实。

任何美国的地面机场与东京的距离都太远，超过航程较远的陆军轰炸机的航程。空袭东京的任务可以由海军舰载机完成，但舰载机的作战半径仅为800公里，航空母舰必须从距离日本海岸800公里的海域放出舰载飞机，再等待几个小时，等收回飞机后，再连忙撤退。

这同时是日本岸基飞机的活动半径，航空母舰容易被日本的战舰编队攻击，还容易遭到日本岸基飞机轰炸。这对美国海军的航空母舰来说，等于毁灭。

美国海军方面只能另寻其他方案：用航空母舰携带航程较远的陆军轰炸机到距离日本海岸800公里的海面放飞。轰炸机完成任务以后，继续向西飞，到中国华东地区的机场降落。这样一来：航空母舰能够立即返航，从危险的海域逃脱，躲避日本岸基飞机的攻击；而放出的陆军轰炸机也有了降落的地点！

最大的难题就是征调能够从航空母舰甲板上起飞的远程陆军轰炸机和敢驾驶陆军飞机由航空母舰起飞的飞行员。美国海军立即想到了陆军航空队的杜立特上校。

杜立特上校是美国王牌飞行员、试飞员和飞行速度创世界纪录保持者。他主张使用B-25米彻尔式陆基轰炸机，主动提出驾驶B-25飞机在航空母舰上进行起飞试验。

B-25飞机是当年服役的新型中型轰炸机，载弹达两吨重。按照杜立特的要求，机械师对飞机进行了改造，减小了负载，增添了副油箱，使它携带2000磅炸弹，能飞4000公里，达到了杜立特的要求。接着，杜立特率领出类拔萃的飞行员们，在模拟的航空甲板上，练习短距离起飞和海上远程飞行技术。

通过一个月反复地训练，杜立特和队员们掌握了驾驶陆基重型轰炸机在航空母舰的甲板上短距离起飞的新技术。

1942 年 4 月 2 日，美军航空母舰"大黄蜂号"，载着特遣队的飞行员们和 16 架改装好的 B-25 型陆基轰炸机，由美国旧金山出发，绕过北航线，在指定海域与"企业号"航空母舰和巡洋舰会师，编成特遣舰队，前呼后拥，向西航行，偷偷地向日本海域驶去。

美舰队准备 4 月 18 日夜晚到达距离日本海岸 800 公里的海域，午夜派出轰炸机升空，舰队立即返航，而 16 架轰炸机在杜立特的率领下，趁夜色向日本飞去，19 日清晨飞临日本，完成轰炸任务后，飞往华东降落。

4 月 17 日，美特遣舰队到达距离飞机起飞指定地点 24 小时航程的海面，机械师们对出发的飞机进行了检查。甲板人员为飞机加满了燃油，装好了炸弹。

美国"大黄蜂"号航空母舰

美国飞行员把以前日本政府授予美国人的 4 枚日本勋章系在炸弹上，并写道："请尝一尝轰炸的味道。"美国飞行员想用这种方法把日本政府发的勋章还给日本。

傍晚，一艘日本哨舰的回波闪现在"大黄蜂号"的雷达屏幕上。日本哨舰没有发现美特遣舰队。美特遣舰队连忙转向，躲开日本哨舰，向西航行。只要再航行一夜，就能成功。18 日清晨，在距离日本海域 1000 公里处，美特遣舰队将"日东丸"23 号渔船击沉。

当时，美国特遣舰队陷入两难境地：继续向西航行会使舰队闯入日本岸基飞机和日本海军舰队的包围圈；马上发送飞机起飞会使飞机的作战航程增加 200 公里，由夜间轰炸变成了白天轰炸，很可能遭受日本防空火力的打击。而且在中国机场降落的时间从白天变成了深夜，飞行的危险大增。

杜立特认真计算了由航空母舰起飞途经东京到达中国华东各机场的距离后，决定立即率队起飞。

4 月 18 日早晨 7 时 25 分，杜立特在美特遣舰队全体官兵的欢送下，第一个驾驶飞机从航空母舰的甲板上起飞。其他 15 架飞机也在官兵们的祝福声中，一架接一架滑出甲板。美特遣舰队立即向东撤退。

杜立特带着队员们，驾机取道低空航线，朝日本海岸飞去。4 小时后，美机飞临日本领空，杜立特亲率 13 架飞机赶往东京，另 3 架分别飞往名古屋、大阪和神户。16 架美国轰炸机趁日本人还没有明白过来时，向目标区投掷炸弹，立即飞离。

15 架美机向西南方的中国飞去，由于黑暗、大雾和缺油，飞机均没有到达目的地。15 架飞机散落在中国浙江和江苏，75 名机组人员中，3 人在迫降时遇难，8 人跳伞时降落在日本占领区被日军俘虏，其中只有 4 人在战后幸存。杜立特被中国农民救起，杜立特用生硬的中国话说："我是在天上打日本的。"

1 架美军轰炸机飞往苏联海参崴，被苏联扣留。参战的 82 名美国飞行员，3 人死亡，8 人被日军俘虏，其他安全地回到美国。

很久以后，日本军部才了解了美机轰炸东京的具体方法。为了防范此类的偷袭，日军采取了很多措施：调来 200 艘战舰攻打中途岛，调来 10 万陆军进攻华东各地的空军机场；从中国调回战斗机在日本防空。对日本至关重要的战略计划，竟被 16 架前来偷袭的美国轰炸机给扰乱了。

这次空袭还为航空母舰的作战能力提供了一次有价值的尝试。

日美激战珊瑚海

双方可谓势均力敌，两败俱伤。

尼米兹在珊瑚海之战即将爆发时，抽空去距珍珠港约 1135 海里的中途岛，视察那里的防御工事。尼米兹认为日军在太平洋开始的行动，目标不是珍珠港而是中途岛。

1942 年 5 月 4 日 11 时，日"MO"特混舰队的司令官井上成美下令：各部队仍按原计划于当天 14 时后进攻莫尔兹比港。

因为莫尔兹比港是"MO"舰队进攻的主要目标，所以，除了图拉吉岛之战中被击伤的舰船和部分进攻瑙鲁岛、大洋岛方面的舰船外，"MO"舰队的主力全部参加莫尔兹比港登陆战。

日军分为两路：第一路是莫尔兹比港登陆部队，由第 6 水雷战队（包括 2 艘巡洋舰、5 艘驱逐舰、1 艘扫雷艇、12 艘运输舰）负责直接进攻，

第 6 战队和第 18 战队（包括 1 艘轻型航母、6 艘巡洋舰、1 艘驱逐舰、3 艘炮舰、2 艘扫雷艇）组成负责掩护；第二路是对珊瑚海的美国航空母舰特遣舰队进行拦截的机动部队——第 5 航空母舰战队（包括 2 艘重型航母、2 艘巡洋舰、6 艘驱逐舰、1 艘补给舰）。参战舰船共 46 艘。日军大举向莫尔兹比港进发。

5 月 4 日，日军进攻舰队和掩护舰队向新几内亚岛东南角的路易西亚德群岛附近海域集结，准备 7 日黄昏到达珊瑚海。

5 月 6 日，日美双方都在期待抢先发现对方，以便先下手为强。美军侦察飞机看到正在路易西亚德群岛附近海域集结的日本舰队。美军航空母舰特混编队立即出发，于 7 日 2 时到达南纬 14 度 3 分、东经 156 度 25 分的海域，与西北方的日军舰队距离 310 海里。接着，连夜向西北方向推进，准备偷袭日军和掩护舰队。

日军机动舰队于 7 日早晨 6 时到达南纬 13 度 20 分、东经 158 度的海域。5 月 7 日，日军进攻和掩护舰队与东南方相距 400 海里的日军机动舰队均派出侦察机寻找美舰队。

根据 7 时 53 分和 8 时 20 分的情报，日军机动舰队指挥官得知：在南面和西面发现了两个航母舰队。他决定先向南面的舰队实施攻击，再转向西面。

原来，日军舰载机误把南面的美军 1 艘油船和 1 艘驱逐舰也当成了航母编队。结果，日军机动舰队炸沉了驱逐舰，炸坏了油船。与此同时，日军支援舰队立即运载登陆部队赶往约马德水道。

美军空袭图拉吉岛的"约克城"号航空母舰编队返航后，弗莱彻将军把两支舰队编为一支。7 日拂晓，美特混舰队在新几内亚岛东端路易西亚德群岛以南海域继续向西北驶去。

7 时，弗莱彻命令 2 艘巡洋舰和 3 艘驱逐舰向西北方向进发，拦截日军进攻莫尔兹比港的登陆部队，航空母舰编队继续向西北驶去，还派出侦察机寻找日舰。

8时15分，侦察机回报，在南纬10度零3分、东经152度27分发现2艘航空母舰和4艘重型巡洋舰。弗莱彻命令全速靠近日军的机动突击舰队。

9时26分，"列克星敦"号到达目标所在地的东南方约160海里处，半小时后，"约克城"号上的飞机也起飞了。10时30分，两舰共93架飞机向目标驶去，留下47架保卫航空母舰。

美军机群刚飞出不久，一架侦察机飞回，弗莱彻得知，在突击机群前去攻击的目标东南35海里处，发现1艘日军航空母舰和几艘其他战舰。弗莱彻连忙命令美军突击机群改变航向，轰炸新的目标。

11时左右，美机轰炸了日舰，93架飞机向日军轻型航空母舰"祥凤"号发动了轮番轰炸。很快，"祥凤"号浓烟滚滚。第一次轰炸就有13颗炸弹和7颗鱼雷击中"祥凤"号。

11时31分，日军被迫弃船。5分钟后，"祥凤"号航空母舰沉没，舰上的21架飞机只有3架起飞。航空母舰附近的1艘日军重型巡洋舰也沉没了。13时38分，美军飞机全部回舰。

下午，飞机的能见度突然降低，无法再次轰炸日舰。再加上，日军已经知道了美国航空母舰的确切位置。为了避免遭到日舰的攻击，弗莱彻下令，由岸基飞机确定日军机动舰队的位置，航空母舰编队趁能见度低向西撤退。

"祥凤"号航空母舰沉没以后，"MO"特混舰队司令官井上成美命令：运输船队向北方撤退；机动舰队立即向美舰队发起攻击；第6战队和第6水雷战队于当天夜晚对美舰队发动夜战。

日军机动舰队奉命于15时15分向西行驶。18时小时左右，"翔鹤"

号和"瑞鹤"号航空母舰不顾飞机难以回收的危险,放飞了27架俯冲轰炸机和鱼雷机,向西攻击美国航空母舰,准备在美航空母舰轰炸日军登陆部队以前把它击沉。

由于天色太暗,日机飞临却没有发现美舰队。美舰队借助雷达看到了日机,战斗机马上起飞进行拦截。15分钟后,日机被击退。此次空战中,10架日机被击落,11架降落时堕入大海,27架飞机只有6架安全降落。

5月7日20时40分,由于美军舰队实力强大,日军舰队司令井上成美下令:取消第6战队和第6水雷战队的进攻任务;进攻莫尔兹比港的时间推迟2天;机动舰队准备天亮后与美舰队展开决战。

当时,弗莱彻也知道了日舰队的大概位置,想派水面舰艇发动夜间袭击,但经过再三考虑后,放弃了冒险的计划。因为双方近在咫尺,都怕损失重型巡洋舰,削弱自己的兵力。就这样,日军和美军的航空母舰之间的决战于5月8日才进行。

"祥凤"号航空母舰中弹起火

1942 年 5 月 8 日的航母大决战是真正公平的较量。日、美各拥有 2 艘航空母舰，都拥有 100 多架舰载飞机。美军的轰炸机占有优势，日军的战斗机和鱼雷机占有优势。

日军处于有利的作战位置：美军航母编队经过整夜南行，8 日到达天气晴朗的平静海域，而日军舰队仍处在风雨交加、云雾笼罩的海域。

凌晨，双方派出侦察机搜寻对方。8 时后，双方侦察机同时发现了对方的航母舰队。9 时 10 分，日军 2 艘航母起飞 69 架飞机发动攻击。9 时至 9 时 25 分，美军 2 艘航空母舰先后派出俯冲轰炸机、战斗机、鱼雷机 82 架，双方舰队距离 175 海里。

10 时 30 分，美军俯冲轰炸机群发现日军 2 艘航空母舰编队朝东南方向撤退。该编队采用疏开队形撤退，2 艘航空母舰间距离 8 海里，由 4 艘重型巡洋舰和驱逐舰护航。

美军轰炸机躲在积云后面等待鱼雷机到来时，"瑞鹤"号航空母舰突然消失在暴风雨之中，日军的"翔鹤"号航空母舰成了美机唯一攻击的目标。

11 时过后，美轰炸机和鱼雷机纷纷向"翔鹤"号发动攻击。美机没有充分发挥数量优势，鱼雷偏离目标较远，只有 2 颗炸弹击中"翔鹤"号航空母舰。"翔鹤"号的飞行甲板上燃起大火形成强流，冲向云层。

10 多分钟后，"列克星敦"号的机群赶来，因为积云太厚，22 架轰炸机找不到目标。11 架美军鱼雷机和 4 架轰炸机看到了日舰。美军鱼雷机发射的鱼雷再次失误，只有 1 架轰炸机的 1 颗炸弹击中了"翔鹤"号。"翔鹤"号飞行甲板受到严重损坏，无法回收飞机，奉命撤回特鲁克。这次行动，美军付出了 43 架飞机。

与此同时，日本飞机对美军舰队发动了攻击。69 架飞机被精心地

分为 3 个机群，其中 2 个是鱼雷机群，1 个是轰炸机群。日本飞机距离美舰 70 海里时，被美军雷达发现。在日机发动进攻以前，美军仅有 3 架战斗机起飞，无力拦截。

美军的 2 艘航空母舰处于环形防空火力网之中，但由于躲避运动加大了 2 艘航空母舰间的距离，担负护卫的战舰被迫一分为二，防空能力大大削弱。

日机快速靠近"列克星敦"号航空母舰，向其左舷和右舷发射鱼雷，开始两面进攻。有 2 颗鱼雷击中"列克星敦"号的左舷，3 个锅炉舱涌进海水。"列克星敦"号连忙躲避，由于行驶缓慢，遭到 2 颗炸弹的轰炸。

"列克星敦"号的主机没有受到损伤，航速高达 24 节，全速撤退。

同样，"约克城"号航空母舰也遭到日机的攻击。"约克城"号比较小，舰小好调头，躲开了日机发射的鱼雷，中了 1 颗炸弹，战斗力仍然很强。

美军 2 艘航空母舰尽管受创，但都能航行。但日本航空母舰"翔鹤"号已经奉命返回，"瑞鹤"号容不下过多的飞机，很多飞机被迫抛入大海。

日军能够战斗的飞机只剩 9 架，美军还有 37 架攻击机和 12 架战斗机能够战斗。中午，"列克星敦"号航空母舰的一台发电机冒出的火花，点燃了渗出的大量油料，引起了大爆炸。由于"列克星敦"号发生大爆炸，弗莱彻没有发动攻击，退出了战斗，趁夜南撤。晚 22 时，弗莱彻下令驱逐舰击沉"列克星敦"号航空母舰。

"MO"舰队司令井上成美下午接到报告：美军 2 艘航空母舰遭受重创，"列克星敦"号已经沉没，"约克城"号情况不详；日方飞机损失惨重，被迫停止攻击。

"列克星敦"号发生大爆炸

井上成美认为，日军仍未夺取制海权和制空权，决定舰队停止一切作战行动，无限期推迟进攻莫尔兹比港的行动，要求各有关部队做好战斗准备，准备进攻瑙鲁和大洋两岛。

日本联合舰队和海军部，都不同意井上成美停止作战计划。山本向井上成美发出"应继续追击，歼灭残敌"的命令。根据山本的命令，"MO"舰队奉命南下追击美舰队，然而，美舰已经不知去向，无法寻找。

9日下午，山本看到已经失去了战机，下令把莫尔兹比港的进攻行动延期到7月份实施。

从5月7日、8日的海战结果来看，日军共损失了舰载机77架、轻型航空母舰1艘、驱逐舰1艘和一些小型舰船，1艘重型航空母舰遭到重创，死亡1074人。美军损失飞机66架、1艘油船和1艘驱逐舰，

重型航空母舰"列克星敦"号沉没,"约克城"号航空母舰受伤,死亡543人。双方可谓势均力敌,两败俱伤。

尼米兹为了迷惑日本海军,用最笼统的措辞发布了珊瑚海海战的消息。事实上,这次海战使日军的攻势遭到挫折,已经极大地改善了盟国在太平洋的军事地位,日、美双方表面的平静中酝酿着新的攻势。

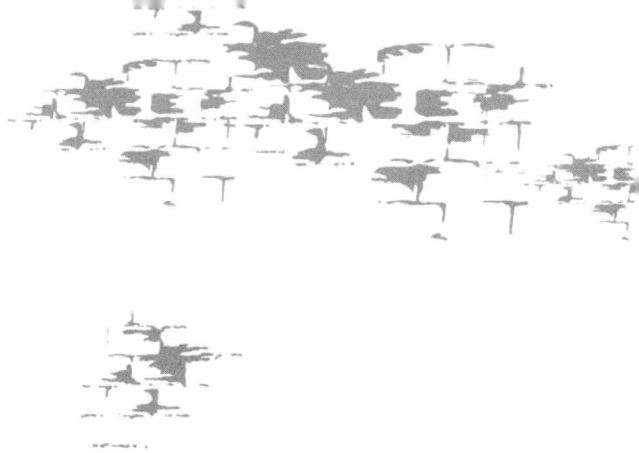

第三章

中途岛的转折

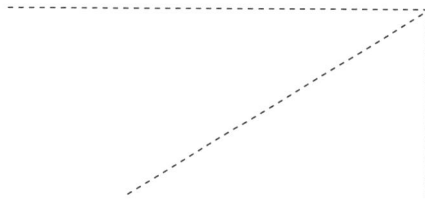

破译日本的底牌

在没有更可靠的情报来源的情况下，尼米兹决定采用罗奇福特的情报，制定相应的作战方案。

珍珠港事件后，美国再也不能凭借辽阔海洋的天然阻隔过太平日子了。美国加大了对无线电信号侦察情报工作人力物力的投入，建立强大高效的情报机构，以积极的情报战迎接挑战，这成为美国朝野的共识。

美国海军驻珍珠港的无线电侦听和密码破译人员由 30 多人猛增到 129 人，其中破译人员达 24 人。

在夏威夷群岛珍珠港的 1 个地下密室中，24 位破译人员利用掌握的日海军电报密码，整天研究日军的电报稿。

他们属于一个专门破译日军电报的秘密组织，由美国"密码之父"罗奇福特海军中校指挥。

罗奇福特是个幽默豪爽、精明透顶的人物。1942 年四五月间，日本联合舰队多次收发的神秘电报，引起了罗奇福特的重视，他组织情报人员进行拦截和破译。

根据截获的几封日军电报，罗奇福特已经分析出，日军将在近期在太平洋地区的某一地点发动重大军事进攻，但到底是哪里却无法破译。

不过，罗奇福特看到，几封日军的电报中都提有"AF"，"AF"是否代表日军将会进攻的地点呢，它到底在什么地方呢？

罗奇福特早就发现，自太平洋战争爆发以来，日军多次用 A 字起头的两三个字母标示美军在中太平洋海区的位置。日军曾用"AH"代表1941年12月7日的珍珠港；后来，日军曾派轰炸机从马绍尔群岛出发去轰炸珍珠港，用"AC"来代表弗伦奇·弗里格特浅滩潜水艇上加油的美军水上飞机，同时日军轰炸机还接到通知，要求躲避来自"AF"的空中搜寻。当时，根据地理位置，罗奇福特认为，"AF"只能是中途岛。

现在，罗奇福特又通过反复思考，断定"AF"仍然是日军即将进攻的地方——中途岛。

然而，罗奇福特的分析，无法使人们相信。为了证明自己的判断，罗奇福特想出一个方法。罗奇福特向尼米兹提出，发出一条假消息，就说中途岛的净水设备坏了，岛上没有其他水源，急需修理净水设备。尼米兹批准了这一建议。很快，中途岛用明语发出一份假情报。

2天后，美军情报人员破译了一份日军关于"AF"的净水设备坏了的报告。结果，证实了罗奇福特的判断。

1942年5月中旬，美军连续又破译了几封日军电报，破译后得出日军会集中联合舰队的所有部队发动中途岛海战。

尼米兹将军感到震惊，发现事态的发展对美军十分不利，要求罗奇福特早日查明日军的进攻日期。

尼米兹将军决定召集参谋们在太平洋舰队司令部与罗奇福特举行秘密会议，对日军发动中途岛海战的有关情况进行更加彻底的分析。

5月25日，尼米兹将军与参谋们早就来到了会议室，但罗奇福特很久都没有来。

又过了半个小时，罗奇福特慌里慌张地赶来了。尼米兹生气地看了他一眼。

罗奇福特两眼通红，浑身无力。他向大家表达歉意，他与情报

人员为了破译有关日期和时间的密码熬了一个晚上。他的助手韦斯利·赖特少校破译出日军将于6月3日攻打阿留申群岛,6月4日发动中途岛海战。

罗奇福特又解释说,在战斗开始以前,情报组无法通过破译取得有价值的情报了。日军会根据国际惯例更换密码,或者增加一套附加数码组。日军使用了新的密码后,破译人员需要几周的时间,在日军多次使用新密码后才能够破解新的密码。

参谋们不相信罗奇福特的情报是真实的。他们提问,日军怎么可能派遣联合舰队来进攻小小的中途岛和阿留申群岛中几个没有用的小岛呢?这或许是专门迷惑美军的假情报吧?真正的大机密肯定不会用电报传递,因为用最保密的电报密码发出,也能够被敌军破译出来。

不过,尼米兹将军却相信罗奇福特的情报。尼米兹说,山本为了对付处于劣势的太平洋舰队,很可能集中大量的兵力。山本的主要目

空中拍摄的中途岛

的就是想把我们逼出来，最后进行歼灭。根据日本和美国的实力，日本无力与美国长期对抗。山本急于歼灭我们，无法容忍我们的羽翼逐渐丰满，结果作战行动日程安排得太紧张，除了用电报发出外，来不及用其他方法了。

在没有更可靠的情报来源的情况下，尼米兹决定采用罗奇福特的情报，制定相应的作战方案。

尼米兹下令加强了中途岛的防御工事和有关装备。除了增援海军陆战队外，还增派了航空部队，调来大批火炮，尤其是防空高炮。在中途岛海战打响以前，美军在中途岛上已经有各类飞机近120架，其中包括17架轰炸机、6架鱼雷机；驻守中途岛的美军官兵多达3000人。在中途岛的东岛和沙岛附近滩头，设置了铁蒺藜等大量障碍物。

如果日军大举进攻，没有海军的强有力支援，只靠守岛部队仍然无法坚守。尼米兹将军到底能动用多少舰艇来支援掩护中途岛呢？

海军基地珍珠港遭到偷袭后，太平洋舰队的战列舰分舰队已经不存在了。日美开战后，美军在太平洋战区只有5艘航空母舰，其中"列克星敦"号被击沉，"约克城"号被击伤。"萨拉托加"号航空母舰被日本潜艇击伤，在圣迭戈已经修好了，可是它的飞行员们正在陆上进行训练，无法投入战斗。"企业"号和"大黄蜂"号航空母舰正在南太洋执行任务。

尼米兹相信日军的进攻目标是攻占中途岛以后，向南太平洋发报，命令航空母舰部队立即返回珍珠港。由"企业"号、"大黄蜂"号率领的第十六特混编队和"约克城"号率领的第十七特混编队，分别于5月26日和27日回到了夏威夷珍珠港。

时间十分紧急，这两支航母编队需要早日到达中途岛。由于第十六特混编队的司令哈尔西正在患严重的皮肤病。为此，尼米兹命令

巡洋舰部队的指挥官斯普鲁恩斯海军少将指挥第十六特混编队。

5月27日，"约克城"号航空母舰拖着十几公里的油迹返回珍珠港。"约克城"号航空母舰在珊瑚海海战中多次负伤，需要3个月才能够修复。然而，准备进攻中途岛的日本舰队已经启程了，尼米兹命令造船厂："必须在3天内把航空母舰修好！"修船厂拼命苦战，终于修好了"约克城"号。

与此同时，尼米兹逐渐策划了太平洋舰队的基本作战设想。面对在兵力上处于绝对优势的日军舰队，尼米兹决心采取三个策略。

一是要求美国航空母舰部队不在中途岛以西正面海域与日舰队交战，而是发动侧翼伏击战，偷袭日军航空母舰部队。第十六和第十七航空母舰舰队偷偷驶入北纬32度、西经173度的中途岛东北约325海里处，准备偷袭预计在中途岛西北海面出现的日军航空母舰舰队。

二是要求两支航空母舰舰队，用强大的消耗战术最有效地击沉日军的航空母舰，主要动用舰载机对日舰队的航空母舰进行偷袭，一定要避免与日舰队进行面对面的海战。在珊瑚海海战中，美海军已经利用这种先进的战术取得了重大的战果。

三是要求"在执行任务时……必须执行不冒险的原则。这个原则必须理解成：没有绝对把握使日舰队遭受比我方更大的伤亡，就必须躲避，免受日舰队的打击"。

为了使参战部队彻底执行这三个策略，尼米兹向参战部队提出6个要求：

第一，必须在远距离发现并袭击敌人，阻止日舰队航空母舰向中途岛发动突袭。中途岛守岛部队必须加强警戒，进行半径为700海里的空中侦察。保证对来犯日舰队的早期预警，潜艇部队在中途岛以西150海里、300海里和700海里处设置3道警戒线。

舰上损管人员拼命抢修被日机重创的"约克城"号

第二，对日军航空母舰部队的空中打击，必须在其空袭中途岛以前发动。发现日舰队航空母舰以后，首先由中途岛上的陆基轰炸机进行远距离轰炸，夏威夷群岛的轰炸机立即出发，参与空袭。

第三，太平洋舰队的航空母舰部队，在中途岛东北海面隐藏，接到中途岛的警戒飞机发来的敌情后，马上接近日舰队并偷袭日舰队的航空母舰。

第四，在中途岛西面担任警戒的潜艇，必须立即进攻。

第五，守岛部队必须与中途岛共存亡。

第六，重点坚守荷兰港至阿拉斯加之间的阵地，防止日军进攻阿留申群岛。

罗奇福特提供的情报，使尼米兹识破了山本的"底牌"，制订了置日航空母舰于死地的作战计划。尽管美军在兵力对比上明显处于劣势，但有了破敌计划，胜利的天平开始倒向美国太平洋舰队。

美舰队抢先一步

"早晚有一天，美太平洋舰队的业绩会载入史册，但现在我们只能苦苦地等待。"

小小的中途岛属于夏威夷群岛，地处北美洲至亚洲的太平洋航线的正中处。中途岛距离日本2250海里，距离珍珠港1135海里。

中途岛建有海港和美军机场，美军可以从岛上的机场出动飞机，可以警戒半径达600海里的海域；岛上的港口能够作为美航空母舰编队的补给和前进基地。

可见，中途岛具有攻防两大功能，成了美军在太平洋上最佳的前沿阵地。

对日海军来讲，一旦占领了中途岛，就能把中部太平洋的防御圈快速向东推进，还能利用中途岛上的海空军基地，监视和警戒夏威夷群岛的美国太平洋舰队一切活动。

再者，日军攻占中途岛，能够在美国中部太平洋防御圈上冲开一个巨大的缺口，对夏威夷群岛的美舰队构成巨大的威胁，并把中途岛作为以后进攻夏威夷群岛的前沿基地。

山本以他过人的军事直觉，发现了中途岛的重要战略价值。山本决定早日攻占中途岛，尽快结束太平洋战争。

就在山本向日本军部提出攻打中途岛的计划后，日本军界要员们纷纷表示反对。就在他们争论不休的时候，发生了杜立特轰炸东京事件。

那些反对中途岛海战计划的军界要员们被迫接受了山本的主张，

山本对他们说："攻占中途岛就是使东京的安全得到保障，保卫天皇陛下的安全，这是大日本帝国皇军的神圣职责！"

山本制定的作战计划，包括 3 项独立的但协同作战的军事行动：

第一，攻占西阿留申群岛；

第二，攻占中途岛；

第三，与美太平洋舰队决一雌雄。

海战的主要意图是通过攻占中途岛给日本海军和空军夺取基地，继续朝太平洋和西南太平洋进军，与美太平洋舰队决一死战。

在山本的中途岛军事计划中，山本共调动了水面舰艇 206 艘、舰载飞机约 470 架、岸基飞机 214 架、登陆部队和建立基地的部队 1.68 万人。

中途岛海战的胜负，关键在于日舰队能否诱使美在太平洋出战，山本相信，攻打位于美国珍珠港海军基地西北的中途岛海军基地，能够诱出美太平洋舰队。

1942 年 5 月 4 日至 8 日，在新几内亚南面海域上，日美海军进行了珊瑚海海战。双方都把这次海战视为中途岛海战的预演，是双方在太平洋真正决战前的一次试探性行动。

在担任太平洋舰队司令以前，尼米兹早已凭直觉预感到中途岛海战的来临，只是时间的早晚和海战的方式不明而已。

同为海军将领，尼米兹对日本海军将领非常敬佩，这可能跟他年轻时与东乡平八郎的交情有关。若抛开敌对国这一限制，尼米兹对山本的胆识和才干是非常欣赏的。

所有的计划和策略都是为最终战胜对方而策划的，他们都想掌握对方的杀手锏。尽管尼米兹想与山本这样的对手较量，这能够唤起他决斗的雄心。尼米兹在研究山本的同时，树立了战胜山本的信心。

尼米兹说，在庞大的攻打中途岛的日舰队中，威胁最大的部分是南云忠一指挥的航空母舰编队中的4艘航空母舰。

只有这4艘航空母舰才拥有摧毁美国中途岛陆空防御体系的能力。只有这4艘航空母舰，才能为其他战舰提供足够的空中支援。所以，若想阻止日舰队进攻中途岛，必须集中力量歼灭山本的航空母舰编队。

尼米兹决心把最重要的两支编队——第十六特混编队和弗莱彻率领的第十七特混编队集中起来，一同在中途岛东北海面设伏，伺机从侧翼对刚刚驶到的南云舰队发动偷袭。

5月26日拂晓，美军第十六特混舰队的舰艇到达珍珠港西南方向的海平线上，缓缓驶向珍珠港。

5月27日晚上，尼米兹主持了太平洋舰队联席会议。出席此次会议的有弗莱彻将军、斯普鲁恩斯将军、莱顿中校、麦克莫里斯上校、伯雷克中校、辛德勒中校。

最后，会议决定在充分了解日军动向的前提下，先发制人，以弱制强，迫使日军航空母舰被动挨打。要掌握两个要点：一是，在日军航空母舰的一半舰载机起飞空袭中途岛时，向日军航空母舰发起空袭。二是，在日军进攻中途岛的半数日军飞机参加空袭没有返回时，美机趁机重创敌航空母舰。

尼米兹要求弗莱彻和斯普鲁恩斯"运用最好的战术，给日军航空母舰以最大限度的杀伤"。弗莱彻和斯普鲁恩斯肩负的任务十分艰巨，尼米兹要求他们："你们如果没有机会给日军航空母舰以重创，就不要将自己置于日军的优势兵力之下。"

5月末，美军情报人员多次破译山本发出的密令，尼米兹得知日军联合舰队仍在按原计划驶进。尼米兹命令在珊瑚海执行任务的一艘巡洋舰用航空母舰使用的频率发报。他想以此来欺骗山本，使山本相信美国的航空母舰正在所罗门群岛附近，使日本联合舰队继续朝中途岛驶进。

30日晨，22架卡塔林娜式侦察机从中途岛起程，在西面700海里的海域进行巡逻。它们和从威克岛向东北方向巡逻的日军轰炸机遭遇。2架"卡塔林娜"侦察机被打落。这次遭遇没有引起山本的高度警惕。

尼米兹命令中途岛守岛部队采取一切措施，加强防御力量。至5月底，在水际滩头和周围水域都投放了水雷，海军陆战队的守备兵力增多，还增添了很多高射炮。然而，岛上的航空兵力仍然很少。

年轻的美国空军飞行员乔治·安德鲁·戴维斯

中途岛的东岛建有飞机场，但无法容纳太多的飞机。其中26架水牛式战斗机用作防空，34架俯冲轰炸机用来轰炸日舰。这些俯冲轰炸机的飞行员，多数是刚毕业的飞行员，没有实际作战经验。

守岛部队还拥有4架B-26型陆基轰炸机，被临时改造成鱼雷机。唯一有效的飞机是6架TBF型鱼雷轰炸机。虽然现在只部署这点兵力守卫中途岛显得力量太弱，但是对一个在此以前还没有转入战时轨道的美国来说，已经是尽了最大的努力了。

尼米兹要求岛上的航空部队打乱日舰的编队和冲散日舰载飞机，为美航空母舰上的飞行员们创造更有利的偷袭条件。

尼米兹把所有参战部队的兵力都作了最有效的部署。身为美太平洋舰队总司令的尼米兹总算放心了。5月31日晚，尼米兹几个月来第一次早早地睡觉了。

尼米兹在写给妻子的信中说："我想最近几天夜晚能再长一些，能够补回原来的觉。"尼米兹无权向妻子透露详情，但在信的结尾，尼米兹对妻子说："早晚有一天，美太平洋舰队的业绩会载入史册，但现在我们只能苦苦地等待。"

太平洋舰队的参谋们都在绘图板上不断地拿彩笔标示双方的动向。作战室非常安静，笼罩着一触即发的紧张气氛。在彩笔的不断划动中，双方的战舰都在向中途岛驶去。

尼米兹泰然自若地看着，在某种程度上，减少了参谋们的紧张情绪。后来，巴西特中尉回忆说："我们一致认为，尼米兹像仁慈的神父一样，他是非常镇静的人。"

根据尼米兹的计划，第十六、十七特混舰队于6月2日到达集结地点。尼米兹估计日军的进攻部队会在6月5日早晨到达中途岛，6日，日军的航空母舰部队会对中途岛发动全面进攻。

中途岛上空的"鹰"

美战机不顾密集的炮火，向"赤城"号冲来。日军零式战斗机已经击落了 3 架美机，其他 7 架美机继续向南云的航空母舰扑去。

6 月 2 日的白天非常平静，到了夜晚，波涛汹涌的危险海域仍未传回日舰队的消息。尼米兹在灯光下给妻子写信："今天又过去了，我们仍然等待事态的发展，我们比过去有了更加充足的准备。"

对于日夜担心美太平洋舰队安危的尼米兹来说，这几句平静的语句隐含着他对将要进行的中途岛海战的无比自信、冷静期待的心情。

6 月 3 日黎明，海上起了浓雾，连探照灯都无法穿透周围的昏暗。为了避免互相碰撞，南云忠一被迫动用保持沉默的无线电，向各舰艇下令。

监听到日军发出的无线电报后，中途岛立即出动 9 架美国陆军的 B-17 型空中堡垒轰炸机，美轰炸机首先看见了日军的登陆舰队。美轰炸机的轰炸准确性太低，炸弹都炸在海水中，日军的运输舰和护航舰继续向前驶进。

6 月 3 日上午 10 时，天终于晴朗了。傍晚，日舰队快速由西北方向向中途岛靠拢，4 日拂晓以前就能够到达距离中途岛 320 公里的起飞海域了。这时，弗莱彻和斯普鲁恩斯指挥 2 支特混编队，正在中途岛东北面 500 公里的海面严阵以待。

6 月 3 日晚 7 时 50 分，弗莱彻率领特混舰队向西南方向追去。

1942 年 6 月 4 日凌晨 2 时 45 分，口军"赤城"号航空母舰上的扩音器忽然响了起来，日舰队发动的进攻开始了。

当黎明的曙光来临之时，南云舰队航空母舰上的探照灯早已照亮了巨大的飞行甲板。南云舰队的航空母舰上的舰载机数量分别为："赤城"号 54 架，"加贺"号 63 架，"飞龙"号 54 架，"苍龙"号 56 架。

这时，4 艘航空母舰正在中途岛西北 240 海里处，迎风全速驶向中途岛，为舰载机起飞做最后的冲刺。航空部队已经做好了向中途岛发起第一轮空袭的准备。

15 分钟内，108 架飞机从 4 艘航空母舰上都成功地起飞了。它们编成壮观的环形队列绕行舰队一圈，朝东南方的中途岛飞去。舰上的水手们看着它们尾翼上闪烁着的灯光逐渐消失在夜空中。

第一轮攻击飞机刚刚飞走，南云忠一下令第二轮攻击飞机做好起飞准备。与此同时，南云航空母舰舰队的 7 架川崎式水上侦察机奉命前去东面和南面寻找美国航空母舰。有 5 架侦察机已经飞走了，可是重巡洋舰"利根"号上的 2 架侦察机由于弹射器出现故障，起飞的时间晚了半个小时。

5 时 50 分，中途岛上的雷达发现了前来空袭的日军机群。中途岛上的防空警报全部响了起来。这时，日军友永大尉率领 108 架攻击机群，距离中途岛仍有 150 公里。

守岛部队的 6 架"复仇者"鱼雷轰炸机和 4 架装有鱼雷的陆基轰炸机，起飞后向北面的南云航空母舰方向扑去。另有 19 架轰炸机和 37 架无畏式、守护者式俯冲轰炸机紧跟在它们后面。

守岛部队的 20 架水牛式战斗机和 6 架野猫式战斗机向西北方飞去，迎战向中途岛扑来的日本攻击机群。

6 时 16 分，美国战斗机与日本机群遭遇了。

负责护航的日军零式战斗机队，在美军飞机还没有冲进日本的轰炸机群时，就向他们开火了。双方的飞机不断翻飞、俯冲，相互开火。日军的战斗机在数量上远远超过迎击的守岛部队的飞机，在性能上也远远超过对手。

很快，日军战斗机击落了17架美军战斗机，击伤7架美军战斗机。日军战斗机丝毫未损，更没有让美军战斗机伤害1架轰炸机。

摧毁了美军飞机的截击，日本攻击机群迅速进攻中途岛。轰炸机冒着守岛部队的高射炮火不断俯冲轰炸了20分钟，炸毁了油库和一个空的飞机库。

但日本轰炸机想在中途岛歼灭美航空力量的计划失败了。它们能够找到的轰炸目标，只是飞行跑道和几座空机库，岛上飞机都已经起飞了。

友永大尉结束了袭击后，驾机找遍了全岛。他发现中途岛变成了浓烟滚滚的火海，但岛上的飞机跑道没有被彻底地摧毁。友永大尉觉得应该对中途岛发动第二轮攻击。可是，他率领的第一轮攻击飞机弹药没有了，燃油也快光了，无奈被迫返航。

太平洋中部时间早7时，友永大尉从飞机上向南云舰队发报："突击机群返回，需要再次空袭。"友永的机群在轰炸中途岛的时候竟被地面防空炮火击毁了1/3，剩下的飞机在阳光照耀的天空中全部返航。

当南云航空母舰舰队向中途岛发起第一轮空袭时，美军特混舰队正在积极准备发起对日军航空母舰舰队的偷袭。

6月4日黎明，美海军第十六、十七特混编队总指挥弗莱彻，从"约克城"号航空母舰上出动10架侦察机去寻找南云舰队。

5时25分，美军艾迪上尉驾驶卡塔林娜式水上侦察机从中途岛起飞，在靠近南云舰队航行的海域，碰巧钻出了云层。当艾迪上尉看到

日军轰炸后的中途岛浓烟滚滚

一大批灰色的日军战舰时，连忙用无线电向基地报告。

接到南云舰队位置的确切情报后，弗莱彻于 6 时 07 分向"企业"号航空母舰上的斯普鲁恩斯少将发报，命令第十六特混编队向南云航空母舰发动空袭，第十七特混编队随后空袭。

斯普鲁恩斯少将原打算向前航行 3 小时后，就是上午 9 时，再派舰载机进行空袭。到了那时，他与南云舰队间的距离会缩短到 160 公里以内。这对美舰队航程较短的舰载攻击机和战斗机十分有利。

参谋长米切尔·布朗宁上校提出，若把起飞时间定在上午 7 时，那么会使美军飞机在空袭中途岛的日军飞机返回母舰降落时，正好到达南云航空母舰上空发动空袭。

这是一个很好的主意。可是美军机群飞行的距离比原来远多了，危险也就大增。美军的攻击机和护航的战斗机很可能因为油料耗尽而坠毁。

　　若是规模较小的海战，斯普鲁恩斯是不肯冒这么大的风险的。但中途岛海战，很可能给南云舰队造成重创，他就不顾这么大的风险了。

　　权衡利弊，斯普鲁恩斯作出关系中途岛海战胜负的重要决定，就是接受了布朗宁上校的意见，将起飞时间提前到 7 时。同时，斯普鲁恩斯命令两艘航空母舰上的大部分飞机参加空袭，把底牌一次全部抛出。

　　当时，斯普鲁恩斯特混编队拥有两艘航空母舰，飞机数量分别为："企业"号 79 架，"大黄蜂"号 79 架。

　　7 时 2 分，14 架鱼雷攻击机、32 架俯冲轰炸机在 10 架战斗机的护送下，从"企业"号航空母舰上出发了；15 架鱼雷机、35 架俯冲轰炸机在 10 架战斗机的护送下从"大黄蜂"号航空母舰上出发了。

　　美军飞机的油料仅够勉强返航，然而飞行员们不顾生死，冲向日航空母舰。同时，斯普鲁恩斯留下 8 架无畏式俯冲轰炸机和 36 架野猫式战斗机替特混编队护航。

　　一个半小时后，弗莱彻命令第十七特混舰队的飞机起飞。弗莱彻的"约克城"号航空母舰共拥有 95 架舰载机。当 12 架鱼雷攻击机和 17 架俯冲轰炸机在 6 架战斗机的护送下起飞时，时间已是上午 9 时 6 分了。

　　南云舰队在放飞攻击中途岛的第一轮攻击机群后，第二轮攻击飞机立即从 4 艘航空母舰的下层甲板一架架地提升到顶层的飞行甲板上。

　　很快，4 艘航空母舰的飞行甲板上已经停满了飞机。

　　停在航空母舰上等待起飞的第二轮飞机，绝大部分是鱼雷轰炸机。这些飞行员是日本海军航空兵的精锐。当时，南云舰队的所有指挥官都认为，在附近没有美国的航空母舰。

　　根据山本的预计，美国的航空母舰最早将在 6 月 7 日到达中途岛

海域。然而，南云忠一为了以防万一，仍然把他最优秀的飞行员留在了航空母舰上，准备击沉美国航空母舰。

南云舰队的鱼雷轰炸机是当时世界上性能最好的舰载轰炸机，时速达378公里，载弹800公斤。不仅能够投掷鱼雷，进攻航空母舰或者其他战舰，还可以投掷炸弹，轰炸机场等目标。此时，挂的都是鱼雷。

早在6时，南云舰队的旗舰"赤城"号发现了空中的美军水上侦察机在活动。南云忠一感到担忧，怕遭到美国航空部队的空袭。

7时，南云忠一收到了友永大尉发来的关于向中途岛发动第二次空袭的请求电报。7时10分，处于南云舰队最前方的一艘驱逐舰回报："发现大批美机。"防空警报声响彻海空。

美军6架鱼雷攻击机和4架俯冲轰炸机飞到"赤城"航空母舰右舷上空。它们是从中途岛起飞的。日军护卫战舰重炮齐射，在高射炮的连发炮火的封锁下，20多架日军零式战斗机起飞迎击。

美战机不顾密集的炮火，向"赤城"号冲来。日军零式战斗机已经击落了3架美机，其他7架美机继续向南云航空母舰扑去。

瞬间，美机投掷完鱼雷，又升上高空。在没有战斗机的护航下，美机再次袭击日航空母舰。然而，它们投掷的鱼雷和炸弹准确性太差，没有一颗命中日舰。后来，只有1架鱼雷攻击机和2架俯冲轰炸机回到了中途岛。

遭到美机的空袭后，南云忠一认为这些美国飞机肯定是从中途岛飞来的，必须早点把中途岛的空军歼灭掉。再加上友永上尉刚发来的电报，南云下令再次空袭中途岛。

为了空袭中途岛，必须把停放在"赤城"和"加贺"号航空母舰飞行甲板上的飞机再用升降机送回下层甲板，把挂在机身下的鱼雷卸下，在飞机上挂炸弹。

7时15分，当机械兵把飞机由飞行甲板上朝下降时，航空母舰上一片混乱。南云忠一改装鱼雷机的命令，实际上是参谋长草鹿替他下达的。草鹿说，来自中途岛的飞机，比可能遭遇的美国舰队更可怕。

7时30分，由"利根"号重巡洋舰起飞的侦察机报告说，距离南云舰队200海里处有10艘美舰。若10艘美舰中有航空母舰的话，情况就十分不利了。南云忠一命令侦察机查清美舰中是否有航空母舰。

这架侦察机若不是由于弹射器故障而耽误半个小时的话，就能够在南云忠一下达卸下鱼雷命令以前看到美舰，这样南云舰队的鱼雷机就能马上起飞了。

7时45分，南云忠一下令暂停卸下鱼雷，等待侦察机的下一次报告。

7时55分，中途岛的轰炸机群飞来了。亨德森带领16架美俯冲轰炸机，因为飞行员都是刚从学校毕业的，没有俯冲投弹的经验，亨德

日军的零式战斗机群

森被迫带着飞行员们从 600 米高空下滑投弹，他们很快就被击落了 8 架，重创了 6 架，而投下的炸弹没有一发击中日舰。

接着，斯威尼带领 15 架俯冲轰炸机在 6000 米高空投弹，因为太高，没有命中，反被击落 2 架。

接着，诺里斯带领 11 架轰炸机到达日舰队上空，在日军战斗机的打击和战舰高射炮的封锁下，被击落 5 架，只有 4 架投掷了炸弹，没有一颗命中。

8 时零 9 分，日军侦察机报告，美军舰队共有 5 艘巡洋舰和 5 艘驱逐舰，没有航空母舰。南云忠一认为美军中途岛的飞机不断前来空袭，对舰队的威胁太大，因此命令继续卸下鱼雷挂上炸弹，准备空袭中途岛。

8 时 20 分，日军侦察机报告，在美军舰队好像有 1 艘航空母舰。南云忠一听说舰队后面有航空母舰，连忙命令停止挂炸弹，重新挂上鱼雷。

南云忠一下达的一连串的换炸弹挂鱼雷的紧急命令，使航空母舰的甲板上和机库里十分混乱，卸下的炸弹和鱼雷被迫堆在一起，没有放进弹药舱，日军的机械兵并不知道这样做是自寻死路。

8 时 30 分，日军空袭中途岛的第一轮空袭机群飞到航空母舰上空，请求降落。这时，南云忠一不知道怎么办了。"赤城"号和"加贺"号航空母舰上的攻击机正在换弹，无法起飞；"苍龙"号和"飞龙"号的攻击机可以马上起飞，但战斗机由于拦截美军岸基飞机，急需加油和补充弹药，无法立即出动替攻击机护航。

若让甲板上的第二轮飞机起飞，会因为没有战斗机的掩护而遭受重大损失。若先清理甲板让第一轮空袭飞机降落，会失去战机。

参谋长草鹿和作战参谋源田都主张先清理甲板，叫第一轮飞机降落，再发动第二轮空袭。"飞龙"号航空母舰上的第二航母战队司令山口多闻看到南云舰队行动迟缓，通过灯光信号向南云忠一转达建议："我认为必须命令第二轮空袭飞机起飞！"

山口多闻的建议是比较正确的，尽管攻击机在没有战斗机掩护的情况下会遭受很大的损失，但也比留在航空母舰等待中途岛的美机攻击要强很多。

源田主张先清理甲板，因为在空中的第一轮空袭飞行员多数是他的好朋友，他不忍心看着他们因无法着舰而坠毁。

山口多闻才干超群，很可能成为山本的继任者。这一点引起了南云忠一的嫉恨，南云忠一不肯接受山口多闻的建议，命令把在甲板上的第二轮攻击机降入机库，清理甲板；命令第一轮空袭飞机和在舰队上空快耗光燃料的战斗机降落。

8时37分，航空母舰开始回收飞机。15分钟后，飞机全部着舰，机库里的机械兵放下还没有完成的换弹任务，立即为甲板上的飞机加油、装弹。

9时18分，负责警戒的战斗机全部降落，机库里一片混乱。50架战斗机加油装弹完毕后马上起飞，在南云舰队上空护航。

南云忠一命令以30度航向30节航速向北进军，尽早占领有利的攻击海域。

南云忠一本来想做好充足的准备，再给美舰队以重创，可是这样慢吞吞地出击，失去了最佳的战机！

这时，美军航母舰载机群开始了攻击。最先飞到南云舰队海域上空的是"大黄蜂"号航空母舰的35架俯冲轰炸机和10架战斗机，但没有看到日舰，因为飞行高度太高，云层遮住了视线，再加上日舰向北行驶，美机在预定海域并未找到日舰；继续西南寻找，仍未找到。

21架轰炸机回到了航空母舰，14架轰炸机降落在中途岛，有4架

在着陆时爆炸，10架战斗机因燃油耗尽降在海面上。

"大黄蜂"号的15架鱼雷机，由沃尔德伦带领，在低空飞行，于9时20分找到了南云舰队，马上发动攻击。可是鱼雷机的速度太慢，又没有战斗机护航，在日军50架战斗机的截击下全部坠落。

9时30分，"企业"号的14架鱼雷机飞到南云舰队上空，分为两组，朝"赤城"号航空母舰两舷发动攻击。在日军战斗机的疯狂拦截下，有9架被击落，剩下的5架投下的鱼雷准确性太差，反被击落1架。返航中，3架鱼雷机由于伤势太重而坠海，只有1架回到航空母舰。

"约克城"号的攻击机群比前两艘航母起飞时间晚很多，但在途中得到了日舰的新位置的情报，立即改正了航线。它们只比"企业"号的鱼雷机晚发起攻击几分钟，12架鱼雷机在6架战斗机护航下袭击"苍龙"号航空母舰，10架鱼雷机和5架战斗机被击落，2架鱼雷机和1架战斗机返回航空母舰。

从清晨开始，中途岛和美舰队共出动了99架攻击机，损失62架，但都没有击中南云舰队的航空母舰。

美军"企业"号航空母舰的第六轰炸机中队和"大黄蜂"号的第八轰炸机中队在小麦克拉斯基的率领下，在预定海域没有找到日舰。小麦克拉斯基下令向北搜寻。

10时，小麦克拉斯基发现了日军舰队。南云的4艘航母正以菱形队形朝北撤退，"飞龙"号在北面，"加贺"号在南面，"赤城"号在西面，"苍龙"号在东面。美机由西南方向靠近，小麦克拉斯基把33架俯冲轰炸机分成两组，分别朝"赤城"号和"加贺"号发动攻击。

在"赤城"号的飞行甲板上，舰上飞机的发动机引擎已经发动，航空母舰正在转向逆风航行以便飞机起飞。

改写历史的时刻

中途岛海战结束后，日本再也没有力量发动大规模的海空作战。

10 时 24 分，"赤城"号上的飞行长挥动着小白旗，第一架零式战斗机，冲出了飞行甲板。正在这时，瞭望哨呼叫："美军俯冲轰炸机！"

3 架美机向"赤城"号俯冲下来，日舰的机关炮立即开炮，但已经晚了！美机的猛烈攻击没有遭到日战斗机的拦截，因为日军战斗机刚刚拦截美军的鱼雷机，正在舰上补给。空中没有一架担任警戒的战斗机！

美军俯冲轰炸机的猛烈攻击是以美军鱼雷机的牺牲换来的。日军庞大的航空母舰无法躲避，处于最容易受到攻击的情况下——正在逆风航行进行起飞，飞行甲板上有很多加满弹药和加足燃油等待起飞的飞机。

"赤城"号航空母舰被击中 2 枚 450 公斤的炸弹，1 枚落在升降机后面，另 1 枚落在飞行甲板的左舷上。

2 枚炸弹对巨大的航空母舰无法造成重伤，然而，炸弹却使甲板上的飞机全部爆炸，火势快速蔓延，航空母舰失去了作战能力，通讯联系中断。

南云忠一的指挥失控后，第八巡洋舰战队司令阿部弘毅海军少将马上接过舰队指挥权。同时，山口多闻接过空中作战的指挥权。随后，南云忠一把司令部搬到了"长良"号巡洋舰上，这时，小麦克拉斯基

的机群还攻击了"加贺"号航空母舰。10时24分,9架美机朝"加贺"号俯冲,各投掷了1枚炸弹。前3枚炸弹差点击中,在"加贺"号航空母舰周围掀起了巨大的水柱。

接下来的6颗炸弹中有4颗命中"加贺"号飞行甲板。其中最靠近舰艉的炸弹落在舰桥旁,炸毁了一辆小加油车,使舰桥和四周的甲板燃起大火,很多舰员伤亡。

舰长冈田次作和其他军官当场死亡,幸免于难的飞行长天谷孝久立即接过指挥权。

舰上燃起了熊熊大火,舰员们努力控制火势,可是整个军舰都被大火包围,很难找到躲藏的地方。

3个多小时后,美军潜艇发射鱼雷,命中了"加贺"号。10时40分,日军被迫放弃"加贺"号。

10时30分,"苍龙"号变成了火葬场,爆炸声不断响起。舰上的炸弹和鱼雷全都爆炸了。

10分钟后,"苍龙"号丧失了行动力,轮舵和消防系统彻底炸毁。

另一方面日军飞行员紧紧跟在莱斯利率领的返航机群后面。美军轰炸机把日军飞机带到了弗莱彻将军的"约克城"号航空母舰上空。

在高空警戒的12架美军战斗机,冲进日本机群进行拦截,击落了6架日机。

日本轰炸机立即向下俯冲,有更多的日机被密集的防空炮击碎,但有3颗炸弹击中"约克城"号。炸弹在"约克城"号舰舱内引爆,炸死许多美军舰员。

日军飞机飞走以后,海面上十分宁静,日军共有13架轰炸机和3架战斗机被击毁。

返航的日军机群马上向山口多闻报告:击中了"约克城"号,美军航空母舰爆炸了。

"约克城"号航空母舰上的舰员拼命抢救，将舰上的大火扑灭了。"约克城"号继续航行，飞行甲板上的飞机仍能起飞。

不久，日军10架鱼雷攻击机在6架战斗机的掩护下，紧贴海面扑来。

它们是从"飞龙"号航空母舰上起飞的第二批飞机。它们将不再冒烟的"约克城"号当成了其他的航空母舰，对"约克城"号再次发动攻击。鱼雷机发射的鱼雷命中了"约克城"号，摧毁了舰上的动力、照明和通讯设备。

"约克城"号向左侧倾斜，但仍然浮在海面上。后来，舰长伊利奥特·巴克马斯特下令弃舰。

结果，美舰队只剩斯普鲁恩斯少将的两艘航空母舰了。

可是，"约克城"号仍然在海面上漂浮，并由一艘扫雷舰拖往珍珠

"飞龙"号遭到美机攻击后起火燃烧

港。后来，日军潜艇发现了"约克城"号，朝它发射了两枚鱼雷，"约克城"号终于沉入海底。

下午2时45分，一架美国侦察机报告，一支日舰队正朝西面航行。日舰队由2艘战列舰、3艘巡洋舰、4艘驱逐舰和"飞龙"号航空母舰组成。

在"企业"号航空母舰上的斯普鲁恩斯将军，立即出动所有还能参战的飞机。24架美军俯冲轰炸机滑出甲板，向"飞龙"号飞去。

下午5时，日军舰队瞭望哨报告："美军俯冲轰炸机！"

在"飞龙"号航空母舰上，水兵们发现在西南方飞来一长串飞机，就像一条长蛇。

6架零式战斗机飞过去进行拦截，击毁2架美机。其他的美机俯冲下来了。

美机从耀眼的太阳方向钻出，冲向"飞龙"号航空母舰。

炸弹激起巨大的浪花，随后落下的4枚重磅炸弹，穿透了飞行甲板，相继爆炸。

"飞龙"号上的日军舰员拼命救火时，从中途岛飞来的轰炸机群也赶来了，它们扔下了很多炸弹，无一命中。

结果，"飞龙"号难逃沉没厄运。中途岛西北的海面，变成了火葬场。

6月4日21时23分，海水大量涌进，"飞龙"号开始倾斜，很快丧失了行动能力。6月5日凌晨，"飞龙"号沉没。

当南云舰队遭受灭顶之灾时，山本正指挥着主力舰队，在南云舰队后边450海里的洋面上航行。

6月4日上午10时30分，"'赤城'号着火"的电报突然打破了山本的计划。

山本一言不发。20 分钟后送来了第二封电报，山本仍然一言不发。

6 月 5 日零时 15 分，山本命令近藤和南云忠一停止进攻美舰队和炮击中途岛的军事行动，与主力舰队会师。

由于美舰队已经向东撤退，与美舰队进行水面决战已经没有可能。若南云舰队继续向东追击，天亮后会遭到美航空母舰的舰载机和岸基攻击机的攻击。山本决定取消攻占中途岛的所有计划；中途岛登陆部队和机动编队与主力会合，联合舰队将于 6 月 6 日上午在北纬 33 度、东经 170 度海面加油。警戒部队应赶往加油地点；运输船队向西撤退。

对于山本的决定，心急如焚的参谋们无法接受，他们要求攻下中途岛。首席参谋黑岛叫道："长官，'赤城'号还没有沉没。若被美国拖去当成了战利品，那真是奇耻大辱呀！我们不能用陛下的鱼雷来击沉陛下的战舰呀！"

一位参谋说："就这样回国，我们如何向天皇陛下交差？"当天下午，"加贺"号航空母舰和"苍龙"号相继于 4 时 25 分和 4 时 30 分沉没，但"赤城"号和"飞龙"号航空母舰仍在海上燃烧。

这位参谋的话仿佛使整个房间变成了真空，人们几乎连气都喘不上来了。山本难过得哭不出来。很久，山本语气缓慢而沉重地说："我曾经是'赤城'号的舰长。现在又必须由我下令把它击沉，遗憾之至。全部罪责都由我承担，我自己去向天皇陛下请罪。"

"苍龙"号航空母舰的幸存者站在驱逐舰上，注视着正在倾斜的"苍龙"号。

与"苍龙"号一同下沉的，有 700 多名舰员，包括把自己绑在舰桥上的柳本舰长。

山本命令"野分"号驱逐舰去击沉"赤城"号。该舰舰长古闲孙太郎说："我是多么难过呀！'赤城'号是我在太平洋战争中的第一个

燃烧中的"赤城"号航空母舰

射击目标。"有 221 名舰员随"赤城"号沉没。

6 月 5 日晚上 11 时 55 分，山本正式下达撤退命令。

这时，栗田的第七巡洋舰战队的"熊野"号、"铃谷"号、"三隈"号和"最上"号 4 艘重巡洋舰以及第八驱逐舰分队的 2 艘驱逐舰正在执行炮击中途岛的任务。

联合舰队的参谋们根据栗田的报告，核对了栗田部队的具体位置，栗田距离中途岛比他们估算的远很多，认为炮击任务是无法按时执行的。在午夜后，参谋们命令栗田撤退。

栗田接到命令时，离中途岛只有 90 海里。

日舰"熊野"号发现右舷有艘美军潜艇，栗田下令向左转舵。同时，"熊野"号用信号灯向二号舰"铃谷"号发出紧急转向警报信号，

"铃谷"号接到信号后，立即转向并发出警报信号。"三隈"号也发出警报信号，并立即转向。后面的"最上"号撞上了"三隈"号左舷。

"最上"号前炮塔的舰艏部分被撞断，并停止航行。"三隈"号仅受了轻伤。"最上"号仍能维持 12 节航速。栗田让"三隈"号、"荒潮"号和"朝潮"号为"最上"号护航。

栗田指挥"熊野"号、"铃谷"号继续向加油地点驶去，与山本率领的主力舰队会师。

拂晓后，"最上"号和护航舰以 12 节航速向西驶去，它们随时都可能遭受美机或美舰的攻击。

6 月 5 日天亮后，中途岛出动 12 架俯冲轰炸机前往轰炸，弗雷明驾驶的飞机撞向"三隈"号，使"三隈"号受到重创。下午，12 架美军轰炸机再次攻击，投下的 80 颗炸弹都没有击中。

美军航母舰队的兵力不足，只能选择一个目标攻击。当美军舰载机追到时，"飞龙"号航空母舰早已沉没，只好攻击护航的驱逐舰。

美军航母舰队又 3 次派出飞机进攻后面的 2 艘巡洋舰，将"三隈"号击沉，使"最上"号受到重创。"最上"号逃到了特鲁克。

斯普鲁恩斯认为飞行员已经疲惫不堪，况且附近海域又有日军潜艇出没，再加上距离威克岛太近，岛上的日军拥有陆基飞机，于 6 月 6 日黄昏下令返航。这一决定挽救了美航母舰队。

原来，山本听说美航母舰队在后面追击后，下令把美航母舰队引向威克岛，命令"凤翔"号和"瑞凤"号轻型航母上的飞机，战列舰、巡洋舰和水上飞机母舰所携带的水上飞机，共 100 架，与岛上的岸基飞机同时攻击，还派 3 艘巡洋舰和 8 艘驱逐舰前去助战。

根据双方航线推算，若美航母舰队继续驶向威克岛，将在夜间与日舰队相遇。

结果，斯普鲁恩斯下令撤退，中途岛海战结束了。

中途岛海战，美太平洋舰队只损失了 1 艘航空母舰、1 艘驱逐舰、147 架飞机，307 名官兵死亡。日本海军损失惨重，共有 4 艘航空母舰和 1 艘巡洋舰被击沉，180 架飞机沉入大海，54 架飞机被击毁，约有 2500 名官兵死亡。

中途岛海战，日海军惨败的另一个的原因是海军兵力的部署不当。山本仍像偷袭珍珠港那样地分散部署兵力，结果各部队的兵力都很薄弱。司令官应该了解全局并且对各部队保持控制。

由于参加中途岛作战的舰只实行无线电静默，在"大和"号旗舰上的山本无法跟各舰队联系。因此，山本无法将东京发来的最新情报发给南云忠一，更不能对南云舰队的作战施加任何影响。

中途岛海战的胜利，尼米兹一语道破了天机："我们破译了日本的密码电报，掌握了山本的作战目的、舰队的编制情况、接近方向及实施攻击的大概日期。正因为如此，美国的胜利才成为可能。"

中途岛海战结束后，日本再也没有力量发动大规模的海空作战。日军掌握的太平洋战区的战略主动权也被美军夺走了。对于日本人来说，更严重的是他们的自尊心遭到打击。从中途岛海战以后直到第二次世界大战结束，这一痛苦的回忆使他们再也无法作出正确的判断。

乘胜向瓜岛进军

飞行员们把航空队戏称为"仙人掌航空部队"。

中途岛海战仅仅是太平洋战争中一次局部战斗，美军还没有歼灭日军，等待美军的将是更艰难的险阻和更加残酷的战争。

太平洋舰队司令尼米兹没有为一时的胜利而骄傲自满。尼米兹相信马歇尔对罗斯福总统所讲的一句话：中途岛海战是伟大的胜利，但只是侥幸而已。

日军仍然在西南太平洋上横冲直撞，日军在几个月内攻占了新加坡、马来亚、苏门答腊和苏拉威西、俾斯麦群岛，使澳大利亚的达尔文港受到重创。

现在，战略的主动权已经掌握在美军手中，美军应该利用这个时会，由防御变为进攻——这是尼米兹亟须思考的问题，他希望制定一个明确的作战方案，并立即付诸未来的战斗。

瓜岛位于所罗门群岛南端的要冲，是一个丛林覆盖的美丽岛屿，全岛长 145 公里、宽 40 公里，陆地面积 6500 平方公里。

1942 年 5 月，一支几千人的日军在瓜岛西北端的伦加登陆。

7 月 2 日，美国陆军的马歇尔、麦克阿瑟和海军的金上将、尼米兹召开了紧急会议，制定了"瞭望台"计划，这个计划既满足了尼米兹的要求，同时也照顾了麦克阿瑟的陆军。

1942 年 8 月 7 日，在飞机舰炮的支援下，约 1.6 万名美军向岸上扑去。日本进行了象征性的反击，美军立即攻占了日军在瓜岛修建的飞机场。

美军在瓜岛登陆后，日军马上清醒过来，组织力量反攻。27 架 1 式陆上轰炸机在 18 架零式战斗机的护送下，由拉包尔起飞，攻击美国登陆舰队。

8 月 8 日，日军出动 23 架挂着鱼雷的 1 式陆上攻击机和 9 架 99 式俯冲轰炸机，在战斗机的护送下，再次空袭美军登陆舰队。

美军接到了警报，一批野猫式战斗机和军舰上密集的高射炮火击落 18 架日机。"贾维斯"号驱逐舰被鱼雷击中，艰难地驶向基地。1

艘运输舰被1架日机撞毁后沉没。

日本三川军一海军中将指挥一支由5艘重巡洋舰、2艘轻巡洋舰和1艘驱逐舰组成的舰队，由拉包尔扑来。三川希望夜袭美舰队，发挥日本舰员长期夜战训练的优势。三川指挥舰队冒险通过所罗门群岛腹部的狭窄航道。

这时，弗莱彻海军少将撤走了3艘航空母舰及其护卫舰，使登陆舰队的特纳海军少将暴跳如雷，他还需要一天的时间才能卸完军用物资。弗莱彻解释说舰队需要加油，其实他撤退的原因是，他不想让航空母舰遭到日舰队的攻击。

航空母舰的撤走使登陆阵地和水面运输舰队失去了空中支援。澳军侦察机在所罗门群岛发现日本军舰，却将巡洋舰误认为水上飞机母舰，这使特纳产生了错觉，以为日军会发动大规模空袭。

8月9日清晨，日海军巡洋舰冲进萨沃海峡，纷纷发射长矛鱼雷，接着开始了疯狂的炮击。很快，美海军"昆西"号、"文森斯"号、"阿斯托里亚"号巡洋舰和澳军的"堪培拉"号巡洋舰沉没，"芝加哥"号受到重创。

三川海军中将担心舰队遭到致命的空袭，连忙撤走，没有攻打特纳的运输舰。特纳刚弄明白他们遭受了日舰队进攻时，日舰队就撤走了。

由于没有海上航空兵的掩护，特纳于8月9日晚率舰队撤离滩头阵地，使瓜岛上的美军陆战队濒临绝境。范德格里夫特少将生气地说，他们像傻瓜一样被海军抛弃了。一周后，双方不断地增援瓜岛上的部队。

美军决心消灭瓜岛上的日军，瓜岛的失守将威胁日本的安全，日军决心守住瓜岛。在此后的半年中，为了夺取瓜岛，双方发动了多次海军空战。附近的水域有很多沉船，二战结束后被当地人称为"铁底湾"。

8月20日，美海军两个飞行中队的野猫式战斗机和无畏式俯冲轰炸机从"长岛"号航空母舰上起飞，降落在瓜岛北部隆加角的亨德森机场上。21日，约翰·史密斯少校击落1架日军的零式战斗机，这是史密斯在战役中击落的第19架日机。

亨德森机场不是变成泥潭，就是到处都是泥土，把飞机弄得肮脏不堪。燃油缺乏，还用老式手摇泵给飞机注油。无线电通信也很难保持。飞行员们把航空队戏称为"仙人掌航空部队"。飞行员们天天战斗，吃猪肉罐头、脱水土豆和大米。夜里无法安睡，经常有几颗炸弹爆炸，有时日舰队靠近，发射密集的炮弹。很多人患了疟疾或痢疾，甚至同时患这两种疾病。

一次，扑来一批日军战斗机。美机纷纷躲避操纵灵活的零式战斗机的纠缠，进攻1式陆上攻击机。美战斗机由向阳方向向1式陆上攻击机的机翼油箱开火。

"仙人掌航空部队"采用了"撒奇交叉曲线飞行"战术，就是将4架飞机编为一组，双机飞行，如果遭到零式战斗机的攻击，互相向心飞行，使日机飞行员左右无法兼顾。当飞机曲线飞行时，每架飞机都可以射击追击同伴的零式战斗机。

8月23日，一支由驱逐舰和快速运输船组成的日军运输舰队从特鲁克岛南下，在南云忠一海军中将的"瑞鹤"号、"翔鹤"号、"龙骧"号航空母舰，"比睿"号、"雾岛"号战列舰的护送下，向瓜岛运送部队和给养。

弗莱彻率领"萨拉托加"号、"企业"号、"黄蜂"号航空母舰和"北卡罗来纳"号新型战列舰赶到瓜岛。"萨拉托加"号的无畏式俯冲轰炸机和复仇者式鱼雷机与亨德森机场的航空队飞机，一同搜索，没有找到日军舰船。

弗莱彻认为日本运输船团离瓜岛还有几天的路程，他命令"黄蜂"

号航空母舰返航加油。

8月24日早晨，从"龙骧"号航空母舰起飞的日军轰炸机和战斗机，与从拉包尔扑来的岸基轰炸机会合后，一同进攻亨德森机场。"仙人掌航空部队"起飞迎战，击落21架日机。

这样，"龙骧"号航空母舰就暴露了，弗莱彻出动30架无畏式俯冲轰炸机和6架复仇者式鱼雷机前去报复。美机群越过密集的高射炮火，绕开零式战斗机的纠缠，不断地向"龙骧"号投掷炸弹和鱼雷。"龙骧"号被击沉，美机全部安全返回。

南云忠一出动飞机攻击"企业"号和"萨拉托加"号航空母舰。弗莱彻出动53架野猫式飞机前去迎击，"企业"号和"萨拉托加"号的飞行甲板上的飞机都躲入第二层甲板。

双方机群在距"企业"号航空母舰25海里的上空展开激战，在残酷的空战中，唐纳德·鲁尼恩击落2架99式俯冲轰炸机和1架零式战斗机。击沉"龙骧"号后返回的无畏式俯冲轰炸机和复仇者式鱼雷机

美国"萨拉托加"号航空母舰

击落了 3 架 99 式俯冲轰炸机。

20 多架 99 式俯冲轰炸机扑向"企业"号航空母舰，"企业"号上的火炮及其护卫舰的火炮发射了密集的防空炮弹。几架俯冲轰炸机爆炸了。3 架日机受创，它们撞向航空母舰。

"企业"号舰长阿瑟·戴维斯发现，每隔 7 秒钟就会有一架 99 式轰炸机进行俯冲。"企业"号中了 3 颗炸弹，被烈火吞没，消防人员干得十分卖力，几十分钟后"企业"号又恢复了战斗力。

美国侦察机没有找到"翔鹤"号和"瑞鹤"号航空母舰，而日军第二批轰炸机也没有找到美军航空母舰。2 架无畏式俯冲轰炸机炸伤了日"千岁"号水上飞机母舰。

8 月 25 日上午，由亨德森机场起飞的 8 架无畏式俯冲轰炸机找到了日本运输船队，攻击"神通"号轻巡洋舰，使 1 艘运输舰沉没。

"睦月"号驱逐舰正在援救登陆部队和舰员。8 架美军轰炸机从高空进行水平轰炸，3 颗炸弹击中"睦月"号，"睦月"号沉没了。

双方不断地向瓜岛进行增援。从拉包尔起飞的日本轰炸机经常轰炸瓜岛上的美军。

珊瑚海的东部海域号称"鱼雷网"。8 月 30 日，"萨拉托加"号航空母舰被日潜艇的鱼雷击中，被迫到美国西海岸抢修。两个星期后，"黄蜂"号中了 3 枚鱼雷，被迫弃舰。"北卡罗来纳"号战列舰也被迫弃舰。

这时，美海军在太平洋作战的航空母舰只剩"大黄蜂"号了。这时，在瓜岛上的日军已有 2 万多人。

为了夺取制海权，尼米兹让哈尔西出任南太平洋海军司令，托玛斯·金凯德取代弗莱彻出任航空母舰舰队司令。同时，美国向西南太平洋战区增调大量的部队、飞机和舰只。

山本集结了日军，准备向瓜岛美军发动毁灭性的攻击。日军进攻亨德森机场的美国守军，同时，一支由 5 艘战列舰、4 艘航空母舰组成的攻击舰队，在南云忠一的指挥下驶入圣克鲁斯群岛海域。山本下令："歼灭所罗门海域盟军的作战舰队，包括增援舰队。"

哈尔西出动"大黄蜂"号、"企业"号航空母舰和"南达科他"号新型战列舰，"南达科他"号装备了许多双联装和四联装的防空炮。

10 月 26 日黎明，1 架水上飞机在圣克鲁斯群岛海域发现了日本舰队。哈尔西下令："进攻、进攻、再进攻……"

"企业"号出动 16 架无畏式俯冲轰炸机，2 架编为一组，在海上执行攻击任务。詹姆斯·李和僚机威廉·约翰逊在 185 海里外找到了日舰队，他们遭到 8 架零式战斗机的追击。他们击落 3 架零式战斗机后，逃跑了。

斯托克顿·斯特朗和查尔斯·欧文驾驶 2 架无畏式俯冲轰炸机攻击"瑞凤"号航空母舰，一颗 500 磅的炸弹把飞行甲板炸开。"瑞凤"号拖着大火返回特鲁克。

这时，135 架轰炸机和战斗机飞向美航空母舰，它们绕开 73 架野猫式飞机的纠缠，在混战中，8 架美机被击落。

日机在高空飞近美舰队，冲过美军警戒战斗机的截击，全力进攻"大黄蜂"号。"大黄蜂"号和护卫舰击落了 25 架日机。"大黄蜂"号中了几颗炸弹，1 架 99 式俯冲轰炸机撞向"大黄蜂"号，"大黄蜂"号燃起大火。2 枚鱼雷撞入"大黄蜂"号的机舱后爆炸，"大黄蜂"号丧失了行动力。

"企业"号航空母舰从暴雨中钻出，日机群立即扑了过去。美军防御炮火太猛，"企业号"只中了 2 颗小炸弹，几艘护卫舰受创，1 艘驱逐舰被日潜艇击沉。

这时，"大黄蜂"号不断遭到日机的攻击。傍晚，它被日军驱逐舰击沉。

当"大黄蜂"号遭到攻击时，它的无畏式俯冲轰炸机和复仇式鱼雷机也飞到了"翔鹤号"航空母舰的上空。零式战斗机不停地追击，4颗重磅炸弹击中"翔鹤"号，"翔鹤"号受到重创。

复仇者式鱼雷机被冲散了，找不到"翔鹤"号。"翔鹤"号驶回基地修理。

"企业"号的飞机，在途中与日本战斗机展开混战，当发现日舰队时，燃油不多了，发动的攻击也没有成功。

圣克鲁斯海战，美军舰的新式防空炮使日海军损失100多架飞机，结果实战经验丰富的飞行员减员很多。圣克鲁斯海战是日本在太平洋战争中取得的最后一次重大胜利。

山本下令向瓜岛增援更多的部队。11月13日凌晨，11艘运输舰在"比睿"号和"雾岛"号战列舰的率领下，通过所罗门群岛的狭窄水道，炮轰亨德森机场。一支美国巡洋舰和驱逐舰队参加了海战，天亮后，"比睿"号受到重创。

从亨德森机场和"企业"号航空母舰起飞的无畏式俯冲轰炸机和复仇者式鱼雷机把"比睿"号击沉。

日海军的11艘运输舰，有7艘被美海军飞机和岸基飞机炸沉。11月14日夜，"华盛顿"号和"南达科他"号战列舰进攻"雾岛"号。"雾岛"号受到重创，被迫自沉。

日军由于争夺海、空控制权的失败，在瓜岛约3万人的补给已无法维持，海上运输几乎断绝，不仅武器弹药不足，就连粮食也难以保障。日军以树皮、野草充饥，因疾病而死亡的人数大增，而美军的增援补给从未中断。

日本海军"比睿"号和"雾岛"号战列舰

美军对岛上的日军进行了围剿，岛上日军的形势更加危险了。

1943 年初，日海军把瓜岛上的约 1.1 万名饿得半死的日军接走。1943 年 2 月 9 日，瓜岛战役结束了。

这场争夺战共进行大小海战 30 多次，其中规模较大的有 6 次。岛上的 3.6 万名日军中阵亡及失踪 1.4 万人，病死 9000 人，被俘 1000 人。美国参战的 6 万名陆军和陆战队官兵中 1600 人死亡。

瓜岛争夺战是一场消耗战，既有陆战，又有空战，还有海战，对舰船、飞机、弹药、生活必需品的消耗是十分巨大的。这是一场军力、国力的较量，美国物资雄厚，而日本的作战物资只靠占领区提供，可是在各占领区的抗日武装力量却逐渐壮大。

回顾一下中途岛大战和瓜岛争夺战，瓜岛争夺战更具有决定性，它标志着美军在整个太平洋地区进行战略反攻的开始。

第四章

盟军登陆北非

"火炬"计划

艾森豪威尔以他过人的才干、热情的微笑、谦逊的态度，消除了高傲的英国官兵的疑虑。

法属北非包括法属摩洛哥、阿尔及利亚和突尼斯。

摩洛哥地处非洲西北端，东与阿尔及利亚交界，南与西属撒哈拉沙漠接壤，西临大西洋，北隔狭窄的直布罗陀海峡与西班牙相望，面积约 45 万平方公里。1912 年沦为法国的殖民地。另外，狭长地区和南部的一个地区沦为西班牙的殖民地。

阿尔及利亚地处非洲西北部，北临地中海，与西班牙、法国隔海相望，东与突尼斯、利比亚接壤，南与尼日尔、马里、毛里塔尼亚交界，西部与西属撒哈拉相邻，面积为 238 万平方公里。1830 年，阿尔及利亚沦为法国殖民地。

突尼斯地处非洲北端，北、东临地中海，隔突尼斯海峡与意大利相望，东与利比亚交界，西与阿尔及利亚交界，面积约 16 万平方公里，1881 年成为法国的殖民地。

早在 1941 年 12 月，丘吉尔访美时，曾向罗斯福提出在北非登陆的计划。以求彻底歼灭隆美尔的德、意军队，控制地中海，巩固中东，为日后在意大利和德国的军事行动创造有利条件。

1942 年上半年，盟军在太平洋上的作战，无法直接减轻苏联的压力，而且将会推迟任何对欧洲作战的计划。美、英两国发现，如果两国不利用德国忙着对付东方苏联的机会，而一旦苏联崩溃，两国就会发现在西方面临的德国是如此强大。到那时，两国虽然还能和德国继续进行空战，但决定胜利的陆战机会已经消失了。这场世界大战将变得旷日持久。

1942 年 7 月，罗斯福和丘吉尔在商讨"火炬"战役时，已经紧锣密鼓地开始了选拔盟军总司令的工作。他们都看上了美国陆军参谋长马歇尔。丘吉尔只是出于无奈：联盟战争多半是哪国的实力强就由哪国的将军出任盟军统帅。

马歇尔足智多谋，富有远见，是最合适的人选。但罗斯福离不开马歇尔，马歇尔也想推荐陆军参谋部作战部部长艾森豪威尔担任盟军统帅。

早在 1942 年 5 月中旬，马歇尔派艾森豪威尔前往伦敦视察，要求艾森豪威尔就把英国作为美军最大的反攻基地提出意见。

6 月 8 日，艾森豪威尔把《给欧洲战区指挥将领的指令》草案提交给马歇尔。马歇尔说："你可能是执行它的人。如果真是那样，你什么时候能赴任？"

为了协同中东英军完全占领从大西洋到红海的整个北非，把隆美尔的部队全部歼灭，盟国决定发起"火炬"计划。

1942 年 8 月 14 日，美英联合参谋长会议正式任命德怀特·艾森豪威尔将军为盟国远征军总司令，美国的克拉克少将任副总司令，史密斯任盟国远征军参谋长。1939 年，艾森豪威尔还是中校，1943 年就晋升四星上将，1944 年晋升五星上将之一。艾森豪威尔为什么升迁如此之快，这主要在于他的军事才能和外交手腕，而最关键的是 1941 年 12 月马歇尔任他为陆军参谋部作战部部长。

作战部长一职迫使艾森豪威尔把美国的战略和全球战略联系起来，迅速增长了领导才能。

北非登陆是由英美部队联合实施，要求把两国的陆海空军的军事行动协调好，这是个很难的差事。

艾森豪威尔在西点军校学习时，了解到拿破仑时代反法联盟失败的原因之一是内部不团结。拿破仑领导下的法军经常战胜盟军，是因为盟军之间的分歧太大。艾森豪威尔发现，妨碍美、英军队团结的因素太多了：由于美军的薪水比英军的多几倍，英国女人对美军官兵的青睐引起了英国官兵的普遍反感；美军官兵喜欢自吹自擂，大言不惭，但缺乏战斗经验，引起了英国官兵的蔑视；美国官兵抱着"我们又要为英国人作战"的态度对待英国人，瞧不起英国官兵；两国的民族主义观念都很强，民族心理和语言不同；英、美两国的军事机构区别很

艾森豪威尔（前排中）和他的领导班子

大，战术、指挥和参谋程序不同，造成了两军之间的误解很多。

而且，关于艾森豪威尔的权力没有正式的规定，即使有规定也没有太大的作用，只有取得英军的信任才能建立盟军统帅的权力。

为了保证"火炬"战役的胜利，艾森豪威尔要求美英陆、海军组成的特混舰队统归一人指挥，在其总司令部内成立新参谋班子——联合部队指挥部。在联合部队指挥部中，美、英参谋军官各占一半，负责作战计划的制订。

艾森豪威尔以他的才干、热情的微笑、谦逊的态度，消除了高傲的英国官兵的疑虑。丘吉尔说艾森豪威尔是世界上最乐观的人。

艾森豪威尔需要新型的最高司令部。艾森豪威尔说："我要做的第一件事就是组织一个参谋班子。"艾森豪威尔从马歇尔将军那里借来了沃尔特·史密斯准将，当盟军参谋长。史密斯准将善于处理日常事务和分析重要的战略问题。史密斯既擅长协调人际关系，又擅长军事事务。

艾森豪威尔把密友克拉克将军调到伦敦，让他担任盟军副总司令。克拉克和艾森豪威尔曾在同一个连队服役，富有才能，为人谦虚。

艾森豪威尔的后勤总指挥官是约翰·李将军。李任职后立即开始了繁重的工作，例如准备港口和建造仓库、建造营房、建造停机坪和修理设备，等等。在李将军的指挥下，规模庞大的供应工作进行得有条不紊。

盟军空军司令是斯巴兹将军，斯巴兹于7月赶到伦敦，负责指挥美国第8航空队。

艾森豪威尔又想起了"没人要的狗东西"——小乔治·巴顿，巴顿的脾气很大。小乔治·巴顿比艾森豪威尔大8岁，是当时美军最优秀的陆军指挥官。巴顿参加过第一次世界大战获得了优异服务十字勋

章和上校军衔。这时，巴顿正在美国的加利福尼亚州的一片沙漠上训练装甲部队。

这是艾森豪威尔向马歇尔第二次点名要巴顿。1942年8月9日晚，艾森豪威尔邀请巴顿，用过晚餐便讨论"火炬"作战计划。巴顿是奉马歇尔的命令来伦敦的，后来，巴顿奉命指挥盟军西部特遣舰队，直接从美国本土赴摩洛哥实施登陆战。

原定在"火炬"战役中指挥英军的是著名将领亚历山大将军，后来突然被调到了埃及，由蒙哥马利接替。很快，蒙哥马利也被紧急调往埃及，去指挥英国第八集团军，阻止隆美尔的部队继续向亚历山大港和开罗推进。英军又由肯尼恩·安德森中将指挥，后来安德森与艾森豪威尔的合作十分融洽。

初秋，英国解除拉姆齐海军上将的盟国远征军海军司令一职，改由安德鲁·坎宁安海军上将担任。坎宁安曾经率领英国地中海舰队多次大败意大利海军。坎宁安不畏艰险，富有才智，十分执拗。艾森豪威尔总是管坎宁安叫老水手，美、英两国的陆海空军官们都拥戴坎宁安。

"火炬"计划的出台

关于"火炬"计划的时间，罗斯福说"时间是重要的因素"。

"火炬"战役计划并非容易形成的，其间经过了很多次激烈的辩论和更改。英、美两国的海军长期强调海军的护航舰艇缺乏。

8月11日，艾森豪威尔在伦敦召集美国远征军的军官们主持一次会议，出席会议的多数是美国的海军将领，其中有美国的斯塔克海军上将，海军上校弗兰克·托马斯，还有陆军的巴顿少将。

托马斯上校把"火炬"计划描绘得十分不利，还说可能会遇到一二艘德国航空母舰的威胁，事实上，德国根本就没有航空母舰。

托马斯越说越不利，引起了巴顿的强烈不满。由于艾森豪威尔的制止，巴顿与托马斯之间才避免了激烈的争论。艾森豪威尔说，"火炬"战役是罗斯福总统和丘吉尔首相下的命令。不管有多大困难，必须实施"火炬"计划。哪怕是他一个人划着小船去，也要进攻北非。

盟军指挥部在制订"火炬"计划时，首先需要确定登陆的地点。突尼斯的两大港口城市——比塞大和突尼斯是指挥部优先考虑的目标。占领了比塞大和突尼斯的机场，盟军就可以轰炸西西里岛，为地中海的盟国护航运输队提供空中支援，并炸沉意大利的护航运输队。由于突尼斯离德、意位于在西西里岛上的机场很近，而且远远超出了盟国陆基战斗机支援的航程，在突尼斯登陆等于自投罗网，因此没有被选中。英国参谋们想在阿尔及利亚的波尼登陆，因为他们认为隆美尔会发起大规模阻击战。英军参谋们想在波尼登陆后，早日向突尼斯推进，支援向突尼斯进攻的英国第八集团军。但美军参谋们担心特混舰队由直布罗陀海峡通过，西班牙会进行干涉，把美英特混舰队封闭在地中海。

卡萨布兰卡是通过阿特拉斯山脉的一条向东穿过奥兰、阿尔及尔至突尼斯的漫长的铁路的终点。如果没有这条铁路，英美进入北非的陆军有被切断的危险，甚至想突围都要冒很大的风险。因此，美国陆军想把大西洋沿岸的摩洛哥作为登陆地点。但美国海军不同意从卡萨布兰卡登陆，因为卡萨布兰卡海岸波涛滚滚，不适合登陆艇登陆。

奥兰附近的机场对于日后作战是重要的，阿尔及尔是北非的政治、

经济和军事中心，这两个地方势在必夺。英、美双方都同意在这两个地方登陆。

由于护航舰艇和登陆艇不足，盟军只能在三个地点登陆。这时产生了两种方案：一个方案是，美国提出在卡萨布兰卡、奥兰和阿尔及尔登陆；另一个方案是，英国提出在奥兰、阿尔及尔和波尼登陆。

盟军指挥部研究了很长时间，由于突尼斯的诱惑力非常大，使艾森豪威尔决心放弃卡萨布兰卡，在奥兰、阿尔及尔和波尼登陆，向德、意部队在北非的战略要地突尼斯进军。

8月25日，美国参谋长联席会议送达艾森豪威尔一份备忘录：登陆重点位于卡萨布兰卡，登陆部队通过直布罗陀海峡的风险太大；必须抢占卡萨布兰卡控制那条铁路线；不能在波尼登陆，美、英空军无法对德、意空军作战半径内的波尼提供强有力的空中掩护。

艾森豪威尔被迫服从命令，事后证明这一决定是大错特错的，盟军只能沿陆地逐步推进，德军抢先一步占领了突尼斯。虽然盟军最终战胜了北非的德、意军队，但付出了巨大的代价。

美、英两国达成折中方案，确定北非登陆的目标是3个位于德国空军作战半径以外的港口：地中海沿岸的阿尔及尔和奥兰（法属阿尔及利亚），大西洋沿岸的卡萨布兰卡（法属摩洛哥）。

美国参谋长联席会议还反对把阿尔及尔作为主要登陆点。9月1日，丘吉尔致电罗斯福："我们认为重要的是，阿尔及尔是最好的，也是最有希望的登陆地点，阿尔及尔对整个北非是最有决定性的。如果德军在突尼斯先发制人，那么，在整个地中海地区力量的对比将是可悲的。"

9月4日，丘吉尔曾准备向美国政府严厉指出，既然设置盟军最高统帅一职，但美国又不给艾森豪威尔确定具体计划的权力，那么艾森豪威尔又能起到什么作用呢？还未等电报发出，罗斯福便致电丘吉尔：同意从卡萨布兰卡和奥兰登陆的部队中各抽调 5000 人，以加强阿尔及尔的登陆兵力。

关于"火炬"计划的时间，罗斯福说"时间是重要的因素"，曾经提前到 10 月 15 日。9 月 22 日，由丘吉尔主持的、艾森豪威尔参加的参谋长会议上，经过一番激烈的辩论，作出了最后的决定："火炬"计划的日期定为 11 月 8 日。

向奥兰和阿尔及尔出发的两大特混舰队，慢的一支 10 月 22 日出发，快的一支 10 月 26 日出发。为的是使两大护航舰队能在 11 月 5 日晚同时驶过直布罗陀海峡。部分英国地中海舰队马上前来接应，面对庞大的英海军舰队，意大利海军不敢拦截。

"火炬"计划的具体作战计划是：盟军攻占 3 个港口城市后，英军必须先于德军抢占突尼斯的港口城市；美军应从卡萨布兰卡向西班牙属摩洛哥边界挺进，防止一旦西班牙加入轴心国，西班牙海军会威胁到通过直布罗陀海峡的盟国远征军补给运输线。

在决定进攻的时间方面，考虑到初秋的天气会不断地恶化，还要在 3 个地点同时登陆，美英两军的参谋们都认为应该尽快抓住时机发动进攻。

为了实施"火炬"计划，盟军出动了 13 个师，300 艘舰艇和 370 艘运输舰，1700 架飞机，编成东部、中部和西部 3 大特混舰队。东部特混舰队，由英国海军载运英军 2.3 万人、美军 1 万人，从英国出发，在阿尔及尔登陆；中部特混舰队，从英国出发，由英国海军载运 3.9 万名美军在奥兰登陆；西部特混舰队，从美国出发，由美国海军载运 3.5 万名美军，在卡萨布兰卡登陆。

占领以上港口后，后续运输船队不断地运送增援部队和物资，直

到完全占领北非为止。盟军总司令艾森豪威尔将军担任总指挥，英国坎宁安海军上将担任盟军海军总司令。登陆战役的空中掩护任务由英国航空兵部队负责。

登陆后，从阿尔及尔登陆的英国第一集团军抢占突尼斯，盟军必须抢在德国派兵增援以前，占领法属北非。

巴顿做好了出征准备

“火炬”计划能否成功在很大程度上取决于驻守北非的法军是否抵抗。

在大西洋彼岸的美国，巴顿做好了出征前的最后准备。10 月 20 日，巴顿写下遗嘱，叮嘱妻子只有在“确认我真的死了”以后才能拆开。巴顿到白宫向罗斯福总统辞行，并保证说：“阁下，我只说，我决心不成功便成仁。”

10 月 21 日晨，巴顿赴沃尔特·里德医院向潘兴老将军辞行。潘兴因没有人再来征求他的意见而感到难过。潘兴说起 1916 年巴顿打死墨西哥人的事。

巴顿说，那柄手枪还挎在身上。潘兴说：“希望你用它打死德国人。”

巴顿戴好军帽向潘兴告别，潘兴立即起身还礼。

10 月 22 日、26 日，东部、中部特混舰队相继从英国出发。10 月 24 日凌晨 2 时 30 分，巴顿乘坐“奥古斯塔”号从弗吉尼亚的诺福克港出发。西部特遣舰队共 3.4 万人，由美军组成，将横跨大西洋，航程达 5500 公里，向卡萨布兰卡进发。

摩洛哥的大部、阿尔及利亚和突尼斯是法国在北非的殖民地。1940 年法国战败以后，德国出于政治上的考虑，让法国保留了对法国南部和法属北非殖民地的统治。

"火炬"计划的策划者们知道，最大的障碍将来自法军而不是德军。法军尽管在本土已经战败，但他们仍然控制着法属北非。

法属北非的不同殖民地国家的法军军官们对盟军的态度大不相同，一些军官热情地拥护盟军；一些军官支持美国但仇恨英国；剩下的军官完全被德国镇住了，他们把任何针对德国的进攻都看成是徒劳无益的。

法国及其在法属北非的军政首脑与美国国务卿赫尔有联系。他们中有些人痛恨德国人。魏刚、吉罗、朱安等法国将军是亲美派，魏刚曾对美国人说："如果你只带一个师来，我将向你开枪，如果你带 20 个师来，我就会拥抱你！"

但是法属北非的军官们都发誓要向法国维希政府尽忠职守。法国维希政府是在法国沦陷后建立的，它统治的是法国南部。希特勒之所以允许法军继续占领北非，就是因为法国维希政府承诺：如果盟军入侵北非，法军会保护自己的领土。

法国维希政府与英国绝交了，试探法国人的态度的任务落在美国驻北非总领事罗伯特·D·墨菲的身上。他先是出任美国驻法国大使，后来成为美国驻维希法国的大使。墨菲在法国结识了很多朋友。

墨菲在盟军进攻北非前两个月偷偷地来到伦敦。他来的目的是向艾森豪威尔作一个简单的情况汇报。艾森豪威尔还不太被美国人民所熟悉，许多美国报纸竟把他的名字拼错。

艾森豪威尔和部下们对北非的原始乡野、丛林产生了深刻的印象，

墨菲说，法属北非更像是加利福尼亚。随后，墨菲把阿尔及尔市和卡萨布兰卡的情况详细地介绍给艾森豪威尔。

墨菲提出，如果法军认为"火炬"计划是美国单方面的登陆行动，他们很可能不会抵抗，因为法、美之间有深厚的传统友谊。如果他们认为"火炬"计划完全是英国的事情，法国就会死战到底。

法国人认为英国人背信弃义，倒行逆施，极其憎恨英国人。法国战败后，英国海军竟然攻击了在法属北非的法国舰队，使法国损失 5 艘战舰。最重要的是，英国还保护由"叛徒"戴高乐组建的"自由法国"流亡政府。

"火炬"计划能否成功在很大程度上取决于驻守北非的法军是否抵抗。法国维希政府驻在北非的军队装备了 500 架飞机和 14 个师、20 万

为准备"火炬"计划美军航母甲板上停满了舰载机

人。法军足够给登陆的盟军以致命的打击。在北非各港口还有法国舰队，只要北非法军决心抵抗，他们完全能够阻止盟军登陆。

罗斯福发动了政治攻势，希望美军的登陆会引起北非法军和当地人的反纳粹起义。

罗斯福不顾反对，拒绝与法国断绝外交关系。美驻法国大使莱希海军上将的主要任务，是使法国摆脱德国控制法属北非。

盟军副总司令克拉克少将秘密前往法属阿尔及尔，与美国领事馆总领事墨菲和亲美的法军军官们进行了秘密会谈。克拉克要求这些法军军官们在战斗开始时尽量保证盟军登陆计划的实施。这些法军军官的行动为盟军的登陆，尤其是在阿尔及尔的成功登陆做出了贡献。但英国海军曾经使法国海军受到重创，极大地激怒了法国海军，因此争取北非法国海军的工作失败了。

达尔朗海军上将是法国的副元首和驻北非的法军总指挥，他的儿子突然得了小儿麻痹症，正在阿尔及尔住院。达尔朗于11月5日飞回北非。达尔朗对英国海军十分仇恨，只好依附德国。

驻北非的美国总领事罗伯特·墨菲和亲英美的法国北非军事长官朱安将军感到为难，只要达尔朗不离开阿尔及尔，朱安就没有权力让驻北非的法军投降。

丘吉尔为了争取达尔朗，对艾森豪威尔说："如果我能遇到达尔朗的话，虽然我很恨他，但如果他能让法国土伦舰队投降盟军，叫我爬一英里也心甘情愿。"于是，艾森豪威尔派人去争取达尔朗。

另外，在卡萨布兰卡和奥兰都有法国军官配合盟军的登陆作战。北非法军已经四分五裂了。

对英美盟军的登陆准备，在登陆以前的几个月中，意海军派驻阿尔及尔的秘密组织多次报告说盟军正准备在北非登陆。1942年9月末，

意海军总部向墨索里尼称，盟军登陆点很可能是阿尔及尔，并将很快实施。

在英国伦敦，艾森豪威尔一行乘坐 5 架空中堡垒飞机飞往直布罗陀。与此同时，罗斯福总统亲自出马，制造艾森豪威尔正在华盛顿访问的大骗局。

11 月 5 日晚，盟军 2 支舰队同时通过直布罗陀海峡，进入地中海。

11 月 6 日夜，意海军总部得知盟军的舰队正通过直布罗陀海峡驶入地中海。德国南线空军司令凯塞林得知后，立即打电话给德国空军总司令戈林。

戈林说："这支舰队在 40 个小时内将驶入德意空军的打击范围内，一定要做好战斗准备。"

凯塞林询问："假设盟军舰队想在非洲登陆呢？"

戈林说："我看它们不是在科西嘉岛、撒丁岛登陆，就是在德尔纳或的黎波里登陆，不可能在法属北非登陆。"

戈林说："如果盟军不开向撒丁岛，就会通过西西里海峡，意海军没有在西西里的海面布设水雷，要通知意海军。"

1942 年 11 月，虽然参加斯大林格勒战役的德军陷入严寒之中，希特勒仍然离开了苏联，去参加一年一度的"啤酒馆暴动"纪念活动。随他前去的有陆军元帅凯特尔和约德尔将军。希特勒通过通信设备与在苏联的德军保持着联系。

11 月 7 日晨，盟军的庞大舰队驶入各登陆点附近海域。这时，希特勒正乘坐防弹列车，从东普鲁士出发前往巴伐利亚州的慕尼黑，去纪念"啤酒馆暴动"事件。1923 年 11 月 16 日，希特勒发动了一场失败的暴动，暴动在一个啤酒馆里进行，被镇压了。从此，希特勒每年都回到慕尼黑和老纳粹党徒们纪念它。

11月7日下午7时，希特勒走进了位于专列上的会议室，参加形势汇报会，听取约德尔将军的报告。11月7日晨，约德尔收到的新情报说："盟国有5个师正在地中海的船上。"

"元首，他们很可能在昔兰尼加登陆，以加强蒙哥马利的第八集团军，并加速隆美尔部队的覆灭。这次行动很可能还会收复克里特岛，为盟国在东地中海建立强大的基地。或者登陆的黎波里塔尼亚，或者在西西里岛登陆。但进攻北非的法属领地是绝对不可能的。"

由于敌情不明，希特勒只好下令加强地中海的防御力量，通知伦德施泰特做好攻占法国南部的"阿提拉"计划的准备工作。这样，德、意两国的潜艇、海上舰队和飞机都集中在西西里海峡附近待命。

7日晚，盟军舰队到达预定海域后，趁夜向南改航，驶向北非。

抢滩阿尔及尔

在阿尔及尔，拥护盟军的法国军官没有接到盟军的登陆通知，但仍完成了接应盟军登陆的任务。

东路特混舰队负责攻打阿尔及尔，由英国海军少将哈罗德·巴勒斯率领，登陆部队由美国陆军少将查尔斯·赖德少将指挥。登陆部队由美英部队混编而成，使仇恨英军的法军误以为登陆的都是美军。

1942年11月8日拂晓，一队登陆部队在阿尔及尔以东约30公里的马提福角附近登陆；另一队在距离阿尔及尔20公里的西迪费鲁希角登陆；第三队主要是英军官兵，在向西65公里的卡斯蒂利奥内登陆。

凌晨1时，英军在卡斯蒂利奥内附近海滩登陆，上午9时，登陆

部队进驻利达机场。

在阿尔及尔东面登陆的部队十分混乱，但许多法军部队只作象征性抵抗，登陆部队于凌晨6时占领了白屋机场。在进攻阿尔及尔时，东面登陆的部队遭到法军小股部队的顽强抵抗。

马提福角的法国海军岸防炮兵炮轰盟军登陆部队，再加上载运美军的运输船被海浪冲离海岸几公里，造成了混乱。天亮后，美军开始登陆。盟军登陆后立即向阿尔及尔的内陆推进。午后，在盟军舰炮和飞机的联合攻击下，炮台守军才投降。

攻占阿尔及尔港的战斗进行得更不顺利。英国驱逐舰"布罗克"号和"马尔科姆"号载着美军，担任攻占港口的任务。

在漆黑的夜晚，2艘英国驱逐舰找不到通向港口的航道。后来，2艘英国驱逐舰刚刚驶入航道，就遭到了海岸上大炮的猛轰。"马尔科姆"号受到重创；"布罗克"号冲过炮火，把部队送上岸。在火炮的不断袭击下，"布罗克"号受到重创逃离，法军包围了登陆部队。午后，美军被迫投降。

西迪费鲁希角附近登陆时也不顺利，一些登陆艇迷路了，登陆部队在西面的海滩上登陆。还有很多登陆艇被海浪打坏或者出现故障。盟军分散在近30公里长的海岸上，无法集中兵力。由于拥护盟军的法国军官前来接应，盟军才没有遭受太大的损失。

虽然法军的防御工事坚固，但在大多数前线法军的抵抗只是象征性的。美国一支部队攀越着一座悬崖，等他们爬上悬崖后才发现，法军等他们很长时间了。在美军的同意下，法军朝天开了一炮，以示进行了"抵抗"，然后，法军走出工事，向美军投降了。

由于英国人不相信法国人和美国人能够保守秘密，结果产生了更严重的问题，直到登陆前4天，墨菲仍被禁止把计划细节通知法国地

英美士兵登陆阿尔及尔

下组织。原计划盟国向法国地下组织运送 20 多吨轻武器，到时将由英国潜艇把轻武器送上岸。可是，英国潜艇始终没有出现。法国地下组织只好拿起原始武器，他们根本不是装备精良的法军的对手。

在阿尔及尔，拥护盟军的法国军官没有接到盟军的登陆通知，但仍完成了接应盟军登陆的任务。他们在沿海一带接应美军，夺取重要据点，切断电话，监禁痛恨英军的法国高级官员，占领广播电台。

当盟军登陆时，他们使阿尔及尔的指挥系统瘫痪了，把阿尔及尔的局势控制到上午 7 时。由于盟军推进的速度太慢，他们失去了对阿尔及尔的控制。他们有的被逮捕，甚至被秘密处死。

这时，驻阿尔及尔法军司令朱安将军与驻北非法军总司令达尔朗之间的斗争进入白热化。11 月 7 日午夜稍过，驻北非的美国总领事墨菲访问朱安，并告诉朱安盟军即将登陆。朱安担心的是达尔朗海军上

将正在阿尔及尔，自己无权控制阿尔及尔。

凌晨 2 时，朱安打电话请达尔朗来自己的别墅商谈要事。

当达尔朗得知美军将在阿尔及尔登陆时，生气地对墨菲说："我以为美国人比英国人聪明一些。但现在我认为你们所犯的错误不亚于英国人。"达尔朗拒绝向盟军投降。

成群的反维希政府的法国青年持枪监禁了达尔朗，想使达尔朗下令投降。拂晓前，50 名警察赶跑了法国青年，逮捕朱安和墨菲等人。

11 月 8 日天亮后，达尔朗和朱安来到位于帝王堡内的阿尔及尔法军总部，墨菲被监禁在朱安的别墅里。上午 7 时 40 分，达尔朗致电法国贝当元帅，请求指示。

上午 11 时 30 分，达尔朗又向贝当致电说："阿尔及尔将于今晚失守。"下午 5 时，达尔朗致电贝当："盟军已经进入市区，我已命令朱安将军就阿尔及尔投降一事举行谈判。"下午 7 时，阿尔及尔投降。

浴血卡萨布兰卡

> 6 时 25 分，美舰载机群呼啸着飞向卡萨布兰卡，美国舰队抬高了舰炮。

1942 年 11 月 8 日凌晨 4 时，巴顿指挥的西部特混部队即将在摩洛哥长达 45 公里的海岸上登陆。美军选择了 3 个登陆地点——南边的萨菲、北边的利奥特港和中间的费达拉。费达拉位于卡萨布兰卡以北 30 公里处，适宜登陆，靠近卡萨布兰卡城及其港口。

美国只能向巴顿提供 4 个没有参加过战斗的师，而且为了补足编制，其中一个师竟有 400 名士兵没有接受过任何军事训练。

尽管巴顿一直渴望参战，但没想到会指挥一支这样的部队进行大规模的两栖登陆，但他已经别无选择，从美国出征前他就写好了遗嘱。

早在 11 月 7 日，当西部特混舰队准备登陆时，巴顿给在各运输舰上的登陆官兵们发来一封信："士兵们，我们应该庆幸，因为我们被选为美国陆军中最适合参加这次行动的部队。现在还不知道，驻摩洛哥的法国军队是否会抵抗我们，但是，一切抵抗都必须粉碎……在战斗到来时，记住你们所受的训练，要记住进攻时的速度和锐气是胜利的保障。你们要记住，逃跑是怯懦的，更是致命的。"

7 日晚上 10 时 30 分，巴顿上床休息。8 日凌晨 1 时 30 分，巴顿舰上的收音机准时播音，罗斯福总统为促使北非的法国部队投降，正对北非的"朋友们"讲话："我的朋友们……"

盟军在阿尔及尔和奥兰登陆的时间是 8 日凌晨 1 时 30 分，但在卡萨布兰卡却是凌晨 4 时。罗斯福的讲话录音对卡萨布兰卡的美军登陆部队不利。

1 时 45 分，巴顿来到旗舰"奥古斯塔"号甲板上，罗斯福总统的讲话录音不断地传入耳中，他气得不停地在甲板上走来走去。

从 11 月 4 日以来大西洋上狂风大作，舰队中的有些舰只几乎翻船。11 月 6 日，风暴更大了。根据 11 月 8 日的天气预报，狂风将掀起 4.6 米的海浪，使登陆艇无法靠岸。

艾森豪威尔对摩洛哥海岸的天气非常担心，提出了几种"应急方案"，要求巴顿的部队等天气好转后再登陆。巴顿却决定，不论 11 月 8 日天气怎样，他都会登陆。西部特混舰队司令休伊特海军少将向巴顿表示：海军会尽全力支持。

巴顿的外交顾问卡伯特曾在摩洛哥久住，熟悉摩洛哥海岸的天气，

他对巴顿说："我相信海浪不会对登陆构成太大的影响。"舰队的气象专家斯蒂尔海军少校对巴顿说："风暴来去匆匆，8 日那天，摩洛哥海岸的天气一定会好转，不要听天气预报。"

大海平静了，负责在费达拉登陆的 12 艘运输舰和近 2 万名美军，已经到达指定地点了。1 时 45 分，由韦弗少校率领的 4 艘侦察艇，带着红外线信号灯和小型无线电装置，前往费达拉港内的指定地点去标明部队登陆的海滩。

一片漆黑，巴顿什么都看不见。只有断断续续传来的喊叫声证明部队正在进行登陆前的准备工作。巴顿最担心的是：卡萨布兰卡拥护盟国的一些法国部队能否配合美国的登陆作战。

摩洛哥方面，11 月 7 日，首都拉巴特仍然沉浸在往日的和平景象里。

法国战败后，希特勒只向摩洛哥派出由 200 人组成的停战委员会，由总督埃里希·冯·乌利希老将军领导，乌利希十分懒散。摩洛哥的最高层是乌利希，中间层是法国驻节长官奥古斯特·诺盖上将，最下层是摩洛哥国王穆罕默德五世。

驻守卡萨布兰卡的法国师师长贝阿图尔将军十分痛恨德国人，时刻准备在摩洛哥迎接美军，保证西部特混部队的登陆作战。下午 7 时，贝阿图尔将军得到通知："明晨 4 时美军登陆。"

贝阿图尔派兵前往拉巴特，包围诺盖的长官府，切断了军用电话线。同时，贝阿图尔还把法国驻摩洛哥的陆军司令官乔治·拉斯克罗斯将军逮捕了。8 日零时 2 分，贝阿图尔将军宣布自己继任驻摩洛哥陆军司令官。

凌晨 1 时，贝阿图尔派人带一封便函到诺盖将军的官邸。便函上写道："美军将大规模登陆，请您和我们一起解放摩洛哥。"

诺盖没有明确表态，他决心等局势澄清以后再说。诺盖回到寝室，

巴顿乘坐的"奥古斯塔"号重型巡洋舰

用没有切断的私人电话线给在摩洛哥指挥法国海军的米什利埃海军上将打电话，询问近海的情况。米什利埃回答说："长官，在摩洛哥近海没有发现美军。"

凌晨4时，米什利埃向诺盖报告："将军，已经听见引擎声，距海岸约10公里。"诺盖努力分析这一报告意味着什么，到底是美军的大规模登陆，还是小股美军登陆？如果是大规模登陆，法军应该配合登陆作战，解放摩洛哥。如果是小股美军登陆，自己会遭到法国政府的谴责和德国的惩罚，可能会被杀害。

4时28分，米什利埃向诺盖报告："布隆丹桥的法军遭到了一阵机关枪的射击。"诺盖断定这是小股美军的渗透。

诺盖立即下令："各就各位！不论发生任何情况，都抵抗到底。"同时，下令逮捕了贝阿图尔。

巴顿在"奥古斯塔"号上担心的问题发生了。鲜血将染红大海，浸透海滩。

凌晨6时，天色微明。美军在费达拉、萨菲和麦赫迪亚的登陆战早已开始了，在萨菲，哈蒙少将指挥的登陆战十分顺利，正在建立滩头阵地。

在麦赫迪亚，特拉斯科特少将遇到了法军摩洛哥土著步兵第一团和第七团的抵抗，还有法军岸防部队的75毫米口径大炮的轰击。尽管美军装备精良，但是登陆艇的水手们缺乏航海经验，造成了极度慌乱，第九师的伤亡不断增加。

巴顿所在的费达拉地区是主要登陆点，由第三步兵师、第二装甲师的第六十七装甲团第一营和特种部队组成。乔纳森·安德逊少将在巴顿的督战下指挥这支登陆部队。

凌晨3时55分，第一批登陆的4艘舰船出发。5时15分左右，登陆部队到达海滩。6时，在最不利于登陆的瓦迪内夫夫克小三角湾上站满了美军士兵。同时，第三十团冒着炮火登上了海滩。

凌晨6时10分，特混舰队的舰炮向岸上的法军炮兵和机枪阵地猛轰。

根据计划，登陆舰将把巴顿送上岸。巴顿的军服整齐，头戴饰有两颗星的钢盔，脚蹬马靴。巴顿对勤务兵大喊："我的手枪呢？"勤务兵迅速取来一支象牙柄镀银的自动手枪和一支左轮手枪。就在巴顿把手枪插入枪套时，"奥古斯塔"号旗舰上的主炮第一次齐射竟震落了巴顿登陆艇的底部，巴顿气得大骂。

当美军忙着登陆时，11月8日上午7时，法军的岸防炮台和法国战列舰"让·巴尔"号攻击了护航舰队。美军的护航舰队由"马萨诸塞"号战列舰、2艘重巡洋舰和4艘驱逐舰组成。护航舰队凭借强大的火力压制了法军的岸防炮台和"让·巴尔"号。

法国的 1 艘巡洋舰、7 艘驱逐舰和 8 艘潜艇趁机向费达拉方向扑去，攻击美国运输舰。美军军舰前去堵截，把它们赶跑。随后，护航舰队把法舰包围。法国军舰边战边退，到战斗结束时，7 艘法国军舰和 3 艘法国潜艇沉没，"让·巴尔"号烧毁，停在海滩上。

8 日中午，三个登陆地点的部队都建立了滩头阵地。在费达拉，安德逊少将控制了河流和高地，还抓住了 8 名德国人，但停战委员会的头子乌利希将军逃到了北部摩洛哥（西班牙殖民地）。

巴顿乘坐一艘救生艇，在微波中缓慢地向海滩前进，到达浅滩。巴顿跳下来，20 米外一艘登陆艇停在那里。巴顿大步跑过去，提高嗓门大喊："快！都过来。"

巴顿用肩膀顶住登陆艇："等着下一个海浪打回去，抬起来一齐推。推！妈的，推！"在巴顿的率领下，登陆艇终于向军舰开去了。

巴顿转身对士兵们说："难道你们不知道它还要不断地运送弹药吗？没有弹药你们怎么打仗？"

巴顿来到游乐场海堤下的一所小房子中，20 分钟后，安德逊将军和一位法军上校跑了过来。安德逊要求派人劝法国海军上将米什利埃投降。

美军在扩展滩头阵地时遇到了麻烦，大量的装备和给养都堆在海滩上，向前运送的速度很慢，严重地影响了作战。

巴顿将军指挥美军在海滩上干了 18 个小时，累得浑身湿透，但大大地加快了卸载速度。在麦赫迪亚滩头，特拉斯科特将军的第九师被法军堵在滩头阵地上。

西部特遣部队的通信联络陷入瘫痪，巴顿的通信中心位于"奥古斯塔"号旗舰上。通讯设备分散在三处，"一号电台"房间里十分拥

挤，25 个报务员操纵 11 台无线电收报机、3 台密码机和其他设备。

巴顿看到美军被天空中扫射的法军飞机吓得屁滚尿流，感到耻辱。美军官兵是第一次作战，他们不执行装卸的任务，纷纷在沙地里挖掘防空坑。巴顿来往于美军之间，不停地咒骂。巴顿把那些躲在防空坑里的胆小鬼一个个地揪出来，对那些拒不出来者，他就拼命用马靴踢他们。

最令巴顿无法容忍的是美军缺乏通讯联络设备，要与正向内陆推进的部队保持联系，通讯设备是重要的。直至 11 月 10 日，一台庞大的 SC-Z99 型无线电差转机才运到了岸上。密码破译机丢弃在沙滩上，很多通讯设备零部件埋在成堆的物资中。

这样，特拉斯科特与巴顿失去了联络。11 月 9 日，特拉斯科特向巴顿求援，但巴顿手中的 4 个师都已经投入战斗了。

劝降的人报告说，米什利埃不肯投降。巴顿骂道："狗杂种，我要好好地教训他，叫他知道舰炮的厉害。"

按照事先艾森豪威尔的指示，轰击摩洛哥必须征得艾森豪威尔的批准。巴顿想来个先斩后奏，把责任全推到通信联络上。

艾森豪威尔在直布罗陀的地下室里，不断地追问："有消息吗？"

"没有信号。"报务员说。

大西洋在一个月之中只给了巴顿一天宁静的海面，那就是 11 月 8 日。这样，从美国本土通过大西洋增援巴顿就十分困难了。艾森豪威尔派几架轻型轰炸机到巴顿那里去联络，但被法国战斗机击落了。

11 月 11 日凌晨 3 时 30 分，巴顿接见一位前来谈判的法国军官。巴顿告诉法国军官："你对米什利埃将军说，他再不投降的话，我会把卡萨布兰卡夷为平地。"

法国军官走后两个小时，仍没有消息。巴顿下达了进攻命令。6 时

25 分，美舰载机群呼啸着飞向卡萨布兰卡，美国舰队抬高了舰炮。

　　正在这时，法国驻摩洛哥驻军长官诺盖听说达尔朗已经下令停火，宣布投降。

　　6 时 48 分，法军投降了。美军占领卡萨布兰卡。

　　在美、英两国，"达尔朗交易"激起了抗议、指责的浪潮。人们尖锐地批评盟军竟然让达尔朗继续担任要职。在白宫的一次记者招待会上，罗斯福总统对记者们说："我的孩子们，在极其危险的时候，上帝允许你们与魔鬼结伙而行，直到你们走过了那座桥。"

　　盟军缺乏谙熟法语或者阿拉伯语的军官，没有足够的部队来管理法属北非；他们又开始准备下一阶段的战役——进攻突尼斯。他们需

停靠在卡萨布兰卡的美军战列舰

要达尔朗的帮助，需要达尔朗领导的 20 万法军的援助。

卡萨布兰卡的登陆战并不是大规模的战役，巴顿由于联络不畅无法进行有效的指挥。各登陆点的胜利多半是由前线指挥官们赢得的。法军的抵抗使巴顿的美军部队获得了现代战争的经验。

盟军占领整个阿尔及利亚和摩洛哥后，立即向突尼斯进发。到 12 月 1 日，在北非登陆的盟军已达到 25 万多人，其中英军 10 万多人、美军 14 万多人。

扭转地中海的战局

占领利比亚的昔兰尼加后，通向马耳他岛的海上交通畅通了。

1942 年 11 月，德国在北非地中海战区和苏德战区遭受 3 次大失败。11 月 2 日隆美尔从阿拉曼败逃利比亚，11 月 8 日英美部队的"火炬"计划成功，11 月 21 日德军在斯大林格勒城下被包围。

德国不是在斯大林格勒会战惨败才失掉战略主动权的，而是在 11 月在西线和东线盟国力量的共同的打击下才失去了战略上的主动权。1942 年 11 月 2 日至 21 日，德军的 3 次大失败，每次都使德国最高统帅部受到很大的刺激。

希特勒勃然大怒，11 月 8 日打电话给瓦利蒙特，任命他为德国国防军代表，想与法国最高统帅部共同抵抗盟军登陆。晚上，希特勒改变了主意，认为法国人是靠不住的，一定要迫使法国人抵抗盟军，否则就占领法国的南部。

　　11月8日和9日，希特勒向法国要求提供军事援助，法国方面避而不答，这种态度引起了希特勒的怀疑。10日，法国总理赖伐尔奉命匆忙来到东普鲁士。下午，希特勒要求突尼斯的各港口和空军基地交给德意部队利用。赖伐尔说法国无法答应意大利军队开入，这件事只有贝当元帅才能作决定。希特勒知道法国故意推拖，在会谈结束后不久，命令德军和意军于午夜攻占法国南部地区，并占领突尼斯的海空军基地。

　　德军机械化部队攻占了法国南部，6个意大利师从东面进攻。希特勒长期以来对地中海北非战区漠不关心，这使隆美尔感到极其恼火，几乎在一夜之间就完全改变了。希特勒忽然想到一旦盟军占领了突尼斯和比塞大，隆美尔的部队就很可能被全歼。这两座城市坐落在直布罗陀以东最狭窄处，假如盟军从南翼进攻欧洲的话，突尼斯和比塞大是最好的基地。

　　9日下午，德机飞抵突尼斯附近的机场，同时德军空降兵抢占了机场，被法军包围了。11日起，德军空降兵增加，附近的法军投降了。大炮、坦克、运输车辆和军需物资从海上运往比塞大港。

　　11月底，德军在突尼斯已有1.5万人，拥有100辆坦克。从的黎波里经过陆路赶来意大利军队近1万人。德意军由尼林将军指挥，不断推进。1942年12月9日，希特勒派阿尼姆大将出任改称第5装甲集团军的非洲德意部队总司令，把突尼斯和比塞大用近200公里长的一连串据点连在一起。希特勒攻占突尼斯，给盟军在北非的继续推进设置了巨大的障碍，成了难啃的"核桃"。

　　当德军赶到土伦港附近时，德军和法军达成了一项协议。根据协议，在土伦港附近设立自由区，由法军进驻。11月18日，德军要求法军从自由区撤退。11月下旬，土伦舰队的法国海军把军舰自沉，共

达尔朗

有 73 艘军舰沉没。

一旦这些军舰落入德国之手，肯定会给盟军日后的海上作战带来巨大的威胁。盟国对法国海军的沉没十分惋惜，法国海军本来可以把舰队开出来加入盟国海军，向法西斯宣战；缴获土伦舰队是"火炬"计划的目标之一，却失败了。

德军入侵法国南部，使北非的法国官兵十分愤怒。在法国贝当元帅的默许下，达尔朗与盟国的合作步伐加快了。11 月 13 日，双方达成了停战协议。

艾森豪威尔终于明白，只有达尔朗才能领导法军归附盟军。艾森豪威尔从直布罗陀飞抵阿尔及尔，立刻批准了这项停战协议。根据协议，达尔朗担任法属北非高级专员兼任海军总司令；吉罗出任地面和空军部队总司令；朱安出任东区司令；诺盖出任西区司令兼任摩洛哥总督。艾森豪威尔的决定得到了罗斯福总统和丘吉尔首相的称赞。

在"火炬"战役中，西班牙始终保持中立。西班牙与北非只隔一条狭窄的直布罗陀海峡，而且在北非占有西属摩洛哥，假如西班牙出兵或者允许德军借道西班牙进入北非，那会对盟军造成巨大的灾难。

如果当时制订作战计划时登陆的地点选择了波尼，或者盟军的推进速度更快些，那么盟军就可以抢占突尼斯，希特勒就没有时间在突尼斯建立防御阵地了。

11月11日，希特勒命令"抢在英军从阿尔及尔进入突尼斯以前进入突尼斯"。

这次，共有3个德国师和2个意大利师参加此次作战任务。为5个师的部队提供后勤补给的重担落在不堪重负的意大利海军身上。意海军被迫与英海军决一死战。

在此以前，意大利海军总部曾向其最高统帅部说明，由于盟军海军力量的迅速强大，除了对利比亚进行补给外，意大利海军无法承担任何大规模的海上援助行动了。

由于盟军登陆北非获得了成功，意海军请求放弃对的黎波里的船运补给，支援突尼斯守军。

因为，突尼斯已经对轴心国变得至关重要了：突尼斯是地中海的门户，是在非洲发动反攻的基地。但希特勒却不准利比亚的隆美尔军队向后撤退。结果，意海军被迫承担无力肩负的任务——同时向的黎波里和突尼斯提供补给。

11月12日下午，第一支意大利船队安全驶入突尼斯比塞大港。这支船队由2艘运输舰和5艘驱逐舰组成，运载1000名意军和1800吨的军火。

为了保障军事补给线，意大利海军被迫在突尼斯成立了指挥部，从此开始了地中海海上补给战的最后阶段。在这个阶段，德意海军丧失了地中海的制海权。

在盟军主力没有进入突尼斯以前，英军继续向利比亚提供补给。

11月13日，一支由英国巡洋舰和驱逐舰组成的Q舰队进驻阿尔及利亚的波尼港。

波尼港是通往比塞大和西西里海峡的据点，控制着撒丁岛以南的

海域。波尼港与马耳他岛成为盟军用来对付西西里海峡的巨型钳子。在这种夹攻的态势下，德意对非洲的海上补给线几乎瘫痪。

这给负责向突尼斯德意联军运送补给的意大利海军以严重的威胁。虽然具有决定性作用的突尼斯战役没有打响，但是非洲的德意联军已经快因给养严重不足而丧失战斗力了。

11月，意海军为空运到突尼斯的5个师运送了3万吨补给，包括油料、坦克和火炮等，还运送部队1.3万多人。德意联军凭借这些援军和军火，粉碎了盟军夺取突尼斯和比塞大的军事进攻。

12月，盟军在地中海只损失了16艘运输船。这时，缺乏补给的北非德意联军变成了强弩之末。

英军占领利比亚的昔兰尼加后，通向马耳他岛的海上交通畅通了。

码头上停满为德意联军输送物资的运输船

英军再次增调大量兵力和给养，加强了马耳他的英军战斗力，不仅向马耳他增援了潜艇和飞机，还派驻了水面舰队。

1942 年 12 月，3 艘巡洋舰、4 艘驱逐舰和 12 艘潜艇开始在马耳他驻泊。除了巡洋舰和驱逐舰外，在马耳他岛还派驻了近海舰艇区舰队，由炮艇、鱼雷艇和小型舰艇组成，使马耳他的防御力和战斗力大大加强。

在德意海军的联合进攻下，同盟国凭借强大的经济实力和雄厚的资源，很快就恢复并壮大了实力。为了夺取地中海的制海权，同盟国向地中海地区增派海空军部队。1942 年，盟国从根本上扭转了地中海的战略形势，掌握了制海权。

海陆空合击突尼斯

　　无法得到补给的突尼斯德意联军情况十分危急。

盟军攻占阿尔及利亚机场后，1943 年 1 月，美军第 12 航空队也加入了地中海作战。第 12 航空队高速低空轰炸的作战技能，给意海军以重创。盟军在地中海已经控制了制空权，作战飞机既能击沉海上的德意舰船，又能对港口和港湾内的舰船进行轰炸。

1943 年 1 月，盟国空军对墨西拿港发动了 8 次大规模空袭，意第八巡洋舰分舰队在多次损失惨重的情况下，被迫逃到塔兰托港。

盟国空军的大规模空袭使意主力舰不断北撤，意海军基地距离地中海战场中心地带十分遥远。结果，意大利海军的主力舰只脱离了战争；意大利一向把海军视为在地中海战区的中流砥柱。

从此，意大利海军只能用小型军舰替运输船队护航了。

意海军驶往突尼斯的必经之路是西西里海峡。过去，意海军为了封锁马耳他岛，在西西里海峡的东面设了一条宽阔的水雷带。

盟军在法属北非登陆以后，意大利海军在西西里海峡的西端又设了一条新的水雷区。这条新的水雷区从比塞大港东北至斯凯尔基沙洲，长 80 海里。

新的水雷防线建立后，驶往突尼斯和比塞大的意船队几乎躲开了来自盟国海军的突袭，意海军司令部为此而窃喜。盟国海军司令坎宁安海军上将想到了一条计策：在意大利水雷防线里布设新雷区，堵死意运输船队的航道。

英国马耳他海军分舰队发现意两道水雷防线之间的航道宽仅 50 海里，于是在靠近比塞大和突尼斯城一侧设了水雷区。

不断有意船只触雷沉没的情报送来，意海军才明白上当了。意大利经过两年半的海战，扫雷舰已经不多了，无法适应大面积的扫雷作业。在英海军的雷区，英空军拥有绝对制空权。意海军试过消除水雷，但损失惨重，被迫放弃了。

由于英海军投设的水雷区越来越大，在埃加迪群岛与突尼斯各海港之间的地带，仅剩一条长达 40 海里的"胡同"，其宽度不足 1 海里。

意海军护送混编成的船队通过这条无航标的海上"胡同"，再加上盟军的大规模空袭，其艰难可想而知。

1943 年 1 月 30 日，邓尼茨升任德国海军总司令。邓尼茨上任时，突尼斯之战正打得火热。

邓尼茨认为，德意联军在突尼斯的战斗取决于意大利海军能否从海上提供足够的补给。

邓尼茨对意海军没有提供足够的补给非常不满。邓尼茨向希特勒报告说：德海军准备对执行补给任务的意海军在人员和物资上给予支援。

当时，希特勒正为突尼斯的补给问题而头疼，突尼斯每天都吵着要补给。希特勒立即同意了，还给墨索里尼写了一封信。

1943年3月17日，邓尼茨飞抵罗马。邓尼茨在意大利里卡尔迪海军上将的陪同下拜见了墨索里尼。

墨索里尼对德海军支援意海军的决定表示感谢，并完全赞同。邓尼茨与里卡尔迪等意海军高级军官进行了会谈。意海军怀疑德海军想控制意海军，军官们对邓尼茨的指手画脚十分反感。

邓尼茨遭到意海军军官们的冷遇后，极力使里卡尔迪及其部下们相信：德海军是为了共同的利益才主动提供援助的。

最后，双方达成了协议：由一个德国参谋部进驻意大利海军总司令部，德国参谋部由对指挥护航运输队很有经验的将军领导。为了掩护运输船队，由德国海军提供防空武器，意海军将6艘法国鱼雷艇送给德海军执行掩护任务。

3月18日，邓尼茨向希特勒报告说，对确保海上补给线的安全来说急需空军的支援，只靠海军无法抵御盟军的空袭。

斯大林格勒会战失败后，希特勒正集中兵力准备夺回苏德战场的主动权，已经没有空军可以支援意大利。当邓尼茨回到柏林时，希特勒向邓尼茨解释说："为了抵御敌人的空袭，可以由海军采取低空防御措施。"

邓尼茨感到非常失望，没有空军的支援，德、意海军是无法对付地中海盟军的轰炸的。

邓尼茨派卢格中将担任驻意海军总司令部的德国参谋部参谋长。卢格曾任德军驻法国北部和西部海岸地带保安司令，在指挥护航运输

队方面经验丰富。

邓尼茨将卢格派往意大利，希望他能对笨拙的意海军提供指导并在德国为运输队进行护航方面取得战绩。

卢格来到意大利后，发现意大利至突尼斯的海上运输线是世界上最危险的"死亡之线"。在这条航线上，卢格还不如意海军同行懂得多。

卢格在罗马服役了不足两个月，当时意运输船照样被盟军的轰炸机炸沉，盟军完全掌握着制空权。

卢格报告说，意海军总司令部已经竭尽全力了，地中海的补给条件比法国北部和西部海岸诸水域差得太多了。最后，卢格说，西西里海峡是座"咆哮着的熔炉"！

后来，意舰船改道向邦角—埃加迪群岛雷区以东航行。这条航道宽度不超过 3 海里，在某些区段，连半海里都不足。在盟国海空军没有对这条航道实行联合封锁前，意舰船宁愿走这里。

1943 年 2 月，盟军加强了对这条航道的封锁，这条航道也变成了"死亡航线"。

利比亚的隆美尔的部队已经弹尽粮绝了，隆美尔的部队每月最少需要 8 万吨的补给，可在 12 月仅得到 2.4 万吨，最后被迫撤离的黎波里，于 1943 年 2 月中旬逃到突尼斯马雷斯防线，坚守着突尼斯的门户。

3 月，盟军发动了攻势，决定首先摧毁马雷斯防线。与此同时，盟军海空军再次联合作战，痛击意补给舰船和德意联军后方运输线。

盟军装备了大量的美式轰炸机，能够在白天对西西里岛、意大利和地中海区域的运输船只装载点和护航舰船编组进行大规模轰炸。

在一次轰炸中，22 架美式飞机把西西里巴勒莫港的 4 艘商船击沉。4 月 10 日，美国轰炸机向驻守在撒丁岛拉马达累纳港的意最后 2 艘

正在护航的盟国海军士兵

重型巡洋舰发动突然袭击，击沉了"的里雅斯特"号巡洋舰，摧毁了"戈里齐亚"号。

后来，德意联军司令阿尼姆上将再次向希特勒报告弹尽粮绝的困境。南线的凯塞林元帅建议撤出突尼斯，把部队撤回本土，可是希特勒没有同意。这样，轴心国的陆海空军将继续在非洲垂死挣扎。

4月，被盟军空军击沉击伤的意补给船高达60%。4月30日，3艘意大利驱逐舰运送部队900人，也被击沉。

结果，在美国战斗机的围追堵截下，德、意的空运被迫停止。德、意不甘示弱，于5月3日夜晚派出1艘8000吨的商船，满载着弹药、炸弹和地雷，在1艘鱼雷艇的护航下向突尼斯进发。

结果，意商船和鱼雷艇在邦角附近，被3艘英国驱逐舰击沉。无法得到补给的突尼斯德意联军，情况十分危急。

5月7日，盟军攻占了德意联军在北非的最后两个海港——突尼斯港和比塞大港。德意联军逃到突尼斯北部的邦角，向上级报告无力再接受船运补给。

希特勒下令派船增援。当天晚上，3艘德国运输船向邦角驶去，通过西西里海峡后却找不到能够靠岸的港口，被盟军飞机炸成了碎片。

在突尼斯之战的最后阶段，盟军统帅部认为德意联军会通过海路或者空运从邦角逃走。盟国海空军计划对突尼斯海岸的封锁，准备把德意联军歼灭在非洲大陆上。

为此，盟国地中海护航运输船队停止驶向马耳他岛，集中海军力量封锁突尼斯。在突尼斯海岸，盟军进行了第一次严密封锁，参加封锁的驱逐舰、鱼雷艇和小型舰艇在邦角海岸呈半圆形展开。

盟军炮舰向邦角半岛的德意联军开火，牵制向实施封锁的舰艇射击的德意炮兵部队。盟军的轰炸机和战斗机支援和掩护舰艇，歼灭了德意联军的飞机，使德意联军无法乘运输机逃走。

除几百人乘小型舰艇逃往西西里岛外，5月13日，近30万人的德意联军向盟军投降。就这样，盟军的海上作战促成了非洲战争的结束。

第五章

反攻西西里岛

两栖登陆的战略

西西里岛战役的作战意图是：保证地中海的海上运输线；减轻东线的苏军压力；使意大利投降。

早在 1943 年 1 月，英、美两国在怎样征服德国的战略问题上出现了严重分歧。英军参谋们主张攻打意大利，认为这是必然趋势，能够取得意义重大的胜利。英国人还认为，只有当德军驻法国的兵力不超过 12 个师时，盟军横渡英吉利海峡的进攻才能够胜利；减少德军兵力的最好的办法就是使意大利投降。德国就只好分兵接替驻意大利的 24 个意大利师。盟军攻打意大利能够带来更大的好处，占领福贾附近的机场，从而加强进攻德国的空中力量。如果幸运的话，还能打通一条由南边进攻德国的路线。

美军参谋们的观点是：只有攻打法国，才能占领德国。美军参谋们认为，虽然进攻意大利牵制了德军的兵力，但同时也分散了盟军的兵力，推迟了横渡英吉利海峡的登陆战。

英方认为，目前能够实施登陆的地点只有两个：一个是西西里岛，一个是撒丁岛。撒丁岛的防守薄弱，但该岛缺少能够发动大规模两栖登陆的港口。登陆西西里岛的难度很大，但能够直接威胁意大利，使意大利退出战争；占领了西西里岛，能够保证西西里海峡的安全，使盟军歼灭岛上的德意军队。

英军参谋们认为，攻打西西里最重要的意义就是使墨索里尼政权垮台，迫使意大利投降，为同盟国的下一步军事行动打开通道。英方还希望，给德意部队造成的打击会使土耳其政府放弃中立，加入盟国。

美军参谋们对此并不热衷，但他们也承认，在 1944 年横渡英吉利海峡以前，地中海的盟军部队不能无所事事，应该争取战机，而意大利的西西里岛就成了攻击的首选目标。

最后，盟国参谋们一致认为，在意大利建立一个基地，会大大降低德国人和意大利人的斗志，大大提高盟军的士气。盟国最后确定将西西里岛作为登陆目标，行动代号为"爱斯基摩人"。西西里岛战役的作战意图是：保证地中海的海上运输线；减轻东线的苏军压力；使意大利投降。盟军的参谋长们还决定，先登陆西西里岛，再根据情况的变化进攻地中海的其他地方。

1943 年 5 月 12 日，突尼斯战役胜利后，在罗斯福和丘吉尔的主持下，盟军联合参谋长会议在华盛顿召开，目的是根据地中海战区、东线苏联战区和太平洋战区的大好局势，确立盟国的新战略。

会议最终决定，攻打西欧的行动，即"霸王"计划（登陆诺曼底）定于 1944 年 5 月 1 日实施；在意大利西西里登陆的时间定于 1943 年 7 月 10 日。登陆成功后，盟军将发动新的攻势，击垮意大利，使意大利退出轴心国。但美国提出了一个条件，即西西里登陆作战只能出动地中海的盟国部队，还要从中抽调 7 个师撤回英国，以为日后"霸王"行动使用。

英国则向美国保证，一定参加 1944 年 5 月 1 日实施的"霸王"计划。盟国已经做好了准备，西西里岛战役快开始了。

为了发动登陆战役，盟军组建了第十五集团军群，总司令是英国的亚历山大将军，下辖英国第八集团军（蒙哥马利任司令）和美国第七集团军（巴顿任司令），总兵力达到 47 万人。"

英国海军上将坎宁安出任盟军海军总司令，拥有战斗舰艇和登陆

船只 3200 艘。英国空军中将特德指挥空军，拥有 4000 多架飞机。盟军统帅艾森豪威尔将军出任总指挥。

具体计划的制定者们认为，西西里战役的成功依赖于 3 个因素：制海权、制空权和夺取港口。由于英国海军早就在地中海夺取了制海权，第一个因素拥有了。最大的难题是第二个因素，盟军飞机能够利用的唯一地点是位于利卡塔和锡腊库扎间的西西里东南角沿岸。那里的 3 个港口无法满足大批盟军部队对物资的需要。

他们只好提出，首先应该攻占西西里岛上那些盟军飞机能提供空中掩护的海滩，先修筑机场，扩大飞机的掩护范围。在这些任务完成以后，登陆部队的主力再在巴勒莫和卡塔尼亚的主要港口附近登陆。

这一计划遭到了亚历山大和蒙哥马利的强烈反对。他们指出，这样做，增援的德军很可能歼灭兵力分散的盟军小股登陆部队。亚历山大和蒙哥马利主张盟军飞机能够提供空中掩护的某一地区，发动大规模的登陆。至于后勤问题，英国海军认为，由于拥有了大批新式坦克登陆舰和几百辆水陆两栖车，进攻的登陆部队能够在 3 个港口的支援下，通过西西里岛的海滩登陆场进行有效的补给。

经过反复的论证后，艾森豪威尔批准了这一大胆的大规模登陆计划。

计划规定：突击部队分为东线的英军和西线的美军，英军在西西里岛南部登陆，美军在东南部海岸登陆。上岸后迅速向北发动进攻，从而夺取西西里岛。运送这两支登陆部队的海军舰队是美国休伊特海军中将率领的西部特混舰队和英国拉姆齐海军中将率领的东部特混舰队。

西部海军特混舰队运载美军登陆部队，分成 3 个编队，负责在西西里岛东南部杰拉湾海岸长达 60 公里的海滩上强行登陆，占领利卡塔港、杰拉港和斯科利蒂渔村，作为登陆场。

东部海军特混舰队运载英军登陆部队，分为 4 个编队，占领西西里岛南部的帕基诺半岛和诺托湾沿岸。英军的登陆正面长达 160 公里，英军面临着巨大的挑战，这是第二次世界大战中界面最宽的一次登陆战。

参加登陆的部队共 47 万多人，美军和英军各占一半。美军拥有 580 艘舰船和登陆舰，搭载 1124 艘登陆艇，由比塞大以西的北非各港口出征；英军拥有 818 艘舰船和登陆舰，搭载 715 艘登陆艇，从东地中海和突尼斯出征。

另外，英海军出动 6 艘战列舰、2 艘舰队航空母舰、6 艘轻型巡洋舰和 24 艘驱逐舰组成掩护舰队，由英国海军中将威利斯率领，以防止意大利海军给登陆舰队造成巨大的威胁。登陆时间定为 1943 年 7 月 10 日凌晨 2 时 45 分。

5 月 19 日，亚历山大将军下达作战指令，把西西里战役分成 5 个阶段：第一阶段，海空军摧毁德意的空军部队和空军基地，夺取制空权。第二阶段，在空降兵的支援下，于拂晓前发动两栖突击，保证海岸机场、利卡塔港、锡腊库扎港的登陆阵地。第三阶段，扩展巨大的阵地，以阵地为跳板攻占奥古斯塔、卡塔尼亚和杰比尼的机场。第四阶段，攻占以上地区。第五阶段，占领整个西西里岛。

亚历山大将军要求英军全速向墨西拿推进，并控制墨西拿海峡，切断西西里岛德意军队的海上补给线。

同时，美军保护英军翼侧的同时攻占重要的机场，英军和美军发动机动战，使德意军队在埃特纳火山附近陷入包围，防止德意军队逃回意大利。

为了使德国和意大利相信盟军的主攻目标是希腊，第二进攻目标

是撒丁岛，盟军散发了假情报，把一具带有伪造文件的"马丁少校"的尸体放在西班牙海岸。伪造的文件落入德国间谍手中。

德国最高统帅部收到该文件，没有经过认真的分析竟相信盟军会在撒丁岛或者希腊登陆，结果德军装甲师和鱼雷艇被调往撒丁岛和希腊了。对此，隆美尔气愤地说："只有傻瓜才不知道盟军下一步的进攻目标是西西里岛！"盟军登陆舰队在航行时没有从北非直接驶往西西里岛，而是绕行邦角改向南再向西西里岛驶去，以迷惑德国和意大利。

在德国最高统帅部，对地中海战略问题存在着严重的分歧。隆美尔认为，兵力较少的德军无法依靠意军，盟军一旦发动攻势，德军应该立即撤离撒丁岛、西西里岛、希腊，以及比萨—里米尼一线以南的意大利领土，集中兵力投入苏德战场。

德军南线总司令凯塞林空军元帅强烈反对，他不想把意大利的空军基地让给盟军，那样，德国的工业区和罗马尼亚油田会暴露在盟国空军面前。凯塞林认为意大利军队是爱国的，只要提供少量的德军部队及大量的装备，意大利军队就会英勇作战的。

希特勒采纳了凯塞林的主张，不想放弃意大利领土。希特勒下令向意大利增兵，即增援6个师，使意大利的德军总数达到13个师。德国在撒丁岛重建了第九十师，在西西里岛重建了第十五装甲师，希特勒还向意大利南部增援了"赫尔曼·戈林"装甲师和第十六装甲师。为了防止意大利军队叛乱，希特勒要求在危急时解除意大利军队的武装，迅速占领意大利。

驻守西西里岛的部队是意大利第六集团军，由意大利老将古佐尼将军出任司令，下辖8个海岸师、4个意大利机械化师和2个德国装甲师，总兵力为27万人（包括后来增援的2个德国师）。德军的埃特林中将控制着德国师和古佐尼。另外，德国空军元帅戈林也经常给"赫尔曼·戈林"师下令。

8个意大利海岸师的装备十分落后，士气低迷，希特勒也对抵御盟军的登陆不抱什么希望。主要问题是4个意大利机械化师和2个德国装甲师该如何部署。凯塞林指出，在盟军登陆部队登陆时，守军应该把盟军歼灭在海岸附近。埃特林认为在确定盟军的主攻方向后，守军从中央阵地发起反攻，把盟军赶下海。

埃特林下令，机动师在直径240公里的西西里岛分散部署，盟军登陆后立即向盟军发动反攻。盟军佯装向特拉帕尼进攻的登陆计划取得了效果，埃特林进一步分散兵力，把第十五装甲榴弹师调到了西西里岛西端，部署在西部的有2个意大利机动师。另外2个意大利机动师与"赫尔曼·戈林"师防守西西里岛东部。

盟军向西西里岛发动进攻

当时，德军在西西里岛的兵力仅为 2.3 万人，后来，德军投入西西里战役的总兵力为 6 万人。

由于登陆日期的日益临近，盟军开始向西西里岛的空军设施和附近岛屿发动大规模的空袭，为登陆打开通道。班泰雷利亚岛是意大利海军的飞机和鱼雷艇基地，地处突尼斯和西西里岛之间。

班泰雷利亚岛是德意"不沉的航空母舰"，日后会对盟军登陆构成巨大的威胁。再有，盟军的多数飞机的作战半径都很小，急于攻占班泰雷利亚岛，作为空军基地。

班泰雷利亚岛的面积很小，但海岸十分陡峭，可以供登陆的地段很少，再加上岛上的地形十分复杂，无法大规模登陆，而且无法空降。从全局角度来看，如果进攻班泰雷利亚岛的战斗失败，会降低盟军的士气。

丘吉尔承认，班泰雷利亚岛的军事价值很高，但它到底是一个小岛，岛上的意军人数顶多不超过 5000 人。但艾森豪威尔反驳道，岛上守军人数一定超过了 5000 人。

丘吉尔要求与艾森豪威尔打赌："如果岛上守军人数超过了 5000 人，每超过一个人，赌注增加一生丁。"艾森豪威尔微笑着同意了。

兴致勃勃的艾森豪威尔亲自指挥盟军攻打班泰雷利亚岛，他发动了长达 10 天的大规模空袭，不让意军有睡眠和休息的机会。接着，艾森豪威尔出动 6 艘巡洋舰和 10 艘驱逐舰向岛上的守军开炮。

1943 年 6 月 11 日，盟军抢滩登陆，一举攻占班泰雷利亚岛。盟军只损失了 40 名飞行员，却俘虏了 1.1 万多名意军。

愿赌服输，丘吉尔掏了 65 法郎。两天后，盟军又占领了附近的利诺萨小岛和兰皮奥内岛。这样，盟军占领西西里岛附近的所有岛屿，扫除了通向西西里岛的障碍，使盟军的西西里登陆战得到了保障。

重兵集结马耳他海域

德、意守军长期处于高度的戒备状态，精神快崩溃了。

1943 年 5 月，意大利老将古佐尼来到西西里岛。他了解到，两个德国师具有顽强的战斗意志，但装备不足，兵力太少；意军虽然有 20 多万人，但只有 4 个师勉强算得上是机械化师，意大利部队的军事素质极差，装备低下。

古佐尼还发现，守岛意军大多数是西西里人，害怕作战。班泰雷利亚岛被盟军占领后，西西里人更感到必败无疑。在西西里人中间流行一种观点，认为抵抗越激烈，家乡的破坏就越严重，他们不想抵抗。面对西西里人，古佐尼将军企图唤起他们的斗志，但总是力不从心，只好放弃。

古佐尼的心情越来越沉重，他知道西西里岛的战略地位至关重要，西西里岛是意大利的重要门户，一旦西西里岛沦陷，意大利军队就会土崩瓦解。岛上意军的士气不但没有任何的提高，反而越来越低了。古佐尼看到，指挥这支军队，要想击退登陆盟军，那是绝对不可能的。

古佐尼将军不愿意不战而降，决心履行军人的神圣职责。古佐尼把希望都寄托在两个德国师、利沃德师和意大利增援的第 14 装甲师上。

古佐尼分析，盟军如在西西里岛登陆的话，将在西西里岛东部和南部同时登陆，发动钳形攻势。古佐尼下令，罗兹的德军第 15 装甲师部署在西侧，负责抵御盟军在西部的攻势；库兰斯的德军戈林装甲师

分成两支部队，较强的一支部署在距离杰拉约 32 公里的内阵，负责对付盟军在西部的攻势，较弱的一支部署在东部，负责坚守卡塔尼亚平原。意军的 2 个意大利师部署在南岸约 200 公里的正面上，其他兵力驻守在西北部，作为预备队，以应付意外情况。

古佐尼向部队下令，在盟军登陆时，所有的官兵必须抓住有利战机，猛烈地发动反攻，争取把登陆部队赶下海，否则，立即撤回内地与盟军决战。

有一个问题长期困扰着古佐尼，盟军什么时候登陆？自 5 月份以来，盟军的空军不断地对西西里海峡的岛屿上的机场进行轰炸，盟军占领班泰雷利亚岛以后，每天都可能是盟军的登陆日。由于没有制空权和制海权，古佐尼只能被动挨打。

德、意守军长期处于高度的戒备状态，精神快崩溃了。

自 7 月 3 日起，盟国空军向西西里岛、撒丁岛和亚平宁半岛南部的机场、港口、潜艇基地和工业中心发动大规模的空袭，炸毁很多目标，德、意空军部队被迫把基地撤回意大利北部。墨西拿海峡的 5 艘火车渡轮竟被击沉 4 艘，西西里岛与意大利的海上补给线多次被切断。当盟军开始登陆时，盟军已经完全取得了制空权和制海权。

1943 年 7 月 9 日下午，从北非各港口出发的盟军特混舰队分别到达马耳他岛东面和西面的集结海域。海上刮起七级西北风给盟军的登陆行动带来了困难，登陆艇在汹涌的海浪中摇摇欲坠，连大型运输舰的舰艉都经常隐没在海浪中。

盟军官兵们站在运输舰上，一股莫名其妙的恐怖感笼罩全身。晚 7 时，马耳他岛的风势缓和。

午夜，进攻的时间快来到了。巴顿将军站在"蒙罗维亚"号的甲板上，向西西里岛望去，走到全体军官们的面前，大声训话："各位，当前的时间为 10 日零时 1 分。我奉命指挥美国第七集团军。它是午夜投入战斗的第一个集团军。你们要为参加这次行动而感到骄傲，你们的手中掌握着美国陆军的光荣和未来。你们值得取得伟大的信任。"

第七集团军启航了，运送他们的是 3 支海军分舰队。同时，蒙哥马利的第八集团军也启航了。根据预定计划，第七集团军在杰拉方向登陆，第八集团军在锡腊库扎方向登陆。

2000 多艘军舰和运输船只兵分两路，在夜色的笼罩下，在地中海上向西西里岛驶去。

西西里岛十分平静，古佐尼无法准确判断盟军的登陆时间，岛上的守军连夜高度警戒，官兵们已经十分疲劳。7 月 9 日下午，正好刮起了大风，守军认为盟军今晚不会来了，于是放心地睡着了。

空降兵的生死较量

盟军在西西里岛的空降作战，是第二次世界大战开战以来盟军发动的规模最大的空降作战。

7 月 10 日凌晨 2 时 45 分，美军和英军分别在杰拉和锡腊库扎地区登陆。

岛上的守军没有料到，盟军会在这个鬼天气登陆，使盟军登陆部队占了便宜。

正当盟军官兵源源不断地登陆时，为了支援海上登陆而发动的空降作战却很不顺利。

天兵天降。根据"哈斯基"作战计划实施，美国第七集团军和英

国第八集团军都在登陆前使用空降兵攻占登陆场，以保证登陆部队成功登陆。

根据"哈斯基"计划，自4月上旬起，参加作战的空降兵部队就在摩洛哥的乌季达地区进行了空降模拟演习。

为了空降成功，6月10日夜晚，盖文上校和两名营长、3名运输指挥官，坐飞机在西西里岛上空进行了侦察。通过细心地侦察，掌握了西西里岛的地形特点。

6月中旬左右，美国空降兵第82师和英国空降兵第1师从突尼斯出发。空降兵部队都到达出发地点后，对伞兵的武器装备和物资装备逐一检查，对物资都过了秤，进行空投试验。

7月8日傍晚，空降部队准备起飞。这时，天空晴朗，空降兵们士气高昂。

7月9日晨，空降兵们醒来，风力在逐渐加大。他们忧虑地望着天空，渴望天气的好转。下午，风力达到七级。

就在盖文上校和希克斯将军感到不安的时候，他们同时接到了上级发来的命令："天气会更坏，仍按计划执行。"

18时42分至20时20分，在希克斯将军的率领下，英军空降第一旅2578人，乘坐由运输机编队牵引的137架滑翔机起飞了。

为了不让西西里守军的雷达过早发现，运输机编队低空飞行。由于云层过厚风力太大，飞行员十分紧张，运输机在靠近西西里岛时没有按计划升高，在离海岸还有2700米的海面上低空解缆。137架滑翔机在风中摇摇晃晃，有69架滑翔机坠入海中，10架滑翔机失踪，其他的滑翔机着陆，有的被撞毁，有的远离登陆地点。

只有2架滑翔机在彭德格朗大桥附近着陆，空降兵立即整理队伍，向大桥冲去，干掉了守桥意军，占领了大桥，并且就地构筑工事。10

日早晨，近 100 名空降兵赶到大桥支援。

7 月 9 日 20 时 45 分，美军空降兵第一分队 3405 人，乘 226 架运输机出发了。

运输机在茫茫的夜空中向前飞行。为了防止发生碰撞事故，伞兵们穿上了海上救生衣。

机舱外什么都看不到，紧张的气氛充满了每个机舱。伞兵们等待着一场生与死的较量。

3 个小时的飞行中，因为天气不好，缺乏经验的领航员使运输机编队散乱，远离预定航线，运输机群竟向西西里岛东岸飞去了。

飞近海岸时，伞兵们脱掉救生衣，背起降落伞。运输机群找不到空降场，又飞回海上重新寻找，反复多次，在高射炮火中盘旋 1 个多小时，8 架运输机被击落，13 架被击伤，3 架返回基地，剩下的飞机于 10 日零时 30 分，把伞兵分散空降在 20 个地点。

美空降兵偏离预定登陆地点最远者达 80 多公里，空降散布面积很大。

美军空降兵着陆后，被大风刮到房子上和树上撞伤。降落到登陆地的人数不足 500 名，这些伞兵着陆后，占领了丁尼塞米附近的一个十字路口。

盟军突击舰队到达预定登陆点，盟军在夜色的掩护下，第一批 8 个师在 160 公里长的海岸线上开始登陆。英军在锡腊库扎以南海岸登陆，美军在杰拉湾登陆。防守海岸的意大利部队忙着逃跑。

离海岸 32 公里的"赫尔曼·戈林"师，在第二天早晨赶到美军第 1 步兵师的登陆地点杰拉平原，准备歼灭美军。海滩十分拥挤，风浪太大，美军的坦克和大炮还没有运上岸。德军坦克歼灭了美军前哨，冲进沙丘地带。在这危急关头，盟军海军舰炮发射了猛烈的炮火，赶

跑了德军坦克。另一支德军部队和一个虎式坦克连向美军第四十五师左翼发起的攻击也被粉碎。

在没有遭到反攻的情况下，英军的登陆十分顺利。11日晚，盟军已经拥有纵深5～15公里的2个阵地，并不断向内地推进。这时，阻止西西里岛的27万德意部队逃往意大利，成为盟军重要的任务之一。西西里岛东北角的墨西拿，距离意大利本土只有5公里，是德意部队的唯一退路。

为了占领墨西拿，盟军必须赶在德意部队之前到达墨西拿。英国第八集团军向北进攻，12日攻占锡腊库扎港和奥古斯塔港。蒙哥马利下令从伦蒂尼地区向卡塔尼亚平原进攻，并决定在7月13日晚发动主攻。

蒙哥马利急于攻占的目标是锡美托河上的普利马索莱桥。为此，蒙哥马利派出了1个伞兵旅，与德军空投到后方的1支伞兵部队展开了激战。

由于第一次空降没有完成攻占杰拉东北高地和彭地奥里弗机场的任务，巴顿下令，第二次空降于11日夜晚在法列罗机场附近降落。

美国伞兵第五零四团的140架运输机奉命起飞，保持了编队队形。前面的两个小队，于11日22时40分，在法列罗机场上空降成功。后续编队在西西里岛沿岸时，遭到盟军海军舰队和盟军高射炮部队的射击，击落和击伤60架运输机。

巴顿跑到甲板上，看见高射炮正在射击美军运输机，但已经晚了，巴顿悲愤交加。美运输机队形被打乱，8架运输机掉头返航，其他的运输机把伞兵空降在法列罗机场以东地区。12日晨，第五零四团的部分空降兵和第五零五团的空降兵会师后，追上登陆部队一同进攻。

美军和英军这次在西西里岛的空降行动，出现了许多漏洞，但盟军空降部队在西西里岛上进行的空降作战在意大利部队中引起了普遍的恐慌，在瓦解意大利军队的抵抗方面，起到了重要的作用。

13 日晚 7 时 20 分至 22 时，英军伞兵 2077 人带着 10 门加农炮、18 辆汽车，分乘 135 架运输机和牵引的 19 架滑翔机出征了。

这次空降，暴露了英军在空降作战方面指挥乏力、装备较差、飞行人员素质较低等弱点。

在越海飞行时，有 2 架运输机出现故障后返航。机群通过马耳他岛上空后，又有 25 架迷路后返回基地。剩下的运输机在飞过盟军舰队上空时，误被盟军舰队高射炮疯狂射击。运输机到达西西里岛上空时，德军高射炮也疯狂射击。英军运输机先后被击落 14 架，滑翔机被击落 4 架，着陆时撞毁 3 架，4 架被德军地面部队击毁，1 架在海上解缆后坠入大海，只剩 4 架滑翔机落在指定降落点。

空降险象环生，但空降兵们的素质很强。空降兵们向分散的同伴发出讯号。14 日凌晨 1 时，有 100 多人会合了。这支空降兵部队向卜利马索尔大桥冲去，半路上与 50 名空降兵部队会合，于 4 时进攻大桥。

盟军在西西里岛的空降作战，是第二次世界大战开战以来盟军发动的规模最大的空降作战。盟军在西西里岛一共出动了 9816 名空降兵，出动 642 架运输机、156 架滑翔机。人员伤亡高达 1500 多人，占空降人数的 15% 以上。

这时，古佐尼确定了英军的主攻方面，立即下令德军向卜利马索尔大桥增援，尽量阻止英军向卡塔尼亚前进。

14 日拂晓前，古佐尼在卜利马索尔大桥空降了 1 个营，着陆后，在大桥附近攻击英军空降兵，英军击退了德军，控制了大桥。不久，英军把 3 门火炮配置在大桥。当天，德军空降兵在地面部队的援助下，向大桥发动反攻。英军被迫撤离了大桥。16 日，英国第八集团军的部队赶到，夺回了大桥，保障主力通过大桥。

突如其来的空袭

面对德意空军的大规模空袭，盟军官兵们大声呼唤："我们的空军老爷哪去了？"

就在盟军的空降兵和登陆部队在西西里岛东部和南部发动空降作战和登陆战时，身经百战的古佐尼被突然惊醒了。他立即稳定了情绪，自东部和南部来的敌情越来越多，摆在古佐尼面前的难题太多了，怎样稳住防线？怎样阻止盟军向纵深推进？怎样发动反攻，把盟军赶下海？怎样歼灭空降的美军？等等。

古佐尼沉思片刻，在现在一切战局还非常不明朗的情况下，不妨首先动用空军对盟军的登陆部队发动空袭，打乱盟军的登陆计划，迟滞盟军的进攻速度，这种空袭可以多次运用，连续进行。

古佐尼知道岛上的空军共 350 架飞机，有作战力的还剩 209 架，分别部署在 12 个机场上，这是一股不可小视的力量，再加意大利本土飞机也会前来参战。古佐尼命令德意空军部队立即出击。

虽然盟军夺取了制空权，但并不意味着就给盟军撑起了保护伞，制空权是相对的，这给德意飞行员增强了很多信心。

7 月 10 日凌晨，天刚亮，德意空军就开始进攻了。意机 5 次空袭在防御薄弱的海岸附近停泊的登陆突击队的舰船"莫拉"号，炸沉了"哨兵"号猎潜舰。4 时 30 分，来自意大利的 13 架高空水平轰炸机和来自撒丁岛的一支鱼雷飞机中队共同攻击了在伍德霍尔地区登陆的盟军，炸伤"蒂尔曼"号驱逐舰。

5时左右，1架德国轰炸机在西西里岛南侧炸沉一艘在该海域巡逻的"马多克斯"号驱逐舰，炸伤了"游行者"号潜艇。

为了增强突击力量，驻守在意大利的德、意飞机不断地来到西西里岛。德意飞机的作战半径都很小，都是首先飞到撒丁岛，在撒丁岛加油后，再去轰炸盟军的登陆舰艇。

上午8时30分，从盟军的巡洋舰上弹射起飞的4架海鸥式水上飞机，以两个双机编队的形式，执行警戒任务。忽然，德军战斗机赶来，很快，3架英机被击落。10时左右，3架德军战斗机对正在架设浮桥码头的盟军坦克登陆舰发动轰炸，没有命中。

德军轰炸机还向杰拉附近的盟军护航运输队和海滩上的登陆部队进行轰炸和扫射，炸伤一艘驱逐舰，延缓了美军第七集团军的登陆时间。

黄昏，一架德国战斗机击毁一艘盟军的坦克登陆舰。傍晚，一架德军战斗机从太阳方向低空飞行，快速冲向一艘满载车辆、火炮、弹药和地雷的坦克登陆舰。一颗航空炸弹落在甲板上爆炸，引起了更大的爆炸，炸毁了火炮和车辆。

德意空军发动了更加猛烈的攻击，他们的攻击行动一轮紧跟一轮。

7月11日6时35分，12架意军轰炸机从撒丁岛起飞空袭盟军海上运输队，炸伤一艘运输舰，并使运输舰起火。中午，炸沉一艘盟军的军火船。15时40分，20多架德军轰炸机猛烈轰炸盟军运输舰，击沉一艘运输舰。傍晚，德机炸伤一艘在阿沃拉附近海域刚完成任务的运输舰。

面对德、意空军的大规模空袭，盟军官兵们大声呼唤："我们的空军老爷哪去了？"

盟军空军认为，既然已经掌握了制空权，就不用保护登陆部队和海上舰队了。在这种战术思想的支配下，空军主要对登陆部队进行远距离的空中支援。这种做法导致盟军的登陆部队和海上舰队失去了空

中支援。

在登陆舰队需要空军支援的时候，由于准备不足和引导有误，盟军的战斗机没有到达指定地域或者海域。

一次，一支有32架德机的机群飞抵盟军的登陆运输舰群上空，大肆空袭。一次，盟军空军出动战斗机在登陆运输舰群上空警戒，但战斗机一般只有4～8架，无法完成警戒任务。

盟军空军的错误战术，给德意空军带来了战机。盟军舰船受到德、意飞机的狂轰滥炸，损失很大。

7月12日，盟军空军加强了对南部和东部登陆部队的空中支援。12日9时30分，南部盟军战斗机和高炮部队打退了敌机的空袭。

由于空中袭击的难度愈来愈大，德、意空军只能集中兵力，发动重点进攻，才能收到理想的效果。因此，德、意空军放弃南部美军的登陆部队，集中攻击东部英军的登陆部队。

7月13日以后，德、意轰炸机多次从意大利南部各机场起飞，对英军登陆部队还没有卸完货物的舰船发动空袭，炸沉了一艘驱逐舰和3艘运输船。

在西西里战役的大规模战斗中，德、意空军的战绩不俗，但无法挽救德、意军队在陆地战场上节节败退的局面。

攻克西西里岛

美国军界认为，英军将获得一等奖——墨西拿，而美国人连二等奖（巴勒莫）也不准夺取。

西西里岛的形势逐渐恶化，希特勒进行遥控，德军的抵抗立即加强了。希特勒是通过凯塞林来遥控指挥的。

开始时，希特勒想把盟军赶走，可是由于战局的不利，希特勒决心把作战重点向东转移，以墨西拿为中心重点设防，在西西里岛西北部建立一个阵地，以便在形势无法逆转时，能够保证德军和意军安全地向意大利撤退。

这一防线是由赫布控制的，主要的防线是从卡塔尼亚经卡泰纳诺瓦·阿吉拉和尼科西亚到达东北海岸的圣斯特凡诺，还有两条是确保墨西拿稳定的预备防线。

可见，由于盟军的指挥失误，西西里战役变得越来越困难了。

蒙哥马利攻占卡塔尼亚的目的无法实现。为了实现英军在西西里岛战役中唱主角的愿望，蒙哥马利决定把进攻的重点向左移。这样做等于把美军用作一种翼侧护卫部队。蒙哥马利不顾巴顿的利益了。

7月12日，蒙哥马利给亚历山大发电报说："我建议让我军向北移动，以便把西西里岛拦腰截断。"亚历山大同意了。

当巴顿因为亚历山大把巴顿的美军排斥在主攻行动之外而生气时，蒙哥马利又来"争功"了，蒙哥马利认为，在断裂多山、地形状况不利的情况下，应该让英军优先使用可供使用的道路。可供盟军使用的公路只有两条，一条114号公路，另一条是124号公路。根据作战计划，114号公路归英军，124公路归美军。蒙哥马利准备抢用124号公路。蒙哥马利想通过124号公路迂回攻打驻守在卡塔尼亚平原上的德军。

为了抢占这条公路，13日上午，蒙哥马利在没有经过亚历山大许可的情况下，命令英军顺着124号公路挺进。正在这时，美军第二军军长布莱德雷将军刚要使用124号公路。当天傍晚，美军发现了英军第五十一高地师。

这时，蒙哥马利把这一情况上报了亚历山大。当天午夜，亚历山大下达命令，要求美第二军把124号公路移交给蒙哥马利。能够想象，巴顿在接到这个命令时是多么的愤怒。

特别是布莱德雷将军，这时他的部队离124号公路不足1公里了。在制定西西里战役时，美军被当成新手，不能在战役中委以主攻任务。这时，亚历山大又把美军派去保护英军的后方，让英军优先使用公路。

英军在通过124号公路时，趾高气扬，没想到，重新修改的作战计划仍没有给蒙哥马利带来好运。

根据亚历山大的命令，美军被迫撤回滩头阵地，这种浪费时间的作战计划，使德、意军队有了足够的时间来组织防御力量。当天，希特勒下令增援西西里岛，阻挡盟军的攻势，坚守圣斯特风诺—恩纳-卡塔尼亚防线。

蒙哥马利为了把主力部队转移到美军的前面，至少浪费了两天时间。德军利用盟军的混乱，完善了防线的部署。一道阻击蒙哥马利的防线建成了。

德军严阵以待，而盟军错失了良机。蒙哥马利的计划刚一出台就遭到了迎头一击。

德军南线总司令凯塞林空军元帅伤心地看到，意大利人完全丧失了斗志，在敌众我寡的情况下，守住西西里岛是不可能的。希特勒知道后，亲自接管了西西里岛的指挥权，并下令："在大批意军被消灭后，只靠我军把敌军赶下海，是不可能的。因此，我们应该迟滞敌军的进展。"

为了迟滞盟军，希特勒向西西里增援了一些部队和坦克、重炮和飞机，把西西里岛的主力部队调到东岸中部的卡塔尼亚城周围抵抗英军的进攻，同时德军后备部队布满直通墨西拿的东海岸路线上，积极支援作战，以坚守西西里岛通向墨西拿海峡的道路。

7月16日，亚历山大给巴顿下令，墨西拿是蒙哥马利的目标，巴顿的任务是保护蒙哥马利的侧翼和后方，使蒙哥马利在任何情况下都不出现危险。巴顿气得暴跳如雷，但他不得不考虑下一步究竟该怎么办。

布莱德雷生气地说："这证实了我在战役前的疑虑，只有英军才被允许进攻墨西拿。"

按照亚历山大的命令，美军只能攻击岛上力量较弱的敌军。美军只能占领一些小山，俘虏一些当地农民和无精打采的意大利士兵。亚历山大的命令极大地伤害了美军官兵的自尊心。

在亚历山大的支持下，蒙哥马利从巴顿手中抢走了宝贵的公路，以便趾高气扬地进攻墨西拿，还不准许美国向巴勒莫推进。

后来，巴顿与蒙哥马利一起谈论这件事，巴顿抱怨他受到了不公正的待遇。蒙哥马利笑着说："乔治，我给你出一个主意。如果亚历山大将军给你下达了你不喜欢的命令，那么你别理它。"蒙哥马利竟会说出这样的话，巴顿感到惊讶。

亚历山大和蒙哥马利的做法，引起了美国军界的反感。美国军界认为，英军将获得一等奖——墨西拿，而美国人连二等奖（巴勒莫）也不准夺取。

7月17日，希特勒下达了命令："我们不指望能守住西西里岛。重要的是拖延敌军，以为稳定欧洲大陆的局势争取时间。最重要的是不能让一个德国师遭受损失。"不久，德军又得到第二十九装甲榴弹师和休伯将军的第十四装甲军司令部的支援，德军的任务不是保卫西西里岛，而是发动阻击战，保障主力部队撤退。

希特勒出动德军精锐部队在埃特纳地区阻击英军，德军其他部队向北面和东面撤退，退守墨西拿海峡。

　　德军在卡塔尼亚南部平原顽强阻击，英军的攻势严重受阻。英军主力被迫向西转移，兵分两路发动攻击：英第十三军攻打卡塔尼亚，第三十军从西绕过埃特纳火山发动进攻。亚历山大命令美军第七集团军掩护英军的侧翼，可是，英军主力的向西转移，再次挡住了美军的前进步伐。

　　由于英军行动迟缓，德军占据了有利地势，凭险固守。蒙哥马利发现，英军第十三军沿 11 号公路向北推进，尽管通过了卜利马索尔大桥，但在卡塔尼亚以南遭到德军的疯狂阻击，英第三十军沿 124 号公路迂回进攻，但由于德军凭险固守，在阿诺拉地区无法前进。

　　为了取得胜利，7 月 21 日，英第十三军在卡塔尼亚转入防御；第 30 军发动进攻，争取摧毁德军防线，摆脱不利的局面。英第三十军的进攻遭到惨败，伤亡很大。蒙哥马利下令把第七十八师从北非调到西西里岛，以增援第三十军继续作战，但第七十八师最早也要到月底才能赶到。

　　英军停止了进攻，德军趁机加固防御工事，调兵加强了防线，使防线更加坚固。蒙哥马利攻不下防线了。

　　就在英军伤亡惨重时，巴顿笑着给海军的埃弗雷特·休斯将军写了一封便函："咱们的表兄弟们被打得屁滚尿流。"

　　就在蒙哥马利在德军的防线面前无计可施的时候，巴顿认为如果让美军去攻打巴勒莫，美军一定能攻下，一旦成功整个战局会有利于盟军。巴顿决定亲自去向亚历山大请战，进攻巴勒莫。

　　面对盟军强大的攻势和意大利部队的纷纷投降，希特勒不断地大喊："必须在意大利成立军事法庭来清除胆小鬼！"局势严重，希特勒把墨索里尼请来讨论成立军事法庭的问题。7 月 19 日，希特勒和墨索里尼在意大利北部的菲尔特雷附近的农舍里会晤。墨索里尼在大批意大利军官面前被希特勒训了一顿。

这次会晤像往常一样，都是希特勒一个人在发表意见，墨索里尼默默地坐在一旁。希特勒发现墨索里尼已经不中用了。在此次会晤以前，希特勒曾经派人去物色取代墨索里尼的人。由于找不到理想的代理人，希特勒只好继续为墨索里尼鼓气。

希特勒说，德国人和意大利人必须在各个战场上坚持战斗。他们的任务不能留给"下一代"。如果意大利军队英勇抵抗，西西里岛和意大利是能守住的。德国军队会来增援意大利军队。到 1945 年 5 月，德国就会有大批先进的潜水艇参战，到时候德国潜艇部队就能够困死英国。

墨索里尼劳累过度，对希特勒的长篇大论听不进去，只好要求翻译记录下来。

正在他们进行紧张会晤时，盟军空袭罗马的消息传来。墨索里尼总是把最高司令部设在罗马的梵蒂冈，躲在天主教的大伞下，避免遭受盟军飞机的轰炸。但现在梵蒂冈也不能保护墨索里尼了。不久，墨索里尼失魂落魄地回到了罗马。

7 月 19 日，一支美国轰炸机编队空袭了罗马火车站的停车场和罗马飞机场。轰炸造成了巨大的破坏，意大利人吓破了胆。德、意军队的节节败退使意大利人四分五裂。大多数意大利人主张向盟军俯首投降，但墨索里尼表示绝不投降，坚持要把战争打下去。

面对失败，意大利国王、议会、总参谋部、法西斯党都怪罪墨索里尼，许多包括墨索里尼的女婿齐亚诺在内的资产阶级人士，想秘密整垮墨索里尼，企图恢复资产阶级在意大利的统治。墨索里尼的统治基础摇摇欲坠了。

巴顿乘飞机来到北非，决心说服亚历山大。巴顿看到亚历山大后说："将军，由于战局的变化，我请求你把命令改为：第七集团军立即

向西北和北面挺进，进攻巴勒莫，并将德军一分为二。"由于蒙哥马利的攻势受阻，亚历山大迫于无奈，只好批准了巴顿的请缨。

巴顿马上飞回战场，重新进行了军事部署。接着，巴顿下令：第三步兵师、第八十二空降师和第二装甲师改组成一个军，由凯斯指挥，攻取巴勒莫；第四十五步兵师向北发动进攻，负责占领海岸公路，与蒙哥马利的英军保持同步。巴顿下令在5天内攻下巴勒莫。

7月19日，巴顿正式下达总攻命令。美军快速向前挺进。21日，美军攻占卡斯特尔维特拉诺。22日，美军赶到巴勒莫城下。巴勒莫守军不敢相信，在这么热的夏天，道路很难走，而且有沿途守军的抵抗，美军竟在4天时间内前进了320公里。美军以迅雷不及掩耳之势进攻巴勒莫，使守军来不及组织抵抗，守军纷纷投降。

同一天，英军左翼发动的进攻遭到惨败。正是由于英军把德、意军队的主力吸引到东部，给美军在西部地区的作战创造了有利条件。

地中海上盟军强大的舰队

但是这个效果可不是出自英军的本意。

7月22日，美军占领巴勒莫港，意军吓破了胆，约4.5万名意军举起了双手。美军的胜利严重地挫伤了德、意军队的士气，德、意军队仅剩墨西拿港了。

当天，巴顿随第二装甲师趾高气扬地进入巴勒莫，在豪华的王宫里建立司令部。

23日，美军第四十五步兵师攻入泰索米尼至梅雷塞以东海岸地带，把西西里岛拦腰切断。这给美军带来了很高的荣誉。美军第四十五步兵师只伤亡300多人，却俘虏了5.3万名意军，击落190架敌机，缴获67门火炮，缴获了来不及逃走的大部分船只。

7月25日，亚历山大命令巴顿自西向东进攻。巴顿欣喜若狂，他呼吁美军抢在英军之前拿下墨西拿。巴顿把这个重任交给第二军军长布莱德雷将军。

这样，对蒙哥马利出现了讽刺性变化，西路巴顿的作用从助攻变成了主攻。

7月27日，凯塞林命令德军尽快撤离西西里岛。

7月27日，向东推进的美军攻占了圣斯特凡诺和尼科西亚。

同时，英军在东、西两侧的攻势减弱，英军很多人染上了疟疾，战斗力下降。美军主力占领巴勒莫后于7月31日赶到圣斯特凡诺，与英军会合。主攻任务由巴顿的美军担负。为了切断德、意军队的退路，亚历山大决定在8月1日发动攻势，并从北非调来美军第九师和英军第七十八师。

8月初，各路盟军发动进攻，巴顿的美军在左翼，英军第三十军在中央，英军第十三军在右翼。盟军争先着进攻西西里岛的东北角——墨西拿。

西西里岛东北部主要是山区，悬崖峭壁很多，稍平一些的地方是崎岖的山路。德、意军队撤退时炸断了桥梁和道路，埋设了几万枚地雷。

德、意军队每后退一步，兵力就集中一些，德、意军队节节阻击的过程中，在一些险要地段部署少量兵力就能够抵抗好长时间。由于战场日益缩小，盟军无法展开兵力，结果，盟军每进一步，都会付出惨重的代价。

8月5日，英军攻势迅猛：第十三军占领卡塔尼亚，英军先头部队到达埃特纳火山与海岸之间的狭长地带，英第三十军到达火山西北侧的丘陵地带。可是，英军第三十军的后勤部队跟不上去了，第十三军的很多官兵得了疟疾，部队减员严重。蒙哥马利呼吁全体将士坚持到最后，一定要抢在美军前面攻下墨西拿。

在美军方面，巴顿命令第二军不停地进攻，可是，西西里北部沿岸地区悬崖林立，地形十分复杂。德军凭借丰富的山地作战经验和有利的地势，向美军多次发动了反击。德军在特罗英纳向美军发动了24次反击，给美军造成了巨大的压力。

美军进展缓慢，部队伤亡很大。就在巴顿心里很烦躁时，美军航空兵前来支援作战，却多次误击美军地面部队。有一次，巴顿等人差一点被美机炸死。巴顿指责道："我倒要问一问你们这些空军老爷，你们到底是要打德国人还是打自己人？"

8月7日至8月16日盟军继续猛攻，仅12日盟军就发动4次进攻，企图加速进攻，堵住撤退的德意军队。由于德军顽强阻击，盟军没有取得预期效果。8月17日，德、意部队的主力10万人越过墨西拿海峡回到意大利。其中，德军3个师近4万人，意军6万人。

8月17日晨，美军第3师抢先攻入墨西拿。英国一部也进入墨西拿。当天，盟军歼灭了岛上残余的德、意部队。西西里战役，德军损失 1.2 万人，14 万多名意军缴械投降。盟军损失 2.2 万多人。

盟国实现了西西里战役的大部分目标，虽没有取得全部胜利，但使盟国在地中海的交通线得到了保障。西西里战役的胜利，提高了同盟国在中立国中的威信。由于亚历山大指挥不利，再加上没有充分利用制空权和制海权，致使近 4 万精锐德军逃脱。

墨索里尼下台

7 月 25 日，墨索里尼被逮捕，监禁在马达莱纳岛。

盟军在地中海战场的步步逼近，导致意大利人四分五裂，动摇了墨索里尼的统治基础。意大利于 1940 年 6 月向英、法宣战后，不到半年的时间，一向贪图享受、散漫惯了的意大利军队就开始厌恶作战，特别是在希腊和埃及的惨败，更使他们变成了惊弓之鸟。

连续 3 年的惨败，使意大利经济接近崩溃。英国对地中海的长期封锁，使意大利进口的粮食越来越少，意大利的面包定量每人每天为 150 克，咖啡、汽油和肥皂等生活用品十分缺乏。意大利人民的反政府情绪高涨，反法西斯和反战活动多次发生。

1943 年 3 月，米兰和都灵 13 万工人举行了大规模罢工，要求意大利向盟国求和，退出战争。伦巴第和热那亚的工人纷纷加入罢工的潮流。这次大罢工使军工生产停顿，墨索里尼政权危在旦夕。

在法西斯集团内部，很多人对墨索里尼的独裁统治表示不满。齐亚诺等人于 1942 年底竟向盟国求和，企图摆脱战争。1943 年 2 月，墨索里尼改组了内阁，撤掉齐亚诺的职务和格兰迪的职务，但更激起了

意大利军政要员对他的不满。

在盟军强大的攻势和国内政治经济危机的夹击下，墨索里尼决定用收缩战线的办法应付局势。1943 年 4 月 7 日，墨索里尼和希特勒举行会谈，墨索里尼要求德国向苏联求和，抽出兵力支援意大利战场，这个建议遭到希特勒的反对。

由于墨索里尼和希特勒在巴尔干半岛问题上的矛盾激化，墨索里尼开始在阿尔卑斯边境修筑防御德军的工事。希特勒最担心的是意、德关系的恶化，将对德国造成巨大的损害。希特勒为了防止墨索里尼退出战争，加强了对意大利的控制，把大批德军调到意大利。希特勒就这一军事行动作了充分的解释，但引起意大利军政要员的疑心。

而意大利人的疑心，反过来增加了希特勒对意大利的担忧。5 月中旬，希特勒秘密制订了攻占意大利的"轴心"计划。

1943 年 7 月 10 日，盟国在西西里岛登陆，意大利本土面临巨大的危险，意大利被占领已是必然的，难以挽回。3 天后，希特勒秘密命令西西里岛的德军指挥官排挤意大利指挥机构，接管了西西里岛的指挥权，命令德军必要时攻占意大利本土的岸防炮兵阵地。

7 月 19 日，美国第 19 航空队的 500 多架轰炸机轰炸罗马，投弹1000 吨，炸死 2000 多人，圣洛伦佐皇宫遭到巨大破坏。

意大利法西斯党的其他领导人认为必须让墨索里尼下台。7 月 24日，意大利"法西斯大委员会"召开会议。会上，墨索里尼作了关于当前局势的重要报告，遭到法西斯同党的尖锐批评。经过 10 小时的辩论，由反对党领袖格兰迪起草的决议案提交大会表决。

决议案要求墨索里尼归还属于国王、议会、大臣和大委员会的"合法权力"，把军队交给国王指挥，向国王提出更可行的政策，使意大利免于退出战争。议案授权国王作出"决断"。大会表决以 19 票对

希特勒与墨索里尼

7 票的绝对优势通过了该决议案。

　　7 月 25 日，墨索里尼入宫晋见国王，要求国王惩处投票反对自己的人，重新任命大臣，并继续参战。但国王却要求墨索里尼辞职，他已任命巴格多利奥元帅接替首相职务。随后，墨索里尼被逮捕，监禁在马达莱纳岛。

　　7 月 26 日，新首相巴格多利奥组成新内阁，瓜里利亚出任外交大臣。意大利政府解散法西斯党，宣布全国进入紧急状态，禁止政治集会。这样，长达 21 年的意大利法西斯统治结束了。

　　1943 年 9 月 12 日，希特勒派一支空军小分队空降到监禁墨索里尼的地方，救出了墨索里尼。9 月 23 日，墨索里尼回到弗利市，宣布法西斯的意大利社会共和国成立。10 月 7 日，意大利法西斯新政府把办公地点迁到北部加尔达湖畔萨洛布。墨索里尼尽管名义上是萨洛共和国的政府首脑，然而在希特勒的控制下，他只是一个摆设，只是德国控制意大利北方政治、经济、军事的一个工具。

1943年9月，巴格多利奥宣布意大利正式投降并退出战争。德军立即解除了大部分意大利军队的武装，把意大利人押送到德国做苦役，至1944年底，居住在德国的意大利人达100万。意大利人都害怕被征集到德国当苦役，这是墨索里尼无法在意大利国内组建军队的重要原因。

9月停战后的几个星期内，在德国所占领的意大利北部的部分意大利陆军官兵和民众组织了游击队。意大利游击队同盟军和意大利巴格多里奥政府取得了联系。意大利北部和中部爆发了大规模起义，救出了8万盟军战俘。

为了征兵，墨索里尼规定，监狱里的囚犯只要愿意当兵，立即获得自由。有些地方法律规定，凡是逃避应征的人一律判处死刑。如果哪一家的男人拒绝征兵，全家人都得入狱，财产没收。许多意大利男子和妇女只好上山参加游击队。

巴尔干半岛的意大利军队遭到当地游击队的不断袭击和德军疯狂报复，损失惨重。在意大利，个人主义盛行，许多独立的意大利部队不受墨索里尼的管辖，甚至威胁要逮捕他。

1944年6月4日，盟军占领意大利首都罗马，德军在一片混乱中向北溃退。

1945年4月25日，在意大利共产党的号召下，义勇军举行武装起义，接连解放了上百个城市。

1945年4月28日，墨索里尼及其情妇贝塔西被意大利民族解放委员会处死。

第六章

横渡英吉利海峡

拟定"霸王"计划

设防的重点在加来地区，诺曼底一带则防御较薄弱。

苏、美和苏、英于1942年6月发表联合公报，达成在欧洲开辟第二战场的谅解和共识，但英国在备忘录中对承担的义务作了保留。

1942年7月，英美伦敦会议决定于1942年秋在北非登陆，把开辟欧洲第二战场的时间推迟到1943年上半年。但此时苏、德战场形势非常严峻，苏联强烈要求英、美在欧洲发动登陆作战，以牵制德军，减轻苏军压力。

1943年，斯大林格勒会战和库尔斯克会战以后，苏军在苏德战场开始转入反攻。

1943年8月4日晚，丘吉尔及其随行的200多名各级官员前往加拿大魁北克，参加代号为"四分仪"的盟国最高级会议。这次会议的重点是审查和讨论"霸王"作战计划的问题。

丘吉尔在第二战场的开辟问题上，曾经把横渡英吉利海峡的时间从1942年拖延到1943年，这次又拖延到1944年。丘吉尔不想直接反对罗斯福关于横渡英吉利海峡的建议，他又玩起外交手腕，含糊同意，拖延时间。

事实上，丘吉尔并不想放弃"霸王"计划。他从1940年起，就不断地派英军小股部队偷渡到欧洲大陆进行骚扰破坏，打不过就跑。

为了检验英国人所发明的各种新式登陆器材，丘吉尔还出动盟军约一个师的兵力，于1942年8月19日清晨，在法国塞纳河口东北约

80公里的第厄普海岸登陆，丘吉尔不敢贸然把预备队全部投入战斗。在强大的空军和海军的火力援助下，几千人在第厄普附近4个地点登陆。德军的防御很顽强，登陆战激烈。盟军大部分被德军消灭，少部分逃到船上，还有几艘军舰被击沉，损失了83架飞机。

德军的抵抗给丘吉尔留下很深的印象，丘吉尔认为，在敌人的重压下，盟军登陆部队一旦从滩头溃退，就会葬身英吉利海峡。

为了挽救日益衰弱的大英帝国，丘吉尔必须把英国有限的人力和物力资源保存下去，不敢贸然投入到没有绝对把握的横渡海峡的计划中。丘吉尔采取的是"紧缩包围圈"的战略，发动"以弱胜强"战术，他指示海空军不断削弱德国的力量，陆军则利用一切可能的机会打了就跑。

但罗斯福就不同了，美国的人力和物力丰富，美国人的军事传统从来就是以强胜弱。罗斯福早就要求把战争打到德国和意大利去，将遇到什么阻碍，多是不在乎的，因为美国的国力占世界的1/3以上。美国的领导人一般都是军事战略家，实际的作战经验很少。美国陆军参谋长马歇尔只是当了几个月的代理团长。艾森豪威尔甚至就没在美军基层待过。艾森豪威尔几乎都是坐在办公室搞参谋工作。但以马歇尔、艾森豪威尔为首的军事领导人善于学习，不受旧式战争框架的限制，能把美国的国力转化为战争实力。

陆海空三军分属不同兵种，各自为战。德国是这样，苏联也是这样，英国有所进步，但也无法摆脱历史的重负。美国是一个年轻的国家，提出一种新的战略思想和作战方式：陆空一体战，海陆空一体战。

英、美的军事参谋们在会议期间还讨论了人工码头的设计和制造问题，很多异想天开的杰作被送来进行鉴定。双方展开了激烈的争论，许多工作人员在会议厅外面等候。

有一项"哈巴卡克"的设计，是用水填加上木浆，可以结成坚硬的冰，而且木浆的纤维可以有效地隔热。它可以当成飞机跑道、人工码头。为了防止冰混合物融化，它还设有一座小型散热厂。

一块预备好的混合冰块从冷藏车中搬到会议地点，要当众试验，与另一块同体积的普通冰块比一比。英国蒙巴顿将军拿出一把砍刀邀请试冰者，人们推举美国的阿诺德将军。阿诺德用力砍了下去，普通冰块裂成两半。阿诺德又砍向混合冰块，他痛苦地大叫一声，刀也震飞出去，混合冰块却丝毫未损。

蒙巴顿让众人后退，掏出手枪，"砰"的一声，普通冰块变成了碎块。蒙巴顿又朝混合冰块射击，子弹竟被弹回来，从空军元帅波特尔的双腿间飞过。卫兵和工作人员冲了进去，以为激烈争吵的双方开火了。

美英盟军在西西里岛登陆战役以后攻入意大利半岛，意大利在1943年9月投降并在10月对德宣战，盟军在太平洋战场上也转入攻势。

整个战争形势对同盟国发生了有利的根本性转变。

11月至12月，罗斯福、丘吉尔和斯大林在德黑兰会议上商定，美英盟军在1944年5月于法国北部地区登陆，其行动代号为"霸王"。

与此同时，在法国南部进行牵制性登陆。之后，美、英任命陆军上将艾森豪威尔为盟国欧洲远征军最高司令。

为了对付盟军登陆，希特勒早在1941年12月就下令，以最快速度构筑"大西洋壁垒"，从挪威至西班牙的大西洋沿岸构筑了一道由坚固支撑点和野战工事构成的、设有地雷场和水中障碍的永久性抗登陆防线。

到了1944年，"大西洋壁垒"还远远没有完成，但仍是较难攻破的防线。

诺曼底海滩德军的防御工事

　　设防的重点在加来地区，诺曼底一带则防御较薄弱。德军最高统帅部预料美英军队将会在西欧登陆，但对登陆地点的估计却从未取得一致看法。

　　希特勒认为在加来地区登陆的可能性最大。海军将领根据美英军队在英吉利海峡布雷的情况，曾一度认为其可能会在诺曼底登陆，但没有引起希特勒和陆军高级将领的重视。在盟军登陆前不久，希特勒曾估计到对方可能会在诺曼底登陆，并相应地对该地区的防御进行加强。

　　登陆开始以后，希特勒却认为诺曼底登陆仅是牵制性的，大规模登陆仍会在加来。

　　德军高级将领在作战指导思想上一直存有分歧。

隆美尔主张依托抗登陆防御阵地歼敌于水际滩头，伦德施泰特则主张以反突击战歼敌于纵深地域，这给德军指挥部门带来了不利的影响。

此时，德军西线守军是伦德施泰特元帅指挥的"B""G"两个集团军群，共58个师（有33个机动能力很差的海防师）。

"B"集团军群由隆美尔元帅指挥，防守法国北部、比利时和荷兰沿海一带，主力配置在了加来地区，诺曼底地区仅有6个师（其中有3个海防师）。

德军当时已失去了海空优势，海军可用来抵抗登陆的兵力仅有中、小型水面舰艇500余艘和潜艇49艘。

防守法国的第三航空队名义上拥有500架飞机，实际上仅拥有90架轰炸机和70架战斗机。

希特勒起初较倾向于盟军在加来地区登陆，但他的观点却发生了改变。他曾三番五次在大本营会议上宣称："毫无疑问，英美军队一定会在西线登陆。在我们漫长的战线上，除了靠近暗礁的部分地区外，其他任何地方都可以登陆。但有两个地点最具可能，因此所受的威胁最大。这就是诺曼底海岸和布列塔尼半岛，而战略目标是夺取瑟堡。"

根据情报，希特勒更加相信盟军的主要目标是诺曼底。

1944年5月1日晚，隆美尔不在指挥部的时候，隆美尔的参谋长斯派达尔接到电话说："元首急切地想知道84军防守诺曼底的具体情况。"

在第二天的作战会议上，希特勒没等隆美尔回话就直接把1个伞兵军和空降部队调到了诺曼底和布列塔尼半岛。这是希特勒所采取的一项断然措施。

5月6日，隆美尔疑惑地打电话到最高统帅部，询问为什么增援诺曼底。总参谋长约德尔告诉他，元首得到了"确切情报"，瑟堡将成为第一个战略目标。

隆美尔听后暗吃一惊，马上前去巡视诺曼底。巡视过后，隆美尔仍对盟军进攻诺曼底表示怀疑，甚至觉得元首担心诺曼底的程度有点神经质。

屯兵大不列颠

1944 年的夏天，盟军第 21 集团军群有 86 个师、海军两个特混舰队、5000 多艘舰船、15000 多架飞机、及美军第三集团军等部队，到英国集结。

1944 年 1 月，艾森豪威尔到伦敦赴任并组建司令部：英空军上将泰德被任命为副总司令，美陆军中将史密斯被任命为参谋长，英海军上将拉姆齐被任命为海军司令，英空军上将马洛里被任命为空军司令，英陆军上将蒙哥马利被任命为英地面部队司令，美陆军中将布莱德雷被任命为美地面部队司令。

在艾森豪威尔的指挥部到达法国前，登陆部队前线指挥由蒙哥马利担任。艾森豪威尔到任后将登陆正面由 40 公里增到了 80 公里，战役第一梯队的兵力由原定的 3 个师增至 5 个师。

为了解部队的准备情况，在盟军登陆前的短短 4 个月里，艾森豪威尔视察了 26 个师、24 个机场、5 艘战舰，他到过的仓库、工场、医院和其他设施，已经无法统计了。

为了提高组织效率，艾森豪威尔把指挥部从伦敦搬到泰晤士河上的金斯吞附近的布舍公园。

到 1944 年 2 月，美国在英国建立了 12 个两栖训练基地、6 个仓库和修理基地、2 个辅助基地。威尔克斯负责所有登陆舰艇的战备和训练，并负责召集部队参加霍尔组织的多次演习。

横渡英吉利海峡的进攻准备工作在英国加快地进行着。整个英国的南部变成了大兵营。到处都是美国部队的营房和临时搭起的活动房屋，美军的各种车辆、装甲车和坦克等把公路挤得水泄不通。实行"狼群"战术的德国潜艇更加疯狂地在大西洋海域活动，但是盟国的海军一次又一次地挫败了德国潜艇的进攻，英国的海上交通线恢复了。

英国所有的民用舰只都被动员起来，源源不断地送到基地接受军事训练。

由于登陆舰艇数量不够和其他准备工作没有按时完成，登陆时间由原定的 5 月初改为 6 月初。

为了能够隐蔽战役企图，美、英对登陆地区的选择进行了周密的分析，分析结果显示，加来地区距英海岸仅 20 海里，便于航渡和支援，但是这里德军防御很强。

诺曼底地区距英海岸 64.8 海里，缺少良港，科唐坦半岛东部又有河网沼泽地和遍布灌木树篱的田地，对部队行动不利，但是，这里距英国的上船港口和战斗机基地较近，而且德军在这里的防御薄弱，海滩和内陆条件较好。

因此，选定奥恩河口至科唐坦半岛南端为登陆地区，由西向东共分为 5 个登陆地段，代号依次为"犹他"（美军）、"奥马哈"（美军）、"哥尔德"（英军）、"朱诺"（加军）和"斯沃德"（英军）。

1944 年的夏天，盟军第二十一集团军群有 86 个师，还有海军两个特混舰队、舰船 5000 多艘、飞机 15 000 多架，及美军第三集团军等部队，在英国集结。

盟军登陆部队的基本编成是：

满载盟军士兵的登陆艇

陆军为：

第二十一集团军群。下辖：美军第一集团军、英军第二集团军、加拿大军第一集团军。

第一梯队：

5 个师。其中美军 2 个师，行动代号"犹他""奥马哈"；英军 2 个师，行动代号"哥尔德""斯沃德"；加军 1 个师，行动代号"朱诺"。

海军：

战列舰 6 艘，重炮舰 2 艘，巡洋舰 22 艘，驱逐舰 93 艘，小型战斗舰 159 艘，扫雷艇 255 艘，各型登陆艇 1000 多艘。

战斗编成是：

西部特混舰队：

主要任务是输送美军第一集团军的两个师上陆。下辖 U 登陆编队、

O 登陆编队、B 编队，为舰炮火力队。

东部特混舰队：

主要任务是输送英军第二集团军的两个师和加拿大第一集团军的 1 个师登陆。下辖 G 登陆编队、J 登陆编队、S 登陆编队、L 编队，为舰炮火力队。

空军：

共有作战飞机 1100 架、运输飞机 2300 架、滑翔机 2600 架。

任务是：

美军战术空军第 9 航空队：负责掩护西部特混舰队渡海时的空中安全。

英军战术空军第 2 航空队：负责掩护东部特混舰队渡海时的空中安全。

登陆前，西线盟军和德军陆军师的数量之比为 3∶1，陆军人数之比为 6∶1。可见盟军占有强大的优势。

为了夺取"霸王"行动的最终胜利，美军还调集了 41 个师，随时准备出发。

另外，在登陆前，计划在美、英登陆地段分别空降 2 个师和 1 个师。

为了实施登陆战役和发展陆上进攻，盟军要在英国集中将近 300 万人的部队、5000 余艘舰船（其中登陆运输舰艇 4000 余艘、作战舰艇 1000 余艘）和 1 万余架飞机，以保证登陆后增加兵力的速度可以超过德军调动预备队的速度。

登陆前，美国每月都要把 190 多万吨各类物资运到英国。英国面积小，数月内在其主要港口和出发地聚集了近 300 万人的部队和众多舰艇、飞机、战备物资，俨然成了一座巨大的军营，到处戒备森严、岗哨林立。

盟国欧洲远征军最高司令艾森豪威尔幽默地说道:"强大的军队就像卷起的弹簧一样,绷得紧紧的,等待着释放它的能量和飞越英吉利海峡的时刻。"

战役前的准备工作周密而充分。盟军用飞机和舰艇长时间进行侦察,不但查明了登陆地区内德军的防御,还掌握了较完整的情报。

在登陆前的几个月,战略空军和战术空军对法国北部和比利时的铁路枢纽、桥梁、公路及其他一些重要目标持续进行大规模的轰炸,塞纳河上的24座桥梁有18座被炸毁,这令德军运输系统处于瘫痪状态,部队机动能力受到极大限制。

登陆前3周,对诺曼底周围机场进行了轰炸,使其85%遭到了破坏。登陆前1周,英空军袭击德远程雷达站,令其大部受损。

盟军还采取了一系列战役伪装措施:在英格兰东部虚设了1个由巴顿中将任司令的"美第1集团军群",原驻军调走以后,营地仍伪装得和往常一样;在德机侦察到的地方设置了许多假登陆舰艇、坦克和滑翔机;飞机对加来地区的投弹量要比诺曼底地区多1倍;登陆前夜,小型舰只和飞机伴动,利用电子干扰器材模拟庞大登陆编队和机群。此外,还进行严格保密。

以上措施旨在使德军认为盟军将在加来登陆并将预备队大量部署在该地区,为登陆的成功创造了有利条件。

为保证大量后续部队登陆,盟军还在登陆海滩,设计、制造了空心钢筋混凝土沉箱构成的人工港,并制订了铺设海底输油管计划。

同时,在英国储备了大量的作战物资,部队不断进行实战训练和陆海空三军模拟登陆联合演习。

在实施登陆前,盟军对德军实施了一系列战略轰炸。在打击目标上,英国空军上将泰德主张重点轰炸运输线,而美国战略空军司令斯

巴兹则主张轰炸综合石油工厂。艾森豪威尔决定采纳泰德的意见。

3月30日，泰德的建议开始实施，盟军轰炸机集中打击德军的铁路、公路、桥梁。到盟军登陆日，总共投下66 000吨炸弹，德军的铁路运输量下降了50%，巴黎和海岸间的24座桥梁中有18座被毁，3座停用。此外，盟军飞机对德军海防工事、雷达站和飞机场发动了攻击。

盟军最高司令部为迷惑德军采取了一系列措施。这些措施令伦德施泰特和隆美尔对盟军将在加来海峡沿岸登陆坚信不疑，将B集团军群主力第十五集团军部署在加来海峡沿岸，而驻守诺曼底及附近地区只有第七集团军的6个步兵师，兵力不足9万人，且装备的重武器极少。

艾森豪威尔要解决的难题之一就是登陆日D日的选择，根据潮汐和月光等情况，基本符合三军作战要求的日子只有6月上旬的5、6、

艾森豪威尔在诺曼底乘坐吉普车视察部队情况

7 三日，他原想选 6 月 5 日为 D 日。但是 6 月初风浪颇大，6 月 3 日和 4 日两天的气象预测颇为不利，所以他决定将攻击行动顺延到 6 月 6 日。

6 月 4 日晚，气象主任斯泰格上校报告道："6 月 5 日夜间开始，天气可能会短暂变好，至 6 月 6 日夜，天气又要变坏。鉴于天气情况有变，到底于 6 月 6 日行动，还是继续延期？"

艾森豪威尔向他的将军们征求意见。参谋长史密斯认为："这是一场赌博，但这可能是一场最好的赌博。"

地面部队司令蒙哥马利则坚定地说："依我说，干！"

空军司令马洛里则认为气象条件无法达到其所能接受的最低限度，要求延后。

艾森豪威尔沉思片刻后，斩钉截铁地说："好，让我们干！"

"霸王"计划实施的地点是重要的机密。只有保住这个机密，才能把德军部署在丹麦、挪威、芬兰和法国、荷兰、比利时的 90 个师的兵力牵制在远离诺曼底的地区。

英国的多佛与隔海相望的法国加莱城距离最近，到处都在传说多佛是盟军登陆欧洲大陆最重要的出发地。美军巴顿将军多次在街头抛头露面，更使人们相信了以上传说，也被德国间谍看见了。

盟军的报纸和电台广泛地宣传：巴顿带着广播车，转遍美军在英国的军营，他不时出现在剧院，接受群众的欢呼。巴顿每次讲话中都表示："我在这里的事情是个秘密，请别提起我的名字。"

这次，英国情报局又伪造了并不存在的盟国军官，把他送到海里。很快，尸体漂到西班牙海岸，被德国人发现了。德国人发现一份伪造的计划，该计划表明盟军将在加来登陆。盟军在多佛尔成立了虚假的美国第 1 集团军群的司令部，号称 50 个师 100 万人。巴顿中将出任美第 1 集团军群的司令官。驻扎军队的兵营，每天炊烟四起，许多车辆

在无人的营地道路上来往奔驰。兵营是无人的帐篷城伪装的。

一位英国男演员扮成蒙哥马利将军，在直布罗陀战区乘车四处兜风，使德国人以为蒙哥马利不在英国，以为盟军不会立即发动横渡海峡的登陆战。

盟军还组建了"第4集团军群"，号称35万人，实际上只有1个营级单位用无线电频繁地发报。

这一切使希特勒认为美"第一集团军群"一定会在加来登陆，他把德军第15集团军群的19个师的兵力部署在加来等待盟军的进攻。

爱尔兰是英国的邻国，在战时保持中立，德国和日本的大使馆设在都柏林。德国和日本从爱尔兰向英国渗透间谍。英国反谍报局要求政府于1944年2月9日宣布停止英国与爱尔兰之间的一切民间旅行。

英、美政府于2月21日向爱尔兰发出照会，要求爱尔兰立即关闭德、日驻爱尔兰大使馆，没收其无线电设备，与德国和日本断交关系。

爱尔兰拒不服从，英国于是阻止爱尔兰的所有舰艇和飞机离开爱尔兰，切断英国与爱尔兰的一切联系。

雄师横渡英吉利

盟军从天而降，突然出现在了诺曼底"大西洋壁垒"的后面，德军猝不及防。

1944年6月1日，盟军第一批登陆部队在英国南部的15个港口上船。6月4日22时，航程最远的在犹他海滩登陆的U编队启航了，其他编队也开始按计划陆续启航。

6月4日，天气仍不见好转，预报说云层低、风大。这预示着登陆是极其危险的。因为在这样的天气，空中支援是不可能的，海军的炮火也将失效，甚至连驾驶登陆艇也是危险的。

这一天对于挨雨淋的士兵来说，是难受的一天，而对英国的艾森豪威尔来说，则是最忧虑的一天。高级将领们为天气发愁，盟军真可谓刀出鞘、箭上弦了。

6月5日，刮来飓风般的大风暴，随之而来的是铺天盖地的大暴雨。登陆编队开始横渡英吉利海峡，所有舰艇先在怀特岛以南代号"Z区"的海域会合，然后分成5个编队沿着5条被清扫过水雷的安全航道向5个滩头分别驶去，过了海峡中心线以后，各编队由一条航道分别驶向供快速舰艇和慢速舰艇使用的航道，以保持编队航行队形。

在航渡途中，盟军出动了大批的反潜飞机和军舰实施反潜警戒，还派出了95架轰炸机和375架战斗机负责空中掩护。

由于盟军准备充分，组织周密，航渡过程没有遭到任何损失。

实际上，盟军之所以能安全顺利地航渡主要是恶劣天气帮了大忙，德军的气象人员没有像盟军气象小组那样预报出6月6日的短暂好天气，发布了连续数日暴风雨的天气预报，使德军统帅部判断盟军不会在这样的天气登陆，德军对诺曼底地区的戒备很差，甚至连例行的飞机舰艇的巡逻都被取消了，因此，德军丝毫没有察觉到盟军登陆编队的航渡。

1944年6月6日凌晨，随着艾森豪威尔将军的一声令下，经过周密准备的近300万人的大登陆，揭开了序幕。

6月5日22时，盟军空降突击引导组开始行动了。美第82和第101空降师以及英第6空降师，派出26架运输机，每架运输机载一个13人组成的空降引导组，从150米的高度在各自的预定地区空降。

空降引导小组的工作非常出色，除了美空降兵第82师2个团的引导组被德军消灭，英空降兵第6师一个组没有在预定的空降地区设置引导信号标志外，其余各组都在预定时间、预定地点设置了引导信号。

这时，在德军阵地上，哨兵正在打瞌睡，部队处于松懈状态。

6月6日1时，盟军空降部队有6名士兵降落在瑟堡半岛，这6名士兵是第一批登陆的盟军士兵。

为了迷惑德国士兵，盟军空降部队在这6名士兵的四周投下了数百个假人，和往日一样，摆出了假进攻的样子。

这6名士兵着陆以后，一边把录有轻武器开火和士兵喊口令的录音播放出来，给德军制造错觉；一边向空中发出了信号弹，引导着后继空降部队的着陆。

这天早晨，盟军3个空降师的第一梯队，约有17 000人，乘坐1200余架运输机，在距离空降地点200～250公里的英国境内的3个机场起飞，飞往诺曼底。

从1时开始，盟军空降兵宛如神兵天降，拉开了诺曼底大登陆的序幕。

美空降兵第82师突击队由378架C-47运输机与52架滑翔机来运送，在圣曼·伊格里斯地区与特勒河两岸进行空降。

空降后，其先头伞兵团的大部分人员降落到了预定地点3英里以内。

伞兵着陆以后，迅速占领了科唐坦半岛至瑟堡公路上的要点。

空降部队很快向当地德军发起进攻。德军对于突然出现的盟军空降部队异常恐慌，甚至不知所措，根本不能向滩头盟军的登陆部队发起反攻。

美空降兵控制住了卡朗坦北面洪水区内的堤道，以便接应从海上登陆的进攻部队。

6日终，第82空降师集合兵力约2000人，占领了圣曼·伊格里斯，未能如期完成任务。7日17时，这支部队和登陆部队会合。

美空降兵第101师突击梯队由432架C-47运输机来运送，在圣马丁·特伐拉维尔·圣玛利·杜蒙、圣高姆杜蒙地区进行空降。

后续梯队第一批150人及反坦克炮与其他装备，乘载52架滑翔机一同着陆。第二批157人以及补给物品乘载32架滑翔机一同着陆。

这些部队在"犹他"海滩的后面降落，虽然着陆时没有遇到大的抵抗，但德军在着陆地区预设的"罗麦里木桩"损坏了一些滑翔机。

6日终，第101空降师共集合了约2500人，攻占了第1、2、3、4号海滩的道路，并和美军登陆部队第七军的第一梯队顺利会合。

机舱内的美空降兵

英国军队的第 6 空降师的先遣分队乘 6 架滑翔机在皮诺维尔地区克恩运河与奥恩河桥梁附近降落，他们占领了大桥，并构筑了桥头阵地。德军在坦克的掩护下开始进行反击，但被英军迅速击败。

先遣分队着陆半小时以后，突击梯队的主力也开始进行空降。

后续梯队的滑翔机在航行途中遇到了大风与密云，有 20 架滑翔机拖绳被折断，还有一部分未在预定的地区着陆。

第 6 空降师着陆以后，仅遇到了少数德军的抵抗，在空降着陆比较分散的情况下如期完成了预定任务。

当晚，第 6 机降旅的人员乘 145 架滑翔机降落。此时，第 6 空降师已拥有 6 个伞兵营、2 个机降营、50 门反坦克炮，一些轻型坦克、火炮顺利降落到了预定的地区。

在激烈的空降作战的同时，一场更加激烈的战斗在海际滩头展开了。

在登陆兵登陆前的 1 个半小时，即 6 日 5 时，英国皇家空军的 1136 架飞机对勒阿佛尔与瑟堡间的德军海岸炮阵地发动了空袭，投下 5853 吨的炸弹。

美军第八航空队的 1083 架轰炸机向德军海岸防御工事投下了重达 1763 吨的炸弹。

天亮以后，盟军的中型轰炸机与战斗机对德军阵地进行的轰炸越来越猛烈，德军阵地上的所有预定目标几乎都遭到了毁灭性的打击。

德军的炮兵被盟军压制住了，防御工事被摧毁了，通信设施也被破坏了，没有炸毁的雷达受到了强烈的干扰，无法发现目标。

6 月 5 日，英吉利海峡风高浪急，德军将领们认为盟军根本无法在这时登陆，隆美尔元帅甚至请假回国给妻子过生日，他在临走时交代："部队长期处于紧张的戒备状态，目前气候恶劣，可以休整一下。"

因此，对于盟军从天而降，突然出现在了诺曼底"大西洋壁垒"的后面，德军猝不及防，乱作了一团。

6时30分，第一波突击部队乘着4266艘舰艇，在海军炮火与10个战斗机中队的掩护下逐渐接近5个目标海滩，部队由水陆两栖坦克领先向滩头挺进。

空军的猛烈轰炸与海军舰艇的猛烈炮击，把德军设置的"死亡地带"撕开了一个大缺口。

天蒙蒙亮时，运载登陆部队的舰艇在20英尺高的波涛中驶向了诺曼底。

按照预定计划，6时30分到7时45分这段时间，各登陆部队要在盟军选定的5个登陆地点突击登陆。

奥马哈登陆场：

登陆部队有美军第五军第1师以及配属的1个团。

战前，德军西线B集团军群司令隆美尔前往奥马哈察看防御设施时，命守备部队迅速加固这段的防御工事。隆美尔把战斗力较强的第352摩步师调到了奥马哈，该师有1个团守卫在滩头，2个团配置在海滩数英里外的贝叶。

因此，在西线战场上，奥马哈成了真正意义上的"大西洋壁垒"。

在登陆战斗的关键时刻，盟军的空中优势发挥了非常重要的作用。

由于盟军掌握了制空权，德军的飞机只好转移到了远离登陆场的地方，在盟军登陆期间，德国空军并没有对登陆的部队构成严重威胁。

与此同时，德国海军也没有发挥其应有的作用。而盟军的12艘驱逐舰却不顾水雷和各种障碍物的威胁，想方设法向岸边靠近，为登陆部队提供火力支援。

经过一场生死拼搏，美军终于登上了诺曼底。

美军两栖车辆涉水登陆

蒙哥马利认为，美军第1师在险恶的环境中之所以能登陆成功，主要有两个原因：一是部队的勇气，二是海军方面的大炮。

犹他登陆场：

登陆部队有美军第一集团军所属第七军步兵第4师。

德军负责防守这个海滩的是第709师的一个团，主要由预备役士兵和外国志愿者组成，战斗力相对比较弱。

由于盟军空降兵把第709师同其他部队的通信联络切断了，因此他们没有接到抗登陆警报。

虽然值班部队及时发现了盟军的登陆舰艇，但没有进行有效的防御。当美军第4师正式发起进攻时，德军很快就投降了。

美军第4师在没有太大阻力的情况下顺利登陆。傍晚时，美军从这个登陆场上岸的部队达到 23 000 人，伤亡仅 197 人。

就在这一天，美军第 4 师向内地推进了 6 英里。

哥尔德登陆场：

登陆部队有英军第二集团军所属第三十军步兵第 50 师和加强的 1 个装甲旅、1 个突击营。

英军登陆之时，能见度已越来越好，盟军的空军活跃了起来，德军守备部队在盟军空军的猛烈轰炸之下，斗志消沉，战斗力明显减弱。

英军第 50 师登陆时遇到了德军的顽强抵抗，但英军还是很快歼灭了敌军。

当天下午，英军的 4 个旅上岸。黄昏，这支部队向内地推进约 5 英里，但依然没有到达预定目标。

斯沃德登陆场：

登陆部队有英军第一军步兵第 3 师。

这支部队在登陆之时遭到了德军的顽强阻击，黄昏，登陆部队才与空降着陆的第 6 伞兵师会合。

朱诺登陆场：

登陆部队有加拿大军步兵第 3 师和 1 个加强装甲旅等部队。

这支登陆部队开始时受到了德军的炮火抵抗，306 艘登陆艇中，有 90 艘舰艇和 8 辆两栖坦克受损，当装甲部队为他们掩护时，德军的顽强抵抗被打退了，进入内地 4 英里。当晚，这支登陆部队到达冈城至贝叶的公路。

与此同时，英国广播公司正在广播，英国广播公司经常用一些秘密暗号与遍及法国及其殖民地的法国地下抵抗组织联系。

盟军总反攻攻势开始后，英国广播公司不再使用暗语了："现在向法兰西人民播音。这里是伦敦英国广播公司电台，法国公民们，现在

请戴高乐将军讲话……"

戴高乐是法国的反法西斯将领，他一直在英国组织"自由法国"抵抗运动。戴高乐说："法兰西人民，一场伟大而神圣的战争开始了！打倒德国鬼子，法兰西万岁！"

突破大西洋壁垒

伦德施泰特得知这一情况后仰天长叹："这场战争输定了！"

"犹他"滩头是科坦丁半岛东岸的一段长达15公里的海滩，海滩上是一段坡度很小的黄沙坡，沙坡上有几道抗登陆障碍物。靠着沙丘对海的一面，德军构筑了一道低矮的混凝土工事。

5日4时5分，美军到达"犹他"滩头，美军第4步兵师分为26个艇波，向海滩冲去。

从5时30分开始，舰炮开始发射密集的炮火。

6时30分，第一艇波的登陆部队在偏离原定的登陆点1公里处上岸了，他们没有遇到所预见的拍岸浪，也没有遭到德军的攻击。这个滩头的后边是一片洪水，德军以为盟军不可能从这里发起进攻，部署在这个滩头上的德军部队战斗力较差。这里的防御工事很少，埋设的地雷也很少。

随后，各艇波索性改在这个滩头登陆。傍晚，美第4步兵师到达卡朗坦与圣梅尔—埃克利斯间的主要公路一线，突破了德军的"大西洋壁垒"。

在盟军的登陆过程中，奥马哈海滩的争夺最激烈。1994年，纪念

一队在防御工事周围巡逻的德国士兵

诺曼底登陆 50 周年的会址被设在了奥马哈海滩。

奥马哈在犹他海滩的东面，科唐坦半岛南端维尔河口与贝辛港之间 6.4 公里的海滩，海岸为 30 多米高的悬崖陡坡，有 4 个被海水冲刷出的天然深谷，成为通向内陆的天然出口。海滩上的高低潮落差有 270 米，海滩为硬质沙地，上面是高耸的鹅卵石堤岸，后面则是沙丘、草地、树林。

唯一通向内陆的道路上有 3 个小村子，村舍均用厚石砌成，四周均为田野，田间土埂上长满了小树，这就是诺曼底地区所特有的树篱地形，这种地形易守难攻。

德军利用这些有利的自然地形构筑了防御工事，在低潮线与高潮线间设置了 3 道障碍物，并混杂了大量水雷，卵石堤岸上被筑起了混凝土堡垒，在堡垒的前面有蛇腹形铁丝网和地雷，出口均被地雷和钢筋水泥障碍物封死了。

海岸上有 16 个坚固的支撑点，设有机枪与反坦克炮，悬崖上构筑了暗堡，设有威力非常强的 88 毫米口径火炮，炮火的杀伤力能覆盖整个海滩，霍克角的悬崖上设有 6 门 155 毫米口径的海岸炮，对海上军舰构成了极大的威胁。

盟军之所以会选择在这里登陆，是因为维尔河口到阿罗门奇之间正好位于美军犹他海滩与英军海滩之间，位置极其重要，而这段长达 32 公里的海岸也只有这段还能勉强登陆，其余地段均为悬崖绝壁，根本无法登陆。

此外，这里的守军是第 716 海防师的 1 个团，他们既没有装甲部队，又没有机动车辆，士兵大多是预备役，战斗力很弱。

事实上，3 月中旬，隆美尔为了加强诺曼底的防御，从圣洛调来了精锐的野战部队第 352 步兵师，该师的 1 个主力团部署在奥马哈，盟军情报机关却在登陆部队出发以后才查到第 352 师的去向，但一切为时已晚。

在奥马哈登陆的有美军第 5 军第 1 师与第 29 师的各 1 个团。

6 月 6 日 3 时，登陆部队到达换乘区，当时海面上风力 5 级，浪高 12 米，10 艘登陆艇因风浪太大而翻船，艇上的 300 名士兵在海面上不断挣扎。而其他登陆艇上的士兵有很多人晕船，加上打进艇内的海水，士兵们又冷又湿，当到达海滩之时，士兵们已累得精疲力尽。

更糟的是，为了达成战术上的突然性，航空兵没有对该地区进行轰炸。

1944 年 6 月 6 日 5 时 50 分，由 2 艘战列舰、4 艘巡洋舰、12 艘驱逐舰组成的舰炮火力支援舰队对该地区实施了 40 分钟的舰炮轰击，但因害怕霍克角德军岸炮射击，军舰只能在远距离射击，准确率非常低。

6 时，480 架 B-26 轰炸机对德军防御阵地实施了航空火力攻击，投弹 1285 吨。

但由于当时的云层又低又厚，飞行员们怕误伤己方部队，所以延迟了 30 秒钟投弹，结果 1285 吨炸弹都落在了 5 公里以外。

因此，德军的防御工事和火力点几乎完好无损，当盟军的火力攻击结束后，德军的炮火马上开始进行射击。

计划给登陆兵上陆后提供火力支援的水陆坦克，在西段的 32 辆之中有 27 辆下水几分钟后就因风浪太大而沉没，剩下的 5 辆有 2 辆因为驾驶员的技术高超战胜了风浪驶上海滩，另 3 辆则归功于坦克登陆艇长的负责精神，他见第一辆坦克一下水就因风浪太大而沉没，马上命令关上艇门，将余下的 3 辆直接送到海滩上。

东段的指挥员一见风浪太大，水陆坦克根本无法下水，就下令直接将坦克送到海滩上，但这却使坦克登陆艇提前到达海滩，为了等待配合作战的装甲车辆，坦克登陆艇只好在海岸附近徘徊，德军抓住这一大好机会进行猛烈炮击，2 艘坦克登陆艇被击沉。

6 时 45 分，水陆坦克和装甲车辆一起驶上海滩，但刚到海滩，就被德军猛烈的炮火摧毁了好几辆。

紧接着，第一批 1500 名士兵突击登陆，由于海中有股向东的潮汐，及岸上四处弥漫的硝烟，士兵们分辨不出方向，队形因此变得混乱。

登陆时士兵们要先蹚水涉过 1 米多深、50～90 米宽的浅水区，然后通过 180～270 米宽的无遮掩的海滩，才能到达堤岸。但这一切都要在德军密集而猛烈的炮火之下进行。

因此，在最初的半小时内，这 1500 名士兵根本不能投入作战，他们只能在浅水中、海滩上为了生存而挣扎。

第一批登陆的 8 个连只有 2 个连登上了预定的海滩，却被德军的火力压制得抬不起头来。

由工兵和海军潜水员组成的水下爆破组，不但伤亡惨重，而且装备丢失损坏也很严重，但他们仍克服困难冒着炮火清除障碍物，在东段开辟了2条通路，在西段开辟了4条通路，却没有在涨潮前将通路标示出来。

因此，后续的登陆艇找不到通路，只好拥塞在海滩上忍受着德军的炮击。

第二批登陆部队在7时到达海滩，正好涨潮，德军的炮火准确而猛烈，将登陆部队压制在了狭窄的滩头。

两小时里，美军在西段一个人也没冲上海滩，在东段仅占领了9米宽的一段海滩。

海面上挤满了等待登陆的登陆艇，秩序非常混乱，海滩勤务主任不得不下令只许人员登陆，车辆、物资等一律暂不登陆。

此时，美军第一集团军司令布莱德雷通过几份零星的通信和军舰瞭望哨的报告得知，登陆困难很大，几乎没有胜利的可能。他准备放弃奥马哈的登陆，让美军第五军后续部队在犹他海滩或英军滩头登陆。

但此时，局势却有了转机，负责舰炮火力支援的美国海军见登陆的官兵不断死伤，岸上火力控制组与海军联络组却没有消息，意识到了海滩形势的严峻。在将领的指挥下，17艘驱逐舰不顾搁浅、触雷和遭炮击的危险，驶到距海滩730米的地方，实施近距离火力支援。

150名别动队员艰难地爬上了霍克角，发现那些所谓的155毫米口径的海岸炮竟是伪装的，此举消除了海岸炮带来的威胁，美军驱逐舰开始大发神威，逐一向海滩上的德军火力开火，德军被强大的火力打得毫无招架之力，只好挂白旗乞降。

随后驱逐舰又不断向新发现的目标射击，而且只要陆军用曳光弹射击德军，美驱逐舰就把它当成目标，马上进行轰击。

驱逐舰的积极援助，逐渐压制住了德军火力，为海滩上的美军攻击创造了良好的条件。

滩头上的美军指挥官不断激励部下，例如：第29师副师长科塔准将在弹片横飞的海滩上大声鼓励士兵道："留在海滩上的只有两种人，一种是已经死了的人，另一种是即将要死的人。来啊！跟我冲！"

第1师16团团长泰勒上校大声对士兵说："待在这儿只有死，要死也要冲出海滩！"

在他们的带领之下，海滩上的美军虽然伤亡惨重，但不愧为久经战阵的王牌之师，特别是第1师，自第一次世界大战起就不断立下赫赫战功，在美军素来有"大红一师"的美誉，他们前仆后继，不断爆破炸开封死的出口，最终冲过了堤岸。

布莱德雷闻讯以后，感慨地说道："幸亏第1师在那儿！"

6月6日上午10时，隆美尔刚从他的参谋长斯派达尔的电话里得知盟军登陆的消息。他匆忙赶回法国。

在途中，他电令斯派达尔："立即将第21装甲师投入反攻，不要等什么进一步增援，马上进攻！"

6月6日夜间10点，隆美尔终于赶回了司令部，而此时大西洋防线上的第7集团军与第21装甲师，正在努力阻止猛扑而来的攻击，现在只有靠装甲师了。

他马上命狄特里希指挥第21装甲师与第12党卫军装甲师于7日清晨开始反攻。但是第21装甲师经过一番苦斗后仅剩70辆坦克，而第12党卫军装甲师从120公里外的驻地赶来，在盟军飞机的猛烈轰炸下，7日9时才赶到战地，沿途损失惨重，需要马上整顿。

狄特里希迫不得已一再推迟反攻。

与此同时，李尔装甲教导师在盟军飞机的猛烈轰炸之下进展缓慢，

还在途中。

6月8日，李尔装甲教导师才赶到，但沿途损失了90辆坦克。

隆美尔命狄特里希将第21装甲师、第12党卫军装甲师与李尔装甲教导师3个装甲师全部用上，想将盟军赶下海去。但在强大的空中与海上舰炮火力的支援下，德军被打退了。

6月9日，希特勒在伦德施泰特的要求下，命令从驻加来的第15集团军抽调17个师派往诺曼底。

但由于盟军"卫士"计划及总参谋长约德尔、最高统帅部办公厅主任凯特尔、西线情报处处长罗恩纳等人的极力反对，希特勒在午夜时分，下令停止增援诺曼底，并把其他地区的部队火速调往加来。

伦德施泰特得知这一情况后仰天长叹："这场战争输定了！"

德军精锐的装甲师损失惨重

成功登陆诺曼底

　　盟军以伤亡与失踪 8000 人，换来了德军苦心设置的"大西洋壁垒"。

　　经过 5 日一天的激战，盟军在 5 个海滩，共登陆人员 13 万多人，车辆 1.1 万辆，物资 1.2 万吨。盟军有将近 10 个师的部队登陆成功，占领了 5 个 8 ~ 10 公里的登陆场。然而形势并不乐观，盟军没有完成当天的任务，没有占领预定占领的地区，尤其是没有占领卡昂和贝叶，而且在 5 个滩头中，只有哥尔德海滩和朱诺海滩连成一片，其余滩头之间都存在很大的空隙，尤其是美、英两军之间还有长 12 公里的大空隙。只有顶住德军随后的反击，并将 5 个滩头连成一片，扩展成统一登陆场后，盟军才能在欧洲大陆立足。

　　7 日，在诺曼底滩头，盟军的空降兵与登陆兵共有 176 000 人踏上了法国的土地，2 万辆各种车辆驶上了诺曼底大地。

　　盟军以伤亡与失踪 8000 人，换来了德军苦心设置的"大西洋壁垒"。

　　德军在抗登陆作战方面则显得行动迟缓、指挥不力、通信不畅。

　　在盟军登陆时，德军高级将领里仅有伦德施泰特在指挥岗位上。

　　1944 年 6 月 7 日，盟军登陆部队开始着手建立统一的登陆场。

　　盟军在诺曼底登陆的消息传回德国，德国上下惊慌不已，他们无法接受第二战场的现实。

　　6 月 8 日，盟军后续登陆部队上陆之时，空降部队攻占了登陆场内的机场、港口、城镇与交通枢纽，支援第二梯队上陆，连接与巩固登

陆场。

后续军团在第一梯队夺取并巩固登陆场以后，从占领的港口上陆，迅速准备陆上进攻战役。

这时，德军为了摆脱被动的局面，对诺曼底的反击力量开始陆续加强。

但是，希特勒、伦德施泰特、隆美尔等德军高级指挥官仍认为，加来才是盟军的主攻方向，诺曼底仅是盟军进攻的次方向，盟军只是在进攻之初有意把诺曼底的规模搞大了。在错误的判断之下，德军抗登陆作战更加被动。

6月9日，盟军的登陆部队在地上构筑工事，掩护后续梯队登陆。

6月10日，隆美尔和西线装甲集群司令施韦彭格上将决定集中诺曼底的所有装甲部队，在第二空降军的配合之下，全力开始反击，以阻止盟军不断扩大登陆场。

不料盟军飞机轰炸了德西线装甲集群司令部，施韦彭格被炸成了重伤，他的参谋长及很多参谋丧生，这次反击因而胎死腹中。

6月11日，美第五军推进到科蒙—塞里亚—伊济尼一线，其先头部队越过维尔河口，准备打通和美第七军的联系。

德军知道这两个军一旦会合将构成极大威胁，所以全力阻止美军的行动。

双方激战不断，黄昏时候，美军第五军已和第七军建立联系。

同日，盟军的人工港在诺曼底投入使用，这使盟军的卸载速度得到了大大提高。

美军地段的"桑树A"人工港，卸载车辆的速度达到每分钟2辆。

英军地段的"桑树B"人工港，物资卸载量从起初的日均600吨达到日均1500吨。

6月12日，盟军各登陆地段已基本稳固，连成了正面80公里、纵深13～19公里的登陆场。

经过一周的激战，希特勒一度寄予希望的"大西洋壁垒"被盟军突破了。

诺曼底的成功登陆，使第二次世界大战的形势发生了重大变化。

英国首相丘吉尔在视察硝烟弥漫的诺曼底战场以后说："历史上最困难、最复杂的战役，使盟军重返欧洲大陆。"

6月13日，德军的第一颗飞弹落在了伦敦，但这并没有对盟军登陆造成多大影响。

希特勒与隆美尔准备在盟军登陆之初将其赶下海的计划破灭了。

隆美尔将集中精力建立新的防线，准备把盟军长时间封在登陆场

盟军诺曼底登陆

内，以免盟军向纵深挺进。

蒙哥马利开始扩大登陆场，右翼布莱德雷的美第一集团军向圣洛方向推进，左翼的英第二集团军向卡昂推进。

17 日，希特勒飞赴西线，命伦德施泰特与隆美尔在巴约向海岸进行反击，分割盟军部队，并不惜一切代价守住瑟堡。

18 日，美登陆部队切断科唐坦半岛。21 日，在舰炮火力的支援下向瑟堡发起总攻，迫使德国守军在 29 日投降。

因在遍布灌木树篱的地形作战，所以盟军进展缓慢。英军预定在D 日夺取卡昂，但因遭到德军装甲师的顽抗，到 7 月 9 日才攻克该城奥恩河北岸部分。19 日，英军占领全城，牵制了德军大量预备队，为卡昂以西地区的美军作战创造了有利条件。

6 月 18 日，美军攻占了科唐坦半岛中部的巴内维尔。

6 月 19 日，美军发挥其机动性强的优势，掉头直取蒙特堡，将科唐坦半岛拦腰切断。

与此同时，英吉利海峡风暴突起，风力 8 级，浪高 1.8 米，盟军损失惨重。

美军地段的"桑树 A"人工港，浮动码头解体，沉箱断裂，十字形钢制件也因相互碰撞而严重受损。

英军地段的"桑树 B"人工港，由于海底礁石的保护作用，损失较小，只损毁了 4 个沉箱。

在登陆滩头，盟军有 7 艘坦克登陆舰、1 艘油船、3 艘驳船、1 艘大型人员登陆舰、7 艘拖网渔船、67 艘登陆艇被大风刮沉，1 艘巡洋舰与 1 艘渡船因碰撞而损坏，还有些舰船因风浪引爆了德军设置的水压水雷而被炸伤。

狂风暴雨将大约 800 艘舰艇抛到了陆地，使盟军整整 5 天无法卸载，使 2 万辆车辆、10 万吨物资不能按计划上陆。

风暴所造成的物质损失远远超出了 13 天作战所带来的损失，给盟军的后勤补给带来了严重的困难。

德军如果及时抓住这一千载难逢的战机，进行有力的反击，战局很可能要改写。

可惜的是德军当时的兵力仅能勉强进行防御。德军虽从匈牙利调来整编的党卫军第 9、第 10 装甲师，但这两个师却因为法国境内的铁路遭到严重破坏，部队集结非常困难，不能及时到达，错失了这一绝好的时机。

6 月 20 日，美军有 3 个师推进到了距瑟堡 8 公里处。瑟堡位于科唐坦半岛北部，是法国北部最大的港口。

德军在这里筑有混凝土野战工事，还充分利用河流与水渠设置了反坦克障碍，城郊部署了 20 个设在暗堡里的炮连，其中有 15 个装备口径达 150 毫米的重炮，这些火炮不但能向海上目标射击，还能控制内陆道路。

但德军兵力不足，前一时期的战斗已消耗了德军大部分有生力量，城防司令施利本将军不得不将勤杂人员编到战斗部队，勉强凑够了 4 个团的兵力。

6 月 25 日，美军攻占了港口要塞瑟堡，但港口却遭到了彻底性的破坏。

同时，英第二集团军向卡昂发起了进攻。

6 月 28 日，德第七集团军司令多尔曼因心脏病发作而猝死于前线；7 月 1 日，德西线总司令伦德施泰特被免职，克卢格元帅代替他的位置。德军损兵折将，处境非常危急；7 月 17 日，隆美尔被英国飞机炸伤，不得不返回德国，其职务只好由克卢格兼任。

到 7 月初，美、英、加军队已登陆达 100 万人，车辆 17 万余辆，补给品近 60 万吨。因登陆场太小，盟军为扩大登陆场展开了作战。

7 月 6 日，盟军除了登陆艇外，还利用"桑葚"人造港、"醋栗"防波堤和"冥王星"海底输油管，将 929 000 名官兵、586 000 吨补给物资及 177 000 台车辆输送上岸。

这时盟军和德国守军的兵力比例为 2 : 1，火炮为 3 : 1。盟军的轰炸让卡昂的街道不能通行，而蒙哥马利也吃尽了隆美尔的苦头，英第二集团军进展缓慢。

7 月 17 日，隆美尔的汽车被盟军飞机攻击，他虽多处负伤但奇迹般地活了下来。

7 月 18 日，英军攻占了卡昂。同时，美军也占领了圣洛城，从此在西欧大陆上建立起了卡昂延伸到圣洛的稳固战线。

从 6 月 6 日至 7 月 18 日的诺曼底登陆战役，德军伤亡 116 000 人，盟军伤亡近 120 000 人。

对于整个诺曼底登陆战役，斯大林给予高度评价：就其规模，就其宏大的布局，以及杰出的执行计划情况来讲，战争史上从来没有过足以和它类比的事业。众所周知，拿破仑当年强渡英吉利海峡遭到惨败；战争狂人希特勒准备了"海狮计划"，但面对英海军，只不过吹了两年牛皮。只有盟国才胜利地实现了强渡海峡的庞大计划。

盟军重拳出击"狼群"

5 时 13 分，邓尼茨向 49 艘潜艇发布命令：凡登陆的舰艇，都是重要的目标，无论冒任何危险都必须攻击。

早在 1944 年 5 月，德国和盟国就在为法国之战做准备，那是最具有决定性的战役。

一旦法国登陆失败，盟国的损失肯定会加大，甚至会使德国寄予厚望的新式潜艇、新式飞机和轰炸机以及准备轰炸英国的导弹将赢得时间投入战场。

一旦盟军登陆成功，德国将被迫进行大规模陆上决战。为了阻止盟军横渡海峡在法国登陆，邓尼茨被迫投入整个潜艇部队。

按照邓尼茨的作战计划，应把潜艇藏在比斯开湾各基地的水泥洞库中，等到盟国进行的登陆轰炸一结束，登陆开始后，潜艇全部出动，不惜付出重大的代价。

邓尼茨认为盟军最可能的登陆地域就是加来海峡，宽度不超过 30 海里。德国潜艇一夜就能在水面上航行 150 海里，会有几艘潜艇突破防御，摧毁易受攻击的运输舰船。

尽管造船厂尽了最大的努力，到 1944 年 6 月初，负责抗登陆任务的 49 艘潜艇中却只有 9 艘安装了通气管。盟军对法国铁路进行了大规模的战略轰炸，许多改装用的配件堆在货场中，无法运到前线。即使有一些潜艇突破了空中巡逻网，还会受到 300 多艘驱逐舰、护卫舰和拖网渔船的威胁。

1944 年 6 月 6 日，诺曼底登陆开始了。5 时 13 分，邓尼茨向 49 艘潜艇发布命令：凡登陆的舰艇，都是重要的目标，无论冒任何危险都必须攻击。

6 日夜晚，15 艘德潜艇从布勒斯特出发，其中 7 艘安装了通气管，能够潜航到达英吉利海峡。剩下的 8 艘，被迫浮出水面充电，以便有充足的电能在天亮后潜航。

8 艘潜艇排成一路纵队，向西驶去。不久，U–415 号德潜艇受到飞机的攻击。U–256 号德潜艇击落一架飞机。

U–415 号潜艇接收到很多盟军飞机的雷达信号，其中来自右舷的雷达信号最强。一架盟军飞机出现，从右舷发动攻击。潜艇还击，飞机向它投掷了 4 颗深水炸弹。

U–415 号潜艇的两台发动机都坏了，机械师修复了柴油机，它能够继续行驶后，便同 U–256 潜艇返回基地。此战中盟军飞机还炸沉了 2 艘德潜艇。

天亮后，潜艇陆续在水中潜航。U–212 号潜艇没来得及下潜，遭到两架蚊式鱼雷机的攻击，只好摇晃着逃回基地。

在整个战斗过程中，盟军飞机都没有发现德国飞机。在 6 月 7 日

盟军飞机轰炸德国潜艇基地

夜晚，36 艘德潜艇浮出水面充电，继续向东航行。

8 日凌晨，加拿大的一架解放者式飞机关闭雷达后，用最快的速度飞向一艘德潜艇。

飞机在潜艇上空 40 英尺的高度上掠过时，投掷 6 颗深水炸弹，几乎把潜艇完全炸碎了。

10 分钟后，这架飞机又从月光处钻出，关闭雷达，用 6 枚深水炸弹击沉了另一艘德潜艇。

6 月 6 日从布勒斯特港出发的 8 艘没有安装通气管的潜艇，现在只剩下 4 艘。

4 艘潜艇在 8 日早晨遇到了英国飞机。U–413 号潜艇与一架飞机展开了一场激战。潜艇重创了飞机，飞机也重创了潜艇，各自返回基地。

剩下的 3 艘潜艇在接下来的几天里，都被击沉了。

尽管遭受重大损失，没有装通气管的潜艇仍然无法靠近英吉利海峡。

剩下的 22 艘没装通气管的德潜艇，试图摆脱盟军飞机，但还是有 5 艘受损，1 艘沉没。

至 6 月 23 日午夜止，盟军飞机击沉了 9 艘德潜艇，击伤 11 艘。6 艘带有通气管的德潜艇驶入英吉利海峡，另外 2 艘因为耗光了蓄电池能量而驶入圣彼得港。

6 艘德潜艇偷偷地击沉了两艘英军护卫舰，英军军舰立即报复，击沉了一艘潜艇。

15 日，U–621 号潜艇击沉一艘美国坦克登陆舰，攻击了两艘美国战列舰。盟军的军舰把它赶跑了。两周后，第二艘装有通气管的德潜艇进入猎场。

装有通气管的潜艇能够使用柴油机无限期地潜航，潜艇露出水面的是 3 英尺高的通气管的顶端。如果海面平静，潜艇正在航行时，盟

军能够在5英里远发现通气管的航迹。

对通气管的搜索就像在广阔的球场上寻找高尔夫球一样难。而且，雷达发现通气管的距离也不超过4英里。

6月18日，一架美国的解放者式飞机发现了一股德潜艇喷出的烟云，接着发现了德潜艇的通气管。飞机投掷了深水炸弹，只对潜艇造成轻伤。

7月11日，一架飞机发现了一艘潜艇的通气管。潜艇同时也接收到了飞机的雷达厘米波，连忙下潜，由于艇艏下潜得太快，艇艉伸出了水面。飞机趁机摧毁了艇艉，潜艇沉没了。

与此同时，英国航空兵与从挪威和德国各基地出发的德国潜艇展开了空潜战。6月间，英国飞机击沉5艘德潜艇，重创4艘。

8月底，盟军几乎已经占领了整个法国。沿比斯开湾的德潜艇基地或被攻占或被包围。德国潜艇被迫向挪威基地转移，几乎每一艘都安装了通气管。

盟军重返欧洲大陆

诺曼底登陆成功，美、英军队返回欧洲大陆，第二次世界大战的形势发生了根本性变化。

7月以来的滂沱大雨和满天乌云使盟军的进攻不是被天气所扰，就是连连遭到德军阻击。7月是盟军继续受挫、伤亡重大的一个月。在英国和美国，民众对此日益感到不安，纷纷提出指责，他们认为，盟军的反攻形势走上了第一次世界大战残酷的阵地战的老路。

在英军受挫的同时，美军占领瑟堡以后也打不开局面。布莱德雷不顾德军的顽强抵抗，在地形不利的小块田地和沼泽地里，经过3周的激战，以伤亡1.1万人的代价，占领变成废墟的圣洛。

盟军登陆成功以后，决定实施大规模的地面进攻。计划由蒙哥马利从卡昂发起进攻，占领法莱斯，打开巴黎的大门；布莱德雷在圣洛西南突破德军的防御，向布列塔尼半岛根部的阿夫郎什推进。英、美部队进攻代号分别为"赛马场"与"眼镜蛇"行动。

1944年7月18日，美军攻占了交通枢纽圣洛，分割德军"B"集团军群。

当美、英、加军顺利抵达卡昂、科蒙、莱赛后，形成了正面150公里、纵深13～35公里的登陆场。

英军首先发起了"赛马场"行动，英第二集团军的第2师、警卫装甲师与第7装甲师从卡昂向西南打去。

为了支援英军的进攻作战，盟军出动4500余架飞机，投弹达7000多吨。

英军装甲师的坦克集群在炮弹的呼啸声之中，冲向了法莱斯。

德军西线"B"集团军群司令隆美尔，早就预见了盟军的这一招。隆美尔在防御区内，精心部署了装甲部队和炮兵部队。隆美尔还层层布下数以百计的对坦克构成致命威胁的88毫米口径的高射炮和6管火箭发射器。

早在几个月以前，隆美尔就打算在诺曼底的战役爆发后不能把盟军赶下海，就在这一防御区与盟军较量，并把盟军歼灭。7月17日下午，隆美尔视察前线后乘车返回总部，半路上遭到1架英机的截击，结果翻车受伤。隆美尔伤势严重，出院后，隆美尔由于先前参与刺杀希特勒的秘密活动，事败后，于1944年10月自杀。

盟军飞机轰炸时，德军立即把坦克隐蔽起来，飞机一走，又把它们推了出来，把英军坦克打得不是爆炸就是起火。

在英军与德军防守的法莱兹开阔平原之间，隆美尔埋伏的88毫米口径的火炮群，令英国部甲部队和步兵部队防不胜防。蒙哥马利不顾伤亡惨重，持续进攻3天。

到20日下午，英军以损失400多辆坦克的代价，只向前推进了11公里，建立起一条很不稳固的狭长突出阵地。此时，天降暴雨，蒙哥马利不得不暂停进攻。

希特勒终于相信，诺曼底登陆是盟军的主要入侵行动，希特勒命令守卫加来的第15集团军25万人投入诺曼底战场，由于法国的交通线都遭到破坏，第15集团军花了一个月的时间才赶到诺曼底。这已经太晚了，早在7月5日，盟军百万大军已在诺曼底登陆，而西线德军还不足50万人。

尽管蒙哥马利发动的"赛马场"攻势失败了，但在战略上，英军牵制了西线德军大部分的装甲部队和炮兵部队。

这样，巴顿的"眼镜蛇"攻势成为盟军进攻的高潮。在巴顿展开兵力的过程中，蒙哥马利加强了对德军的牵制性进攻。巴顿的第三集团军是一支超机动化的装甲部队，德军的装备无法与之为敌。

德军的9个师对付巴顿的第三集团军，大多是由其他溃散部队的残兵败将拼凑而成的。

7月间，战斗呈现白热化，美军和英军的伤亡在逐渐加大。

7月25日，布莱德雷率美第一集团军开始实施"眼镜蛇"行动。

上午9时45分，盟军出动2430架飞机向目标区投下了4000吨炸弹与燃烧弹。

德军阵地被盟军炸得一塌糊涂，通信线路被炸，重型装备损失

美军谢尔曼坦克群

殆尽。

事实上，李尔装甲教导师已被轰炸机消灭。

轰炸结束后，美第七军军长柯林斯中将挥师向前推进。同时，其右翼的第八军与左翼的第十九军也发起了攻击。

美军坦克大多装有发光识别板与对空联络电台，遇到地面抵抗就会呼唤空军支援，由于地空的默契配合，美军前进速度非常快。

7月27日，美第八军与第七军将德第12党卫军装甲师团团包围，德军突围不成，又被盟军飞机轰炸。

7月30日，这个德国装甲师全军覆没。

当晚，美第八军占领阿夫郎什，进入布列塔尼半岛，打开了进入法国腹地的通道。

8月1日，美军组建第十二集团军群，布莱德雷任司令，下辖巴顿的第三集团军（第八、第十二、第十五、第二十军）及霍奇斯的第一集团军（第五、第七和第十九军）。共5个装甲师、16个步兵师，约40万人。

第三集团军的 4 个军刚在阿夫郎什集结，巴顿就命令各军呈扇形展开，第八军向西直扑布列塔尼半岛顶端的布雷斯特，其余部队向东推进。

3 天时间，第十五军就向前推进了 110 公里，抢占了通往勒芒的公路。

面对盟军绝对优势兵力的强大进攻，克卢格只能退到塞纳河一线防守。

希特勒不相信克卢格，甚至怀疑西线德军没有尽力作战。

于是，希特勒把守卫加来的十五集团军的几个师调到诺曼底，从法国南部调来兵力，准备和盟军决一死战。

8 月 3 日，希特勒将代号"吕希特"的作战计划下达给克卢格，下令克卢格带领全部装甲师从莫尔坦向阿夫郎什进攻，把向东突进的巴顿军团的交通线切断，将美军"掷回大海"。

如果德军能控制制空权，这倒不失为一个合理的计划，但德军却没有制空权，因此这和自杀无异。

8 月 7 日，克卢格集中了 5 个装甲师与 2 个步兵师向莫尔坦发起了进攻，并迅速占领了该地，但当他继续向阿夫郎什推进时，受到了美军装甲部队的抵抗。

中午，盟军出动数百架轰炸机，对莫尔坦一阵狂轰滥炸，炸毁了 60 辆德军坦克与 200 辆汽车，剩下的钻入了树林。

当日夜间，蒙哥马利命令加拿大第一集团军向法莱斯突击，布莱德雷也下令正向东进攻的巴顿军团调头北进，合围德军主力。

克卢格见情势不妙，想放弃"吕希特"行动，可是希特勒不同意。

8 月 13 日，巴顿率领的第十五军推进到与英、加军队分界线阿让唐以南 12 公里的地方，此时加拿大部队仍在法莱斯以北 10 公里之外苦战。

　　巴顿打电话给布莱德雷，要求越过分界线占领阿让唐与法莱斯。布莱德雷考虑到盟国部队之间的关系，下令巴顿不得越界。在巴顿的力争之下，蒙哥马利同意让美军先于英军占领了阿让唐。

　　8月16日，德军主力终于接到了撤退命令，德军5个装甲师猛攻阿让唐，该地的3个美军师勉强挡住了德军的进攻。与此同时，加拿大第一集团军占领了法莱斯，但他们离美军仍有25公里之遥，德军此时拼死冲向了这个缺口。

　　两条乡间小路上到处挤满了德军的坦克、车辆与人员，他们趁着天气恶劣、盟军飞机出动不了的良机，拼命外涌，总算冲出了一些部队。

　　8月17日，天气转好，盟军飞机蜂拥而至，对外涌的德军进行无情的轰炸和扫射，成千上万的德军被打死。

德军虎式坦克

当天，克卢格因牵涉谋杀希特勒而被解职。克卢格交出职务以后，在 8 月 19 日服毒自杀。隆美尔也因此事件在 10 月 14 日被迫自杀。

8 月 19 日，美军和加拿大军队在阿让唐与法莱斯之间的尚布瓦、特兰会合，把德军的 12 个师扎在了口袋里。

但因口袋口处的兵力相对较弱，有些德军还是冲了出去，其中包括一半左右的装甲师。

德军逃出了总数的 1/3，没有冲出去的德军，在越缩越小的包围圈内苦苦挣扎，被盟军飞机、大炮与机枪射杀。

法莱斯以西成了一口血肉沸腾的大锅，德国人称它为"法莱斯开水壶"。盟军在包围圈内打死德军 1 万多人，俘获 5 万人。

8 月 25 日，巴黎光复，诺曼底会战结束了。

到 8 月底，盟军共消灭或重创德军 40 个师，在此期间德军有 3 名元帅与 1 名集团军司令被撤职或者离职。盟军击毙与俘虏德军集团军司令、军长、师长等高级将领达 20 人，缴获摧毁德军火炮共 3000 多门，摧毁战车 1000 多辆。德军损失飞机 3500 架、坦克 1300 辆、各种车辆 20 000 辆、人员近 50 万人。

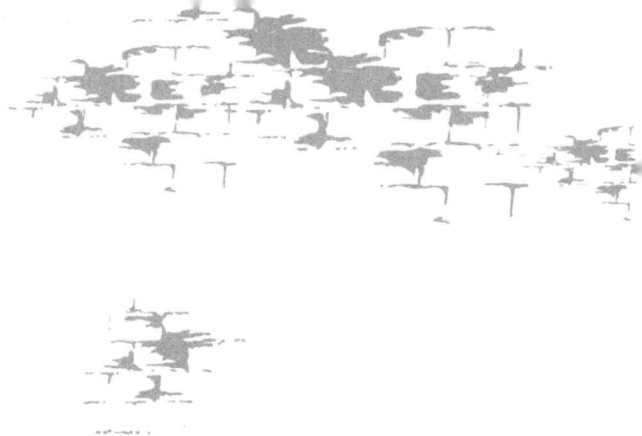

第七章

胜利进军日本海

伏击山本五十六

　　罗斯福说:"那么就干掉这位'老朋友',我们给它起个什么
代号呢?"

　　盟军方面,1943 年 1 月,美国和英国联合参谋长会议在卡萨布兰卡举行,最后会议规定,在对德国作战不受任何影响的大前提下,太平洋作战除了应该完全收复新几内亚岛和所罗门群岛外,还要占领阿留申群岛,再进攻日军控制的加罗林和马绍尔群岛。

　　卡萨布兰卡会议命令美国参谋长联席会议负责指挥太平洋海域的所有军事行动。

　　在太平洋战场上发动大规模的反攻,盟军共有两条有利的路线能够选择,一条是顺着西南太平洋方向,由新几内亚岛到菲律宾群岛进行反攻;另一条是经过中太平洋,由珍珠港朝西进攻。

　　自 1942 年 12 月起,在大反攻的两条路线的问题上,美太平洋军队的内部产生了巨大的分歧。

　　以美国海军作战部长金上将和尼米兹为首的海军主张从中太平洋的珍珠港发起大反攻。他们宣传说,中太平洋海域的很多日占岛屿将日本与东南亚、台湾和琉球群岛有机地连在一起,占领后,盟军能够插入日本"大东亚帝国",切断日本的原材料、食品和燃料的运输线。

　　再有,新几内亚岛周围海域十分狭窄,不利于海军作战,而中太平洋海域有利于盟军出动舰身庞大且数量越来越多的航空母舰,有利于实现盟军的新战略计划,那就是出动航空母舰特混部队分割和围困日本帝国的一系列岛屿。

但以麦克阿瑟为首的陆军却主张顺着西南太平洋路线一路进行大反攻。麦克阿瑟解释说，取得胜利的最快办法是，占领日军刚刚攻占的南方土地，那里才是日本维持战争所必需的原材料供应地。而选择中太平洋路线容易受到被日军攻占的一系列岛屿的袭击。

1943 年 3 月 28 日，美国参谋长联席会议又举行了会议，对两派的意见进行了协调，取缔了 1942 年 7 月 2 日规定的攻打拉包尔的计划。太平洋战场上陆海军的作战目标是：第一，在基里维纳群岛和伍德拉克岛修建机场；第二，占领莱城、萨拉马瓦、芬什港、马当、新不列颠岛西部；第三，完全收复所罗门群岛。

盟军在地中海获得胜利的同时，在太平洋也获得了巨大胜利。1943 年 4 月中旬，山本五十六决心亲赴所罗门群岛北部的日军基地，巡察并鼓舞士气。日军没有制空权，参谋们认为这样做非常危险，都劝山本五十六不要前往。

但山本五十六下令："GF 长官将于 4 月 18 日前往视察巴拉尔岛、肖特兰岛和布因基地……本视察日程往后顺延一天。"

4 月 13 日 17 时 55 分，美军设在阿留申群岛荷兰港的监听哨收到了那份"电报"，马上交给太平洋舰队，情报官罗奇福特立即把这份重要的电报破译出来。

4 月 14 日下午，罗奇福特向尼米兹递交了一份刚被截获的日本海军电报。这是一份有关山本五十六行踪的情报。

罗奇福特中校是美军的密码破译人才，他主持破译了"日本海军 25 号密码"。

现在，尼米兹接过莱顿中校送来的电文，稍一观看，职业本能就让他瞪大了眼睛。那封电报由日本海军东南航空战队总司令发给布干

维尔岛驻布因的日本驻军司令。

电报写道:"4月18日,联合舰队司令长官将视察……"

尼米兹认真读完电报,走向巨幅军用地图。罗奇福特走上前去补充道:"新不列颠岛首府拉包尔距离布干维尔岛首府布因约320公里。"

一会儿,罗奇福特说:"美军驻瓜岛的机场距离山本五十六座机第一站目的地布因的距离为500公里。"

尼米兹大声问罗奇福特:"我们能不能结果山本五十六。"

罗奇福特说:"瓜岛机场驻有最新式双发闪电式战斗机,最高时速达765公里,活动半径达926公里,升高达12 200米,可以到布干维尔岛高空设伏,击毁山本五十六的座机。"

尼米兹说:"我是说,伏击日海军总司令,是否光明磊落?"

罗奇福特说:"将军,你忘记珍珠港了吗?难道日军偷袭珍珠港就光明正大吗?山本是日本海军的军魂,是日海军战略的主要制订者,干掉山本五十六胜过干掉几艘航空母舰。没有人能够代替山本五十六。"

尼米兹命令有关指挥官拟定出动瓜岛机场的美军战斗机群,伏击山本座机的作战计划。

不久,尼米兹向华盛顿报告。罗斯福总统感到事态严重。战争期间,暗杀敌方高级将领是要遭到同样报复的。罗斯福就曾差点被德军潜艇发射的鱼雷暗杀。

当时,美国人信奉骑士风度,认为暗杀是懦弱的行为,因此一直没有暗杀希特勒、墨索里尼,虽然美国间谍遇到过很多次这样的好机会。

罗斯福召集陆海军要员,在午餐会上密商这件大事。

海军部长诺克斯强烈反对:"这太不光彩了,我们必须听听主教大人的意见，看看谋杀敌军领导人是否符合基督教的教义。"

陆军部长亨利·史汀生笑道："难道日军偷袭珍珠港就符合基督教的教义吗？山本五十六既然如此卑鄙，也就丧失了基督教教义的保护。况且，在战场上，敌方司令官和普通士兵都应该消灭掉！"

金上将说："对美国来说，山本是凶神。这次绝不能放过他。"

马歇尔说："山本是美国的心头之患，若我们趁这个机会干掉山本，能够使美军免受更大的损失。"

诺克斯问道："山本的巡视日程好像是精心安排的，这是不是圈套呢？想将美军的飞机歼灭呢？"

海军情报局负责人扎卡赖亚斯说："不可能伪造电报，这份电报用的是日军的五位乱数式密码。乱数表是 4 月 1 日刚变更的，日本人不会想到我们能够破解这种密码。"

罗斯福说："那么就干掉这位'老朋友'，我们给它起个什么代号呢？"

诺克斯说："为了报珍珠港一箭之仇，就称它为'复仇者'行动吧！"

罗斯福总统和海军部长诺克斯正式批准了这一计划。

4 月 15 日，尼米兹下令执行伏击山本座机的行动，此次行动的代号为"报复行动"。

日本海军大将山本五十六时年 59 岁，1943 年 2 月，日军从瓜岛败退，战局不利于日本。山本五十六亲临战区巡察、指挥，计划死守西南太平洋战略要地布干维尔岛，控制所罗门海域。没想到，日海军的密码再次泄密，山本五十六落入尼米兹的伏击之中。

4 月 18 日晨，山本五十六按计划登上日本海军轰炸机。参谋长宇垣海军少将及随行人员登上另一架轰炸机。6 时整，两架轰炸机起飞，

随行护航的 6 架日军战斗机同时起飞。日军轰炸机时速为 438 公里，活动半径为 1288 公里，装有 4 挺机关枪。日军战斗机时速为 564 公里，活动半径为 1208 公里，综合性能居各国空军战斗机之首。

当天早晨 7 时半左右，山本的座机在日军战斗机群护航下，到达布干维尔岛上空。突然，8 架美式战斗机闪现在日军机群的上空。

所有护航的 6 架日军战斗机，不等命令下达，全部扑向美军机群，双方上下翻飞，战在一起。两架日军轰炸机趁机降低高度，贴着树梢朝东南方的布因日军机场飞去。

没想到又飞来一群美机，一共 9 架战斗机，分头朝 2 架日军轰炸机冲了过来，并连续开炮。很快，1 架日军轰炸机中弹起火，栽入丛林中坠毁；另 1 架轰炸机坠入大海。

美军机群伏击山本的座机成功后，向瓜岛的美军基地发报："老爹见了黄鼠狼。"17 架美军战斗机都安全返航了。

4 月 19 日，日军找到了山本座机的残骸。看见山本五十六系着安全带坐在飞行座椅上，手紧握着佩剑，尸体没有血污。山本是被一颗机枪子弹从颌部穿过，穿透太阳穴致死的。

山本五十六死亡的消息传来，日军统帅部各要员似五雷轰顶，惊得说不出话来。他们都知道"名将之花"之凋谢对民心军心之士气是何等沉重的打击！为了避免引起恐慌，关于山本五十六的死讯严格保密。

为了迷惑日本人，尼米兹上将命令美航空兵部队，多次在伏击山本五十六的上空巡逻，使日本人误以为山本的死纯属偶然。直到战后，美国才公布了这一事件的真实经过。

山本的遇难，对日本国民的士气造成了重大影响。山本之死是对日本海军的沉重打击，其继任者古贺峰一和丰田副武的能力和地位都不如山本，日本海军走向了灭亡之路。

日本统帅部于1943年制定了《东亚战争第三阶段作战帝国海军的作战方针》《联合舰队司令长官的作战方针》。

日本统帅部要求沿太平洋的阿留申群岛、威克岛、马绍尔群岛、吉尔伯特群岛、瑙鲁岛、大洋岛、俾斯麦群岛、帝汶岛、爪哇岛、苏门答腊岛、尼科巴群岛和安达曼群岛一带建立"绝对国防圈"，特别要坚守东南亚、千岛群岛、马里亚纳群岛、加罗林群岛等地方。

由于太平洋战争对日本的形势不利，日军不得不转入"确保要域"的战略防御，就是在西南方向以拉包尔为中心在俾斯麦群岛构筑一条防御圈，对防御圈两侧的前沿阵地布干维尔岛、肖特兰岛和新乔治亚群岛，还有马绍尔群岛、吉尔伯特群岛等，都要做出最大努力，一定要顶住盟军的强大攻势。

"跳蛙战术"

　　盟军占领莱特岛后，菲律宾群岛的日军防线被一分为二，日军失去了重要的屏障。

盟军攻克西西里、进攻意大利的同时，1943年11月，美军在太平洋发起了全面的战略反攻。美军采用"跳蛙战术"，在进攻过程中放弃一些对他们前进影响不大的岛屿，或者绕过日军设防强大的岛屿，挫败日军死缠烂打的企图。

当时，日海军的力量已无力与美海军抗衡，还要给太平洋上星罗棋布的守岛日军运输给养，当美海军封锁一个个孤岛时，孤岛的日军

别说作战，连走路都没有力气，只能饿死或弃岛逃生。这种战术不仅能够大大减少盟军的伤亡，而且大大加快了作战进程。

1944年初，盟军在太平洋战场进行了强大的战略反攻。日本的国力和军力已经逐渐枯竭，防御作战接连失利。

从1944年6月起，在中太平洋方向的盟军开始进攻日军的内防御圈马里亚纳群岛地区。尼米兹决定于6月15日攻占塞班岛，以切断日本与南太平洋各岛间的海上联系，建立巩固的海军基地，取得西太平洋地区的制海和制空权。

1944年6月15日，美海军陆战队第二师、第四师和步兵第二十七师，在8艘航空母舰、7艘战列舰、11艘巡洋舰和50艘驱逐舰的护送下，向塞班岛驶去。

在滩头，美军遭到了日军疯狂射击。日军在战壕里用重机枪朝刚上岸的美军疯狂扫射。许多美军倒下了，幸免于难的美军纷纷趴在沙滩上。这时，水陆坦克还没有上岸，美军不能前进。

上午10时，水陆坦克上岸了。在坦克的支援下，美军纷纷向岸上推进。可是，面对日军的疯狂扫射，美军的伤亡更重了，推进的速度也下降了。

黄昏，已经有2万名美军登陆，推进的距离只达到预定的一半，却伤亡2000人。而且，在美军的防御阵地上还有一个大的缺口。

深夜，为了尽早发现日军可能发起的反攻，美军一直保持着警惕，多次发射照明弹。很快，日军发动了反攻。日本兵纷纷喊叫着，端着刺刀朝美军扑来。

美军没有被日军的疯狂进攻所吓坏，美军把日军的方位报告给在海上的战舰，舰炮用强大的火力进行轰炸。

随着暴风雨般的轰炸，前面的日军全部炸死在炮火之中。然而，不甘示弱的日军再次发动集团冲锋，等待日军的又是被炸死。

同时，日军的大炮也在不停地轰炸，日军的炮火非常猛烈，是美军以前登陆时所不曾遇到过的。很多日军从美军防线的缺口处冲进，跑到美军防线的后面，很快被美军的后续部队歼灭了。

拂晓，日军再次组织集团冲锋。这次，日军突破了美军的防线。双方进行激烈的白刃战。枪声、拼杀声、哀嚎声连在一起。这次，日军被击退了。虽然日军疯狂地进攻，但美军仍然守住了防御阵地。

6月16日，双方进行了激烈的争夺战。日军的炮火很凶猛，美军的水陆坦克损失惨重，无法发挥作用了。这时，美军已经全面上岸参战，形势十分危急。若战斗这样打下去，美军可能会失去战役的主动权。

6月17日，美军终于击败凶残的日军，开始向纵深推进。经过几天的激战，日军被围困在高地上的袋形地区中。这里原是一座火山，山里到处都是岩洞，是天然的防御工事。

日军利用岩洞，准备顽抗到底。美军的主力部队绕过岩洞。美军派出特种部队，用火焰喷射器和炸药包对付洞中的日军。

岛上的日军渴望日海军联合舰队来支援，继续疯狂地射击。在马里亚纳海面，赶来的日本舰队被美海军打败了，塞班岛的日军已经成了美军的猎物。

6月底，躲在岩洞中和地下工事里的日军断粮了，被迫用草根树皮充饥。

7月6日，岛上的南云忠一海军中将切腹自杀。随后，斋藤陆军中将和其他军官纷纷自杀。

忽然间，一阵喊叫声从远处传来。一些日军纷纷跑过去观看，原来是许多伤兵正在跳崖自杀。有的日军问他们为什么要自杀，众伤兵泪流满面，一位伤兵说："美军残忍至极，竟用黑猩猩打仗，女人若当

了俘虏，统统会与黑猩猩交配，生了怪物以后杀掉。男人落在黑猩猩手中，都会被喂了黑猩猩。我们要到靖国神社去了。"许多日军听完，一阵毛骨悚然。

一位军医带着300多名伤员向悬崖边上走去，"再见吧，母亲！"的喊声不断传来。随着阵阵手榴弹的爆炸声，2000多名不能行走的伤兵自杀了。

7月7日清晨，塞班岛上的3000名日军叫喊着"天皇万岁"，端着机枪和步枪，冲向美军阵地。美军凭借武备上的优势，击退了日军的进攻。

7月8日，美军全部占领了塞班岛，继续扫荡躲在洞中的日本军民。

塞班岛战役使日本的"太平洋防波堤"彻底崩溃，"绝对国防圈"中的关键岛屿被攻占。日本统帅部认为盟军西南太平洋战区的部队可能抢先对菲律宾群岛发动进攻。中太平洋战区的盟军会寻找日海军联合舰队决战，同时加紧对中太平洋战区日占岛屿的攻占。

塞班岛之战是美军太平洋反攻中具有决定性的战役。塞班是日本陆海军的心脏。塞班岛的失守所带来的沮丧，比以前所有败绩加在一起所带来的沮丧还要大。

日军统帅部制定了新的作战方针，其代号为"捷"号作战。1944年7月24日，日本统帅部对陆海军下达了决战命令。要求陆海军互相支援，极力维持现有的防御圈，在作战中歼灭美太平洋舰队和盟军进攻菲律宾群岛的兵力，确证日本内防御圈的绝对安全。

盟军占领莱特岛后，菲律宾群岛的日军防线被一分为二，日军失去了重要的屏障。

吕宋岛是菲律宾群岛最大的岛屿，是政治、经济和文化中心。

麦克阿瑟制订的计划是：一路盟军在林加延湾登陆，登陆后向

登陆吕宋岛的美军两栖车

吕宋岛中西部机场挺进；另一路盟军在吕宋岛南部登陆，牵制南部的日军，协同北路盟军夹攻马尼拉。金凯德的第七舰队和第七两栖编队负责海上运输和掩护；哈尔西的第三舰队和肯尼的陆基飞机负责空中支援。

1945年1月3日，金凯德指挥庞大的舰队从莱特湾启航，向吕宋岛的林加延湾驶去。这支舰队拥有400多艘运输船只、164艘作战舰只，包括6艘战列舰和17艘航空母舰。

1月9日早晨7时，盟军的舰炮向日军的防御工事开始了大规模的轰炸。登陆部队分乘2500多艘登陆艇朝海滩上扑去，除了登陆艇以外，还有水陆坦克、水陆汽车、履带式装甲输送车。傍晚，6万多名美军和大量装备上岸了，构筑了纵深7公里的阵地。

1945年1月29日，美第8集团军第十一军在吕宋岛西部的圣安东尼奥登陆。美第十一军只遇到了轻微的抵抗，第十一军直接威胁着日军的侧翼，而且使日军在巴丹半岛的往返调动受到严重的影响。

1月31日，美军第十一空降师的2个团在马尼拉南面的纳苏格布空降成功。2月3日，第十一空降师的另一个团在马尼拉以南约50公里的塔盖特突出部空降成功。4日，第十一空降师进驻马尼拉南部的帕拉尼亚克。

同时，美第十四军推进的速度很快。1月31日，美军经过几天的战斗歼灭了斯图森堡要塞的日军。2月2日，美军一部进驻马尼拉北部的马洛洛—普洛洛一带。

为了增强美军主攻部队的力量，麦克阿瑟命令美军第一骑兵师在林加延湾登陆。2月1日，美军第一骑兵师抵达卡巴纳端，立即南下，从另一翼包围马尼拉的日军。

与此同时，美第一军在第十四军的左翼负责封锁卡拉巴略山脉的日军。

2月4日，美军先头部队占领了马尼拉市内的老比利比德监狱，1500名战俘获救，其中800名战俘是巴丹半岛上"好斗的杂种"。

2月27日，美军占领了马尼拉市区。1945年2月27日上午，麦克阿瑟来到马拉卡南宫，向菲律宾总统奥斯默纳、菲律宾新内阁宣布：菲律宾政府正式成立。

占领科里吉多岛后，麦克阿瑟指挥他的部队继续向盘踞在其他岛屿上的日军进攻，清剿残留在各岛上的日军。又经过4个月的艰苦作战，到7月4日，麦克阿瑟正式宣布菲律宾战役结束。

在菲律宾战役中，日军伤亡45万人，大部分是战死的。日军损失68艘舰艇、7000架飞机，包括自杀机700多架。美军死亡1.7万人，损失舰只21艘、飞机900多架。

陈兵硫磺岛

此后，扫荡地下深处日军的战斗又打了 2 个多月，硫磺岛上的美军才真正安宁。

硫磺岛是弹丸小岛，但地处东京和塞班岛之间，距离两地的距离均为 1200 公里。美军攻占塞班岛后，以塞班岛为航空基地，经常出动轰炸机空袭日本，可是效果并不好。

因为硫磺岛对东京起到了防空报警的作用。每当美机群路过硫磺岛海域上空时，硫磺岛日军就会向东京报警。硫磺岛的日军的战斗机经常击落美军轰炸机。

美军希望把硫磺岛作为轰炸机群的中间加油站，出现故障或者受伤的飞机也可以在硫磺岛紧急降落。

1945 年初，菲律宾群岛被盟军攻占。从此，整个太平洋的形势都被盟军控制，开始以巨大的优势向日本进军。

1945 年 2 月，尼米兹率中太平洋的美军由马里亚纳群岛启航，攻打硫磺岛。

硫磺岛是盟军马里亚纳海空基地与日本东京的唯一中继站，它与西面的冲绳岛是日本南大门的两只"看家狗"，是日本本土"内防御圈"上的战略要地。

面对美军的巨大攻势，驻守硫磺岛的栗林忠道中将费尽心机，想把硫磺岛建成牢不可破的堡垒，据堡垒誓死抵抗，阻止盟军攻打日本本土。

硫磺岛战役开始以前，日军已经把大批钢铁、混凝土运到了岛上，修建的防御工事越来越坚固。岛上有 3 个机场。在狭窄的海滩后边，修建了许多混凝土发射点和暗堡，防空炮和岸炮修建在地下，上边覆盖了 2 米厚的混凝土。

在很多不能修建地下工事的地方，埋藏了大量坦克。这些火力点互相支援，十分霸道。

各火力点之间地下坑道网相连，每个阵地都有很深的岩洞。在岛的南部，坑道里沟通着很多天然岩洞和人工挖的洞。一个岩洞常常有几个洞口，每个洞口都经过伪装，与天然地形和野生植物混在一起，十分隐藏。

在登陆以前，美军对硫磺岛进行了持久的火力轰炸。自 1944 年 8 月 10 日起，美军轰炸机经常轰炸硫磺岛。12 月 8 日上午，28 架美机对硫磺岛疯狂扫射。接着，164 架轰炸机轰炸了硫磺岛。

与此同时，美军第 5 巡洋舰分舰队向硫磺岛发射了 6834 发重磅炮弹。

用了两个月的时间，美机向硫磺岛投弹 6800 吨，发射舰炮炮弹 23000 发。但对日军的防御工事却毫无损伤，日军仍在日夜修建。

日陆军中将栗林忠道于 1944 年 6 月出任硫磺岛日军总司令。

栗林忠道来到硫磺岛后的第一件事是在前任指挥官小畑英良的陪同下，认真巡视了硫磺岛的防御工事。小畑英良中将的作战思想为：以攻为守，主动进攻。

小畑英良用了半年的时间，在硫磺岛周围的登陆地点和海滩上配置了许多大炮和兵力，建立了许多近岸防御工事。小畑英良还计划在浅水地带和滩头阵地痛击入侵的美军，使美军无法在硫磺岛登陆。

栗林中将对前任小畑英良修筑的近岸工事和在近岸与美军决战的

思想不屑一顾。栗林中将认为，美军拥有巨大的优势，足以摧毁日军部署在滩头阵地的任何重装备和防御工事，消耗近岸日军。在海岸上修建工事，配置重兵，不让美军登陆的构想太愚蠢了。

几天后，美军进攻硫磺岛东南 1200 公里的塞班岛，栗林观点的正确性得到了验证。塞班岛日军在海岸阵地与美军决战，损失了所有的重武器和大部分兵力，无力阻挡美军的攻势。短短 25 天，美国占领了约 2300 平方公里的大海岛。

栗林中将认为，硫磺岛长不足 9 公里，宽不足 4 公里，面积不到

被炮火的浓烟所笼罩的硫磺岛

塞班岛的 1/10，日军若按塞班岛的战术守卫硫磺岛，不出 3 天，硫磺岛就会被美军占领。

栗林中将反复思考，最后决定利用特殊的地形对付美军。硫磺岛是由火山喷发的熔岩冷却后堆积而成的，沟壑纵横，有许多溶洞和悬崖峭壁，岛上铺着厚厚的黑色火山灰，车辆无法行驶。火山灰下面，是深入地层的硫磺矿。岛上的空气中含有刺鼻的二氧化硫。岛上没有淡水，不适合人类居住。3 年前，硫磺岛附近海域浓烟滚滚，烈焰冲天。一个新的海岛升起了，新海岛有 120 米高。两年后，新海岛竟在一夜之间消失了。

硫磺岛像一只被砍掉双腿、拔光毛的火鸡，火鸡头地处岛的西南端。火鸡头是个高为 168 米的折钵山，折钵山有个尖岬角，像鸡嘴一样伸入海浪中。北部从鸡背到东北部鸡尾处，是一片高地，由许多小山岗和深峡谷组成。许多小山岗的高度在百米左右，可以埋伏重兵。南部鸡脖子与鸡胸处，有逐级下降的台地与海滩相连，勉强能做美军的登陆地点。

塞班岛失守后，日军认为硫磺岛将是盟军下一个进攻要地，所以向岛上抢运物资。守岛日军几个月内也增加到 2.3 万人。日军向岛上运来了近千门大炮，22 辆坦克和大批弹药、粮食和淡水等补给品。

栗林中将吸取塞班岛日军惨败的教训，制订了纵深防御、打持久战的作战计划，对硫磺岛的防御工事彻底改建。

在硫磺岛鸡脖子处的海岸上，栗林忠道部署了少量日军，作为警戒哨。日军火炮和兵力部署在火鸡头、海岛北部和东北部。

为了防御美军的舰炮和航空火力，栗林忠道从日本征召大批采矿工程师，根据硫磺岛溶洞密布的特点，建造了错综复杂的地下工事。很多洞穴经过改造后四通八达，可以随意通行，便于互相支援。

洞壁、洞顶用两三米厚的最优质混凝土全面加固，修建了良好的通风设施，储存了长期防守的补给品。岛上的许多地下工事能够延伸到地底 30 米，不怕美军的轰炸。

地道的出口和要害部位用混凝土浇铸成 400 多个隐蔽的地堡群。每个地堡用铁门封住，铺设了轨道。一旦打开铁门，大口径轨道炮就能推出，对美军狂轰滥炸。

栗林忠道不准守岛的日军向美军发动自杀性进攻。他认为硫磺岛牢不可破，一定会成为美军的坟墓。

1945 年 2 月 19 日，为了小小的硫磺岛，尼米兹出动了海军陆战队 25 万人、16 艘航空母舰和 1200 架舰载机、7 艘战列舰和许多辅助舰艇。还出动了第五十二特遣队、塞班岛的美国陆军第七航空队。

参战美军共拥有 900 多艘战舰，数千架飞机。尼米兹相信：有这样一支历史上最强大的舰队攻打小小的硫磺岛，只需 5 天就能攻克。

黎明时分，美海军的 7 艘战列舰、4 艘重巡洋舰、3 艘轻巡洋舰和 10 艘驱逐舰炮击了硫磺岛，共发射 38 150 发炮弹。100 多架美机用火箭弹、炸弹和凝固汽油弹轰炸岛上的重要目标。

6 时 45 分，饱餐了牛排、鸡蛋的美海军陆战队第 4 师和第 5 师的 3 万多人，搭乘 400 艘登陆艇，在军舰和飞机的掩护下向硫磺岛冲去。陆战队员望着浓烟滚滚的硫磺岛，乐观的官兵们扬言只需 2 天就能歼灭日军。

9 时，3 万名美军登上海滩，数以千计的水陆坦克和装甲车辆以及数千吨物资也上岸了。得意忘形的美军官兵背着几十公斤的装备，踩着厚厚的火山灰，向一级级火山爬去。

美军发动进攻时，日军根据栗林忠道的命令，躲进了地下，趁机咀嚼着干硬的米糕。

一会儿，栗林忠道下令日军出击。日军纷纷爬出地下，跳进防御工事，躲在巨石下的一扇扇地堡铁门突然打开，几百门火炮、几千支枪瞄向海滩上的美军。

日军把子弹、炮弹雨点般射向美军，美军当场死亡2000人，海滩上还有许多倒在火山灰上的伤兵。履带车辆乱跑乱撞，最后陷在火山灰中，被日军的火炮摧毁。登陆的美军得到了军舰和飞机的强大火力支援，可是整整一天，3万名美军挤在硫磺岛西面一小块阵地上。

下午，海浪把许多刚抵滩的登陆艇卷翻。这时，登陆艇又遭到日军的炮击。

另外，50架"神风"攻击机冲到美舰队上空，满载炸弹扑向美军舰，有2艘美国护航航空母舰被日机撞沉。

美军借助舰炮和飞机火力的掩护纷纷散开，向日军堡垒推进。每次发现日军堡垒，美军就用迫击炮炮击，用火焰喷射器和喷火坦克压制暗堡中的日军火力。再用推土机推来火山灰堵住洞口，然后加筑混凝土。稳扎稳打，耐心地封死一个个日军暗堡。

一些日军士兵抱着炸弹，钻到美军的坦克下面。地堡堵住了，不久又被地堡中的日军挖开；一个暗堡被堵死了，日军从另一个隐蔽的暗堡射击；刚堵住前边的地堡，后面又遭到日军的偷袭。每个堡垒、每一处掩体都使美军付出了代价。

登陆已5天了，美军伤亡6000人。为了占领火鸡头，美军激战10天，每天只前进几百米。

2月20日黎明，美机从航空母舰上起飞了，舰炮也连续发炮。登陆的美军兵分三路，中路切断了日本南北阵地的通路，左路攻打折钵山，右路进攻东北高地。藏在地下工事中的日军血战到底，美军的进展迟缓。

在硫磺岛的美军登陆部队

2月23日清晨，中路美军向2号机场发动了进攻。日军在机场前900米宽的地带修筑了数百个火力点、岩洞和暗堡。美军在2号机场严重受挫。

与此同时，在岛西南端的火山锥地段，左路美军遭到日军180个暗堡的偷袭。美军拿混凝土堵住暗堡，用推土机推土，把射击口挡住。

10时20分，40名美军爬上折钵山，插上美国国旗。2月24日，2号机场的战斗仍在进行中。美海军陆战队第3师也登陆了。美军用重迫击炮轰炸，用大量的汽油灌注然后烧死躲在暗堡里的日军，费尽心思，摧毁了日军的整个防御体系，将日军分割包围。美军逐一扫荡躲在地下工事里的日军。

25日，美军慢慢地推进，把日本主力赶到北部。

3月1日，美军攻下了2号机场和元山地区。

3月21日，美军围攻栗林忠道中将的司令部。同一天，东京发来

电报，栗林晋升为大将。

24 日，美军用重迫击炮炸开了栗林司令部所在地的地堡，灌注了大量的汽油，焚烧地堡。栗林入地无门，逃生无望，在绝望中向东京发出效忠电报，剖腹自杀。

3 月 26 日黎明，约有 350 名日军爬出地下工事，扛着迫击炮、步枪和手榴弹，偷袭美军的阵地。战斗 3 个小时，日军被歼灭。硫磺岛战役结束了。

此后，扫荡地下深处日军的战斗又打了两个多月，硫磺岛上的美军才真正安宁。

尼米兹计划用 5 天占领硫磺岛，却激战了 36 天。日军被打死或堵死在岩洞中 2 万多人。美军死亡 6800 多人，受伤 2.5 万人。

美军占领了硫磺岛，为美军战略轰炸日本本土提供了空军基地和机场。

从此，日本就经常处于美机的轰炸之下。可见，盟军反攻的锋芒已经达到日本本土。最关键的是，占领了硫磺岛，就等于砸开了日本本土"内防御圈"南部的关键部位，为向日本发动进攻打开了通道，为下一步攻占冲绳岛做好了准备。

登陆冲绳岛

傍晚前，已有 5 万名美军上岸了。登陆太顺利了，美军官兵反而感到紧张不安。

1945 年 3 月，盟军在太平洋的大反攻进入了尾声，进一步缩小对日本的包围，对于在日本发起登陆作战和加强对日本的战略轰炸行动十分有利。美军在占领硫磺岛之后，打算从日本本土西南突破其内防御圈，以便完成北起阿留申群岛，中经硫磺岛，南至冲绳岛的对日本的战略包围态势。同时，能够切断日本本土与台湾以及以南地区的海上交通线，可以从海上封锁日本，冲绳岛成为美军的重要进攻目标。

冲绳岛位于日本九州至中国台湾之间岛屿链的中点，距两地均为700公里。冲绳岛长为108公里，最宽处30公里，最窄处约4公里，总面积约1256平方公里。冲绳岛的形状像一条背部拱起的卧蚕，尾朝日本九州，头朝中国台湾。岛上密布森林，地形复杂，密布着石灰岩洞，便于固守。

冲绳岛是琉球群岛最大的岛屿，人口46万。冲绳岛距离日本九州350海里，是日本本土的南部屏障，又称"国门"。

在冲绳岛东北方向，九州岛有55个机场；在西南方向，台湾有65个机场；包括冲绳岛在内的琉球群岛有很多飞机跑道。日军将动用几千架飞机，发动致命的神风式自杀攻击对付美军。

为了防止不幸的发生，尼米兹下令向九州各机场发动大规模的空袭。美舰队于3月18日和19日，对九州地区的机场、日本南部地区和濑户内海的日本舰队的残部，多次发动大规模的攻击。

对此，日军飞机发动了反攻，使"企业"号、"约克城"号等航空母舰受伤，"富兰克林"号航空母舰受到重创。

尼米兹下令在下关海峡一带布雷，并派舰队摧毁了九州地区日军的许多设施及交通枢纽。

美军计划1945年4月1日攻打冲绳，登陆地点位于冲绳南部西海岸的白沙海滩。登陆部队总兵力为18.3万人，出动34艘航空母舰、22艘战列舰和其他舰只，参战舰船共1457艘。

牛岛满中将的第三十二军负责守卫冲绳岛，约8万人。日军还征召了壮丁约2.5万人。牛岛满主要在冲绳南部陡峭的山岗和峡谷部署了重兵。日军修筑了许多炮位、地堡、洞穴和秘密火力点，准备死守冲绳。冲绳之战被日军称为天号作战，决定日本的生死存亡。

3月以后，美军为攻打冲绳进行火力准备。从硫磺岛、塞班岛、关岛和中国东部各机场起飞的美军轰炸机群，轮番飞抵冲绳岛上空，对冲绳岛发动地毯式轰炸。

美军航空母舰部队，每天出动几千架次的舰载机，轰炸驻台湾和九州的日本空军基地和机场。从3月25日起，美军庞大的舰队向冲绳岛进行登陆前的猛烈轰炸。几天内，4万多发炮弹落到冲绳岛。与此同时，航空母舰上的舰载机出动了3000多架次。

满载美军士兵的登陆艇停靠在冲绳滩头

整整轰炸了一个月，冲绳岛被浓烟和烈火掩盖。岛上的森林变成了灰烬，许多山峰被炸平。美丽的冲绳岛变成了一片废墟，面目全非。

与此同时，美军在冲绳南端的庆良间群岛登陆，几百名日军逃到山里，直到二战结束。美军俘获 250 多艘自杀摩托艇和 100 多条遥控鱼雷。美军立即建立修理舰艇的基地，在庆良间列岛上架设大炮，直接轰炸冲绳岛。

美军蛙人队戴着护目镜，拖着炸药包，潜入登陆场岸边，进行水下爆破，破坏日军的水雷场和水下障碍物。

1945 年 4 月 1 日 6 时 20 分，美舰舰炮的巨大轰击声，惊醒了沉睡的冲绳岛。在 10 公里的登陆正面上，平均每公里正面落弹 1 万多发，是太平洋地区登陆战中舰炮火力最猛的一次。

7 时 35 分，舰炮停止射止。密密麻麻的美机对日军阵地进行扫射和轰炸，不断发射火箭弹。

8 时，美军登陆舰只黑压压地排开阵势，以水陆坦克为先锋，朝白沙滩头冲去。8 时 30 分，美军在冲绳岛西海岸登陆成功，没有遇到任何抵抗。

4 月 1 日正好也是愚人节，美军官兵不知道日军藏在哪里。日军称美军进攻冲绳是"愚人节攻势"，美军则称进攻冲绳是"冰山行动"。

下午，各部队继续登陆，向内陆快速推进。日军稍一抵抗便撤退。傍晚前，已有 5 万名美军上岸了。登陆太顺利了，美军官兵反而感到紧张不安。

牛岛满中将知道日军的力量太弱，硬拼肯定吃亏，于是放弃"歼敌于海岸"的方针，采取"诱敌深入"的战术，引诱美军到南部山区决战。

美军先向东推进到达东海岸，又向北推进。10 天后，美军占领了

冲绳岛的北部地区。在南部，美军遭到了日军的顽抗。在南部山区，双方发生了激战。

美军登陆时，牛岛满藏在地下不理不睬，只派少量日军守在瞭望哨里监视美军。登陆美军向南扑来时，牛岛满派少数兵力在阵地附近活动，诱骗美军进入日军伏击阵地，再用强大的火力歼灭冲进来的美军。牛岛满还趁黑夜组织反攻，使美军伤亡惨重。美军对日军无可奈何，攻势严重受挫。

几天来，美军进攻首里城的日军防线，都被猛烈的炮火击退。

4月19日，美军向日军发起进攻，日军躲在地下工事里顽抗到底。激战5天，美军向前推进几百米。冲绳战役变成了人员、武器、弹药和补给品的消耗战。

当美海军陆战队第1师和第6师占领了北部后，赶到南部地区。美军向坚守地下工事的日军发动了强攻。美军在舰炮和飞机支援下，轮番向日军阵地发起冲锋。最后，美军打开了一个缺口，靠近首里城的日军主阵地。

1945年5月8日，德国宣布无条件投降。美军士气大振，进攻首里城。5月27日，美军占领冲绳首府那霸。

5月30日，牛岛满率日军退守最南端，美军趁机占领首里城。

日军退到最南端的山崖和山洞后，美军稳扎稳打，开始了大扫荡。6月10日，在舰炮和飞机的支援下，美军发动了更大规模的扫荡。多次劝降，牛岛满都拒不投降。

与此同时，美军不停地向冲绳岛增派部队、物资和各种兵器，用重炮、坦克轰开日军固守的堡垒和洞穴，稳扎稳打。特别是美军喷火坦克立下了赫赫战功，顶着日军的强大火力，在山间往返，把凝固汽油弹射向日军堡垒和洞穴深处。

美军用喷火坦克把成群的日军烧死在堡垒和洞穴中。在进攻最后一块阵地时，许多日本妇女以各种各样的形式抗击美军。很多日军把手榴弹捆在腹部，钻入美军的坦克底下。

6月21日，美军占领冲绳岛最南端的荒崎。23日，牛岛满请人给自己理完发，喝干最后一杯威士忌，坐在距离美军阵地不足50英尺的洞口，用匕首切腹自杀。日军根据他的遗令，用刀取走他的头颅。参谋长长勇中将也在坑道阵地入口处切腹自杀了。

7月2日，冲绳战役结束了。日军死亡10.5万人，平民死亡10万人。这次战役，美军先后投入的总兵力达到54.8万人，死亡7613人，伤31 807人。在战斗中，美军指挥登陆战的巴克纳尔中将阵亡。

火攻日本列岛

"东京已经不复存在，日本人在火海中拼命挣扎，烧焦的人肉味直扑座机。"

美国在太平洋战场取得战略主动权后，开始对日本实施战略轰炸。

1944年，美国最新的远程战略轰炸机B-29参战。2月12日，第二十轰炸机联队在司令肯尼思·沃尔夫的率领下，从美国向印度地区转场，又在中国建立了空军基地。

美陆军航空队的阿诺德将军命令驻中国的美军第十四航空队司令陈纳德将军利用中国西南的机场，起飞B-29轰炸日本。

5月27日，阿诺德指挥第二十轰炸机联队第一次空袭曼谷。

6月15日夜晚，68架美军轰炸机从成都起飞，轰炸日本九州帝国

制铁株式会社的八幡钢铁厂，揭开了对日本进行战略轰炸的序幕。这次轰炸本身是不成功的，只有一枚炸弹命中制铁厂。但这次轰炸对于日本产生的影响是巨大的，战火终于烧到了日本本土。

7月8日，美国陆军航空兵又轰炸了九州西海岸的佐世保。美军采用的轰炸方法是常用的9～12架轰炸机编队白天高空轰炸，目标主要是钢铁厂、飞机制造厂、油库、炼油厂、造船厂和港口等。

美军轰炸部队仍然感到有点"腿短"，由印度加尔各答起飞的轰炸机，在成都加油添弹后飞往日本，或从成都直接飞往日本，其作战半径最远可到日本本州西部、九州及中国东北鞍山、沈阳和台湾等地。

美军陆军航空兵无法轰炸日本东京、名古屋和大阪等大城市，难以给日本的战争机器造成致命的打击。

至1944年1月6日，美陆军轰炸机对日本本土的轰炸实际上仅进行了10次，总投弹量800吨。真正摧毁的只是几个重工业设施。

美国早就想租用苏联西伯利亚的空军基地，可是苏联还没有对日本宣战。

1944年7月，盟军攻下塞班岛，8月，盟军攻下关岛和提尼安岛，从此美军可以近距离轰炸日本本土。10月12日，美军第二十航空队的轰炸机部队进驻塞班岛。

从11月起，日本列岛的军事、经济目标就被覆盖在美国战略轰炸的弹雨下。

11月24日，111架轰炸机由塞班岛起飞，扑向东京。这是自1942年4月杜利特尔首炸东京后的第二次。当天，东京上空浓云密布。就在美机飞抵日本的同时，100多架日军战斗机向美机扑来。美轰炸机上先进的操控装置能自动地控制航空炮的射击，打得日机无法靠近。整个轰炸过程中，美轰炸机只被击落2架、击伤11架。只有不到30

美军 B-29 轰炸机飞临东京，投下燃烧弹

架的轰炸机找到了预定目标，对目标的轰炸效果如同隔靴搔痒。

12 月 2 日，14 架轰炸机再次轰炸日本。随后，轰炸机的数量不断增多，轰炸东京、名古屋、神户、大阪、横滨等大城市，但主要轰炸目标中的大多数都没有被摧毁。

1945 年 1 月，柯蒂斯·李梅少将出任第二十一轰炸机联队司令。这时，第二十一轰炸机联队平均只有 125 架轰炸机可用，再加上从马里亚纳群岛到日本的航线上经常出现飓风，影响了轰炸的效果。

李梅经过认真研究，得出美军在欧洲常用的昼间高空精确轰炸，不适合对过于分散的日本工业目标进行战略轰炸。日本重要的军事工业目标集中在城市，日本城市的木结构建筑物较多、容易燃烧，如果改用燃烧弹效果会比高爆炸弹好。如果采用夜间轰炸，减少日军战斗机对美机的威胁，从而使载弹量从 2 吨提高到 8 吨。

为了证明这一观点，李梅要求机械师把飞机上的机枪拆下来，大

大减轻了飞机的重量，增加了载弹量。飞行员们知道后，以为司令发疯了。李梅指出，夜间进攻是奇袭，日军战斗机无法拦截，拆掉机枪能避免在夜空中造成误伤。

1945年2月4日，李梅出动70架轰炸机对日本神户发动了"实验性"轰炸，投掷了160吨燃烧弹。结果，这次轰炸的效果很好。

2月25日，李梅又进行了大规模的"实验"。25日，李梅出动172架轰炸机轰炸东京，投下450吨燃烧弹，竟摧毁了28 000幢建筑物。

不久，美国参谋长联席会议正式批准使用燃烧弹对日本的工业目标进行战略轰炸。

美海军太平洋舰队司令尼米兹召来第二十一轰炸机联队司令柯蒂斯·李李梅少将，说："立即出动所有的轰炸机，把东京炸平！"

李梅回到关岛，制订了"火牛"计划。李梅命令334架轰炸机，满载燃烧弹，飞到东京上空，进行战略轰炸。

东京市内下町地区是轰炸重点，下町地区是低收入者居住区，相邻的房屋间隔仅为一米左右，大部分是木板条建成，下町地区是美军投放燃烧弹的最佳目标。

3月9日傍晚5时34分，334架轰炸机从塞班岛和提尼安岛起飞。夜间低空轰炸对美飞行员是个新事物，他们感到很不安。

几个月来对日本的轰炸，引起了日本平民对美军的仇恨，美军飞行员在起飞前被告知："如果你被击落，要想办法让日军俘虏，否则，日本平民会杀了你的！"

经过漫长的飞行，夜间12时15分，导航机飞临东京上空，朝下町地区投射照明弹。防空警报声响彻东京市区，日本防空部队还没有反应过来，2架导航机就以480公里的时速返航了，它们早已投下了一条"火龙"。

日军的防空炮火很弱，只有探照灯在夜空中胡乱摆动，日军战斗机1架都没有起飞。

日军还以为这是高空轰炸呢，因为日军战斗机对付美军轰炸机"心有余而力不足"。日军战斗机大部分是以5000米左右高度的性能设计的。当时，日本陆海军的高空战斗机，理论高度达到10 000米左右，可是实际高度仅为8000米，对万米高度的美军轰炸机来说，日军战斗机无能为力。

日军第十飞行师团师团长吉田中将伤心地说："我军太落后了，如果我军战斗机能上升到12 000米的高度，只需付出一半的努力，就能取得目前5倍的战果！"

再加上美军轰炸机强大的火力，日军用战斗机拦截美轰炸机，对日空军来讲难以做到。用高空防空炮是最好的办法，但是日军的高空防空炮很少，1944年底，东京只有高炮24门。

334架轰炸机在3个小时的轰炸中，向东京投掷1665吨燃烧弹，主要目标是长6.5公里、宽4.8公里的下町地区。睡梦中的东京市民吓得目瞪口呆，整个城区变成了火海。半小时后，火势越烧越大。

美机群轰炸东京时，"火牛闪击战"的总指挥李梅将军一直担心。10日凌晨，美机群发回电报："已投弹，目标地区一片大火。东京已经不复存在，日本人在火海中拼命挣扎，烧焦的人肉味直扑座机。"李梅的司令部里一阵欢呼："感谢上帝！"

李梅连忙电告尼米兹。这次出动的334架轰炸机有320架成功返航，对这么大的战果来说，14架轰炸机的损失是无关紧要的。当然，日本平民的死，起初还使尼米兹将军的心中感到有些不安，毕竟谁都不愿当刽子手，但想一想日军的种种暴行，便心安了许多。

这场大火烧了4天才熄灭，由于美机得到不准轰炸皇宫的命令，

后来，天皇才得以携家人亲临火灾现场巡视。

日本政府经过调查得知，这次轰炸使40平方公里的一大片地区夷为平地，26万所民房被毁。美军选中的22个工业目标全部消失，东京工业区的63%毁于一旦，烧死8万人，100万人流离失所！

遭受打击最严重的是重工业，钢铁产量下降到2／3，飞机产量下降到1/3，船运业下降到不足100万吨。铁路和公路运输完全瘫痪。

天皇读完这份报告，心情十分沉重，立即召开御前会议。天皇俯视众臣，问道："到了今天，为了避免帝国臣民付出更大的代价，朕意欲与美国和谈，你们有何高见？"

遭到轰炸后的东京市区

陆军大臣阿南惟几说："依臣愚见，帝国失去仅为征服之土地，而还有几百万军队，如果全体臣民守土抗敌，一定能够战胜远征之盟军，不能与敌和谈，否则降低国民的士气。"

首相兼外交大臣铃木贯太郎说："帝国虽在本土作战，但资源匮乏，无法持久作战。不如一边抗敌，一边寻找中间人，先恢复和平，等来日再战。"

近卫文麿说："美国怎肯答应停战？不能听信和谈，降低国民的士气。"

首相铃木说："想当年，明治天皇面对三国欺压，被迫把清朝辽东半岛返还清朝，抱卧薪尝胆之志，不足 10 年，即打败了俄罗斯帝国。今我们应该效仿明治天皇，待来年再报仇雪恨。"

陆军参谋总长梅津美治郎说："听说美国总统罗斯福刚死，其死乃天照大神显灵的结果，帝国可以趁美国丧主的机会坚决反击。如果战败，再求和不晚。"

3 月 10 日夜晚，美军出动 313 架轰炸机轰炸名古屋。上千吨燃烧弹使这座现代化的工业城市受到重创，飞机制造厂变成废墟。接着，大阪和神户也遭到大规模的轰炸。

5 月 23 日，562 架轰炸机再次飞至东京上空，将东京湾两侧地带炸为废墟。

5 月 26 日，美军出动 502 架超级空中堡垒，又对东京进行轰炸，投下 4000 吨燃烧弹。

5 月 29 日，美军出动 450 架轰炸机轰炸横滨，投下 3200 吨燃烧弹，横滨市区完全从地球上消失。

自 3 月 9 日至 6 月 15 日，美陆军航空队对东京、川崎、大阪、名古屋、神户和横滨共发动了 17 次轰炸，出动轰炸机 6960 架次，投

下燃烧弹 4 万吨。

6 月 15 日，李梅的轰炸被迫暂停——马里亚纳群岛的燃烧弹已经投光了。

1945 年 7 月，美军第二十航空队拥有 5 个轰炸机联队、21 个轰炸机大队、923 架大型轰炸机，它们全都从马里亚纳群岛起飞。

8 月 14 日，美军出动 833 架轰炸机对日本进行最后的轰炸，也是规模最大的一次。

美军对日本的战略轰炸长达 14 个月，轰炸行动主要集中在最后的 9 个月。美军向日本投弹 16.08 万吨，损失了 697 架飞机。

另外，美轰炸机群为了支援海军的行动，在日本群岛上空投了 1.2 万颗水雷，日本列岛变成了孤岛。因触水雷而沉没的日本船只达 800 万吨左右。日本在海面上的运输船只到 1945 年 8 月降低为 150 万吨，8 月底，轰炸和封锁使日本的生产停顿。战略轰炸摧毁了日本的战争机器，摧毁了工业基础，是日本无条件投降的重要原因。

根据日本政府的调查，大规模的轰炸使日本伤亡 55 万人，800 万人流离失所。日本军事工业受到重创，仅航空工厂就被摧毁 60%，飞机产量由 1944 年的月平均 2300 架下降为 1945 年 8 月的 200 架。

核击广岛、长崎

成千上万的居民被高温与强光变为蒸汽，尸骨无存。

美国研制原子弹的历史，从 1939 年 8 月开始。那时，从德国逃到美国的犹太人爱因斯坦代表大批逃到美国的欧洲科学家，向美国总统

原子弹爆炸后产生的蘑菇云

罗斯福寄去一长一短两封信。长信解释了物理学方面的铀裂变原理。短信说明通过铀裂变能够制造威力巨大的原子弹。谁先掌握原子弹，谁就能从根本上夺取战略优势，决定世界大战的结局。

当时，德国科学家正在研制原子弹。爱因斯坦建议罗斯福政府立即抽调人力、物力，抢在德国以前研制出原子弹。

爱因斯坦是享誉世界的物理学家，罗斯福对他的建议不能置之不理，何况还牵涉到德国研制原子弹的可怕前景。研制原子弹的工程浩大，必须征用难以计数的人力、物力，长期投资于一项未知工程。就在罗斯福犹豫不决时，科学顾问萨克斯用拿破仑拒绝富尔顿发明的火轮新技术而输掉对英海战为例子，劝服了罗斯福。

不久，美国下令成立铀委员会，负责原子弹的工程研究工作，欧洲物理学家费米、康普顿、奥本海默等人相继参加了美国的原子弹研制计划。

第二次世界大战爆发后，美国政府发现世界各国正在展开研制原子弹的激烈竞争。美国的邻居加拿大正在加紧开发铀矿；遭受德国空军轰炸和德国潜艇部队围困的英国成立了秘密理事会，建立了回旋加速器；苏联成立秘密的核研究中心，展开大规模的铀矿资源调查，8个铀矿加工厂在西伯利亚投产；日本资源贫乏，但也不甘示弱，向德国求购氧化铀，在中国日占区展开大规模的铀矿资源调查；德国的原子弹研制工作走在了世界前列。海森堡、哈特克、布雷格等德国科学家和核物理学家先后投入德国的核计划，为了保证铀供应，德军占领捷克斯洛伐克的天然沥青铀矿，没收比利时的 1200 吨铀矿石。德军强行购买了挪威生产的重水。

美国决不允许德国先于自己造出原子弹。这样，美国原子弹的研制计划获得真正的动力。不久，英国和加拿大核研究由于受条件限制，并入美国核计划，使美国的原子弹研究项目大大加快。

1942 年 8 月，美国正式开始原子弹的生产，规定其代号为"曼哈顿工程"。为了尽快生产出原子弹，美国各大学、各实验室、各厂家的几十万人加班加点。生产原子弹所需的电力和各种物资供应等，全部列入最高的供应等级。例如，一家电磁分离厂为了研制一种特殊的导线，就向美国政府借用 1.4 吨白银。

在美国的田纳西洲诺克斯维尔的橡树岭，2 座大型铀分离工厂建立投产。在芝加哥，意大利物理学家费米进行了链式反应试验。新的反应堆、回旋加速器、组装工厂纷纷建立。各种特殊部件研制成功。1945 年 6 月，美国原子弹基本研制出来，进入组装阶段。

1945 年 7 月 16 日清晨，美国制造的世界上第一枚原子弹，被秘密运到新墨西哥州阿拉默戈多核试验场的巨大钢塔上，进行爆炸试验。

新墨西哥州阿拉默戈多空军基地中央，耸立着一座几十米高的大钢塔，钢塔上放着一个球状钢铁物体。钢塔四周，排列着很多坦克、大炮、飞机、卡车以及关着各种动物的大铁笼。

惊天动地一声巨响，一大团浓烟烈焰腾空而起，瞬间变为一个巨大的火球，以每秒 120 米的速度升空。火球升到 1200 米高空，变成巨大的蘑菇云。沙海和岩石在爆炸中变成了上下翻腾的褐色旋涡。云雾消散后。30 米高的钢塔被融化，坦克、车辆、飞机都被高温和强大的冲击波扭曲、烧毁。

据仪器检测，这颗原子弹的爆炸威力为 1.4 万吨 TNT 炸药的爆炸量，爆心温度高达 100 万℃。这样，美国赢得了核武器科技竞赛的胜利。从此，人类跨进了核武器时代。

冲绳岛之战使美军伤亡惨重，日本是群岛国家，每个岛屿都有日军坚守。如果攻下整个日本，美军的损失将是个天文数字。想到这里，尼米兹连忙向马歇尔报告。

从 7 月 27 日至 8 月 1 日，美军的航空队向日本各大城市上空散发100 多万张传单和 300 多万张《波茨坦公告》。美军警告日本人，说日本人将受到人类有史以来最猛烈的轰炸，除非日本无条件投降。日本政府没有表示接受《波茨坦公告》的任何迹象。

美国总统杜鲁门决定使用刚刚研制成功的原子弹。阿诺德虽然参加了制订用原子弹轰炸日本的计划和选择打击目标的工作。但他不同意对日本使用原子弹。因为日本战败已成定局，使用空军进行常规轰炸就能结束战争，扔原子弹完全没有必要。美国应该避免由于使用了原子弹后引起世界舆论的谴责。

阿诺德再清楚不过的是，如果使用原子弹，那时候将不是某片市区变成火海，而是整座城市会在瞬间化为灰烬。使用如此残酷的武器，苏联将怎样看待美国？世界各国将怎样看待美国？

1945 年 8 月 6 日凌晨，在提尼安岛机场，几十名军官在机场望着那架装有原子弹的 B-29 型轰炸机。

2 时 45 分，3 架轰炸机滑出跑道。飞到 4000 米高空后，帕森斯与助手杰布逊在原子弹尾部装上炸弹引信。

升入 9000 米高空，蒂贝茨向全体机组人员宣布："机上携带的是原子弹；任务重大，望大家各就各位。一旦进入日本领空，所有谈话均被录音。"机组人员这才明白弹舱里携带的原来是原子弹。有一个秘密，蒂贝茨没有说出来：在他的口袋中有一只金属盒，里面装有毒药——氰化物胶囊。阿诺德下令，遭遇不测时，为保守原子弹的秘密，机组人员必须从两种自杀方式中选择一种：手枪或者毒药。

8 时 9 分，"依诺拉·盖伊"号飞抵广岛上空。

广岛位于日本本州岛西部濑户内海北岸，濒海倚山，风光无限。从高空俯瞰，拥有 30 多万人口的广岛，高楼林立，街道宽阔，居民似乎已经习惯美机光顾。

13 分 30 秒，投弹手托马斯·费里比少校在 3 万米高空寻找广岛市中心的相生桥。

14 分 47 秒，费里比少校瞄准了相生桥的中心位置。

15 分 17 秒，轰炸机的弹舱门自动打开，细长的炸弹尾部向下坠落。蒂贝茨上校驾机做了转弯俯冲的动作，接着飞机似离弦之箭，以最大速度向前急射猛冲，摆脱原子弹爆炸的巨大威胁。

全市响起了防空警报声，广岛人抬头看见来袭的美轰炸机只有区区 3 架，不屑一顾。突然，天空闪现一个直径 110 码的大火球，挂在广岛上空 600 米处。惊天动地一声巨响，巨大的蘑菇云升起。

在 10 亿度高温和强大冲击波的作用下，爆心的一切建筑物全部被摧毁。

成千上万的居民被高温与强光变为蒸汽，尸骨无存。侥幸逃生的人痛苦难当，其中很多人的眼睛只剩下两个空眼眶。几秒钟内，广岛已有 7.8 万人丧命，8 万栋房屋被摧毁。

许多没有直接受伤的人，几天后恶心，接着呕吐、发烧，在几周、几个月或者几年中死去，他们血液中的白血球几乎消失，骨髓坏死，喉头、肺、胃及肠粘膜发炎。许多孕妇生出了怪胎。

蒂贝茨兴奋地命令发电报捷，却听不到机组人员的任何回答。机组人员呆呆地望着广岛，喃喃地说："我的上帝，我们都干了些什么！"

在接到捷报后，杜鲁门大声说："这是最伟大的事件，我们战胜了一切！"随后，杜鲁门把预先拟好的声明向全世界宣布：

那是原子弹，这股连太阳都要从它那里吸取动力的力量已被释放到发动罪恶战争的日本法西斯身上。7 月 26 日，我们在波茨坦向日本发表最后通牒，为了使日本国民免遭毁灭。但是，日本政府拒绝了最后通牒。如果他们仍不投降，同样的打击会雨点般地从空中落下来，那将是毁灭！

8 月 9 日，就在日本政府内部在争论要不要接受《波茨坦公告》的时候，阿诺德的轰炸机在日本的长崎又投下了一颗原子弹。

这是一枚威力更大的原子弹，尽管长崎市山峦起伏的地形大大抵消了原子弹的威力，仍有 2.6 万人当场丧命。长崎人口约 27 万，全城有一半的建筑物被摧毁。

给日本人造成巨大灾难的原子弹，加速了日本的溃败，促进了日本政府迅速投降。

爱因斯坦在逝世前，曾多次写文章，说明核战争对人类的严重威胁。在生命的最后几天，他与英国哲学家罗素共同发表了著名的《爱因斯坦—罗素宣言》，向人类发出警告："我们将结束人类的生存呢？还是人类将结束战争？"

日本无条件投降

太平洋战区的所有盟军和被侵略国家的人民，都沉浸在欢乐的海洋之中。

日本政府接到广岛遭受威力巨大的炸弹袭击，正不知为何物。突然，传来美国杜鲁门总统的声明，才知道美军动用了原子弹。

陆军大臣阿南对众人说："美国不敢再使用这种不人道的武器了。"

首相铃木对众人说："日苏之间正在谈判，只要先稳住苏联，帝国又多了百万关东军，能够抵抗美军的进攻。"

但是1945年8月8日，苏联宣布从9日起，苏联与日本进入战争状态。铃木听后，知道以苏联为中间人体面地结束战争的希望完全破灭了。

8月9日，美军又在长崎动用了原子弹。

天皇下旨入宫商议危局，铃木率满朝文武赶到。

天皇问道："近几天，美国人连续两次使用原子弹，使帝国臣民伤亡惨重，苏联人不讲信誉，进攻关东军，为了避免帝国遭到毁灭，朕欲仿效明治天皇受到三国欺压时的做法，先接受《波茨坦公告》无条件投降，卿等意下如何？"

在美军"密苏里"号战列舰上举行的日本投降仪式

众文武百官都不说话。铃木只好说："以目前的时局，只能接受盟军的一切条件。"

阿南说："我也认为可以接受盟国的公告，可是必须提出条件，维护大日本帝国的尊严。"

天皇问道："有什么条件？"

阿南说："盟国必须保证皇宫的地位和安全；保证帝国驻外军队的安全回国；战犯由帝国自己处理；不准占领军进驻日本本土。如果盟军不同意，臣等愿誓死战斗。"

梅津美治郎说："我也同意阿南君的意见，目前本土决战已经准备好了。不能放弃给盟军以重创的机会。若无条件投降，日后有何颜面去见那些阵亡的将士。"

丰田副武说："我也赞成阿南君和梅津美君的意见。我军已有准备，不能不给敌以重创而无条件投降。"

天皇拿不定主意，宣布退朝。

8月10日，天皇召集众臣讨论，铃木恳请天皇早日决断，宣布无条件投降。天皇留下铃木一人，命铃木立即通过瑞士和瑞典与盟国联系，若接受日本提出的条件，日本将接受投降。

皇弟高松宫拿着报纸闯进皇宫，大喊："阿南与梅津美联名发表《告全军将士书》，说'只要坚持作战，日本仍能置之死地而后生'。"

天皇听了，心情郁闷。两天以后，1架轰炸机飞到东京上空散发传单，传单上写道：

"日本军民，天皇已经提出投降的条件，而你们有权力知道天皇提出的条件以及美国、中国和苏联所作的答复。你们现在有了结束战争的机会。"

木户看完传单，马上进宫说："美国人把陛下欲降的事情公布于军民，这对没有思想准备的军民是沉重的打击，恐怕会引起叛乱，望陛下早日决断。"

天皇立即召开御前会议，不顾军队的反对，决定投降。天皇说："如果再打下去，结局会使日本变成焦土，使亿万人民遭受涂炭，朕于心不忍，对不起祖宗的英灵，决定无条件投降。"

天皇哭道："若有朕应做的事情，朕在所不辞。"

满朝文武失声痛哭。铃木哭道："臣遵旨马上草拟诏书。"

阿南、梅津、丰田和大西泷治郎回到寓所后哭个不停。作战参谋长天野正一说："哭有什么用？不如干掉主和派，攻下皇宫，继续作战。"

梅津听了，等待阿南发言。可是阿南却不说话，梅津失望地对天野正一等人说："算了，你们不准做出大逆不道的事，败坏了军人的名声。"

几位青年军官气呼呼地走了。军务局参谋椎琦二郎、畑中健二跑到皇宫近卫第一师团司令部驻地，求师团长森猛纠中将举兵攻占皇宫。

森猛纠说："我也不愿意投降，但我不想落个不忠不义之名，你等先杀了我再造反吧。"

椎琦等人没有办法，杀了森猛纠，宣布伪诏书，率近卫第一师团控制了皇宫。田中大惊，率军赶到皇宫保驾。椎琦等人当场自杀。

天皇听说后，担心外地不知真相的日军叛乱，忙派皇族到各地传达圣旨。

阿南回到家里，燃香沐浴，换上天皇赐给的衬衣，走到走廊下切腹自杀。

8月10日，杜鲁门总统再次发出警告，如果日本不投降，将有更多的原子弹被投下。日本政府通过瑞士政府向美国提出强烈抗议。

在华盛顿，全美基督教堂联邦协会给杜鲁门打来电话，反对进一步使用核武器。对此，杜鲁门解释说，他也不想当刽子手，但日本肆无忌惮地残杀战俘和平民的做法，已经到了令人发指的地步。对日本，无法讲公理，必须使出对付野兽的办法对付日本。

8月15日中午12时，天皇通过广播电台向日本下达停战诏书：

"朕深鉴于世界之大势与帝国之现状，欲以非常之措置，收拾时局，兹告尔忠良之臣民。朕已命帝国政府通告美、英、中、苏四国，接受其联合公告……"

同时，杜鲁门宣布停止一切敌对行动。太平洋战区的所有盟军和被侵略国家的人民，都沉浸在欢乐的海洋之中。

8月30日14时5分，杜鲁门总统任命麦克阿瑟为驻日盟军最高司令，负责对日军事占领和日本的重建工作。

麦克阿瑟不像艾森豪威尔那样，允许德国在一间阴暗的普通教室里向他投降。麦克阿瑟想要一个仪式，要举办一个盛大的有纪念意义的仪式，让全世界都能看到。

美国不顾《波茨坦公告》的有关规定，排斥其他盟国，单独控制和占领日本。美军46万人进驻日本，控制了日本各大城市和战略中心。

9月2日9时4分，在美国军舰"密苏里"号上，麦克阿瑟代表盟国主持了受降仪式。日本外相重光葵代表天皇、梅津美治郎代表日本政府签署了投降书。麦克阿瑟代表盟国在受降书上签字。

随后，美国、中国、英国、苏联、澳大利亚、加拿大、法国、荷兰和新西兰等国的代表也先后签字。